커맨더 인 치트

커맨더 인 치트

COMMANDER
IN
CHEAT

릭 라일리 지음   김양희 옮김

골프, 사기꾼 트럼프의 적나라한 민낯을 드러내다

HOW
GOLF
EXPLAINS
TRUMP

생각의힘

《커맨더 인 치트》에 쏟아진 찬사들

골프가 이 충격적이고 유머 넘치는 책의 뼈대라면, 인간애는 살갗이자 영혼이다. 라일리의 재능 있는 손에서 대단히 익살맞은 걸작이 탄생했다.

_〈시카고 선타임스Chicago Sun-Times〉

미국의 위대한 스포츠 기자가 내가 꼽은 '올해의 스포츠 책'을 썼다. 웃음과 경악을 한번에 준다. '신사의 스포츠'라는 골프에서 트럼프가 얼마나 일류 사기꾼이었는지, 수많은 목격자(그들 대부분은 증언을 남기는 데 대단히 기뻐했고, 저자의 취재 능력에 박수를 보냈다)가 이를 폭로한다. 미국의 45대 대통령에 대한 평가가 지금보다 더 낮아질 수는 없다고 생각했는데, 우리가 틀렸다.

_〈더 타임스The Times〉(런던), "올해의 스포츠 책" 선정

라일리는 골프 파트너, 캐디, 전 직원들의 증언을 토대로 트럼프의 주장에는 그가 소유한 모든 골프장의 모래 벙커를 합한 것보다 더 많은 허점이 있다는 사실을 찾아낸다. 아주 재미있고, 아주 우려스럽다. P.G. 우드하우스도 인정할 만하다.

_〈뉴요커The New Yorker〉

트럼프의 역겨운 본새 하나하나는 모두 골프로 드러난다.

_〈**링어**The Ringer〉

당신이 트럼프 대통령에 대해 어떻게 생각하든, 당신의 정치 성향이 어떻든, 믿을 수 없을 정도로 창의적인 책이다. 이 책은 우리를 기자회견과 인터뷰 무대 뒤편으로 인도한다. 또한 카메라나 연설문 작성자, 후견인, 보좌관이 없었던 트럼프의 과거 속으로 데려간다. 도널드 트럼프의 성향, 도널드 트럼프의 횡포, 도널드 트럼프의 결점을 모두 담고 있다. 도널드 트럼프는 골프에 대한 사랑과 더불어 진실과 게임을 하는 기질을 모두 갖고 있다.

_〈**프로비던스 저널**The Providence Journal〉

릭 라일리는 골프 프로, 캐디, 상대 선수를 인터뷰하면서 몸으로 체험한 것을 바탕으로, 선천적 사기꾼의 너무나도 우스운 초상화를 그렸다.

_〈**에스콰이어**Esquire〉, "올해의 가장 기대되는 책" 선정

트럼프의 윤리적 결함을 공격한다.

라일리는 더 큰 진실을 밝히기 위해 골프를 이용한다. 단, 이번에는 거짓말을 밝히기 위해서.

_〈애리조나 리퍼블릭 The Arizona Republic〉

훌륭한 글이다. 만약 당신이 트럼프를 정말 좋아하지 않는다면, 더없이 완벽한 책이리라!

_크리스 매튜스 Chris Matthews, MSNBC 앵커

스포츠 글쓰기는 우리 문화의 어떤 영역에서든 렌즈가 될 수 있으며《커맨더 인 치트》는 이런 내 관점을 입증한다. 백악관의 혼란을 이해할 수 있는 아주 영리한 방법이다.

_〈위크 The Week〉, "2019년 추천 도서" 선정

대통령에 관한 모든 것을 말하는 새로운 책이 등장했다. 구체적인 일화는 이 책을 한층 돋보이게 한다.

_스티븐 콜베어 Stephen Colbert, **코미디언 겸 영화배우**

이 책을 진실에 바친다.
진실은 여전히 중요하다.

차례

일러두기

1. 단행본은 겹꺾쇠표(《》)로, 신문, 잡지를 비롯해 영화, 텔레비전 프로그램, 음악 등 예술 작품의 제목은 홑꺾쇠표(〈〉)로 표기했다.

2. 원서에서 이탤릭체로 강조한 부분은 고딕체로 표기했다.

3. 인명, 지명 등 외래어는 외래어표기법을 따랐으나 일부는 관례와 원어 발음을 존중해 그에 따랐다.

4. 국내에 소개된 작품명은 번역된 제목을 따랐고, 국내에 소개되지 않은 작품명은 원어 제목을 독음대로 적거나 우리말로 옮겼다.

5. 본문 중 괄호는 저자의 글이며, 대괄호는 옮긴이가 추가한 것이다. 또한 내용 이해를 돕기 위해 옮긴이와 편집자가 덧붙인 부분은 각주를 달아 표시했다.

6. 한국을 포함해 거의 모든 나라가 거리를 표시할 때 미터법을 사용하지만, 유일하게 골프장에서는 '미터'와 '야드'가 혼용된다. 미국과 영국, 뉴질랜드, 캐나다, 일본, 남아공 등은 야드로 거리를 표시하고, 한국과 프랑스, 유럽과 아프리카 일부 국가는 미터로 거리를 표시한다. 그러나 코스에서 거리 단위는 야드가 우선이고 미터는 참고용이라는 의견이 보편적이기 때문에, 이 책에서는 혼동을 줄이고자 두 가지 단위를 모두 표기했다. 1야드는 91.44센티미터지만, 편의상 91센티미터로 계산했다.

1

★★★★★

큰 거짓말

그 사람의 진정한 모습을 보고 싶으면,

함께 골프를 쳐라.

– P.G. 우드하우스 P.G. Wodehouse

30년 가까이 트럼프를 알고 지내왔지만, 나는 그가 한 어떤 말도 믿은 적이 없다. 솔직히 그 또한 자신이 한 말을 전부 믿었다고는 생각하지 않는다. 트럼프는 추수감사절에 다른 어른들이 부엌에서 음식을 만드는 동안, 거실 쇼파에 몸을 파묻고 앉아 소싯적 시나트라의 얼굴에 주먹 한 방 날렸노라는 식으로 조카들에게 거짓말을 해대는 괴짜 삼촌 같았다. 그는 대단한 이야기꾼이었다.

어느 때인가, 나는 트럼프 타워에 자리한 그의 사무실을 찾았다. 그는 지갑에서 노란색 래미네이트 카드를 꺼내더니, 마치 네 번째 에이스 카드[1]라도 뽑은 듯 어지러운 책상 위로 탁 내려놓았다.

---

1   포커에서 에이스 네 장이면 상당히 높은 패가 된다.

"이것 좀 봐요!" 트럼프가 말했다. "전 세계에서 오직 아홉 명만이 이 카드를 갖고 있다고!"

카드에는 다음과 같이 적혀 있었다. 카드 소지자는 전 세계 어느 맥도널드에서나 무료로 먹을 수 있습니다.

"나와 마더 테레사 그리고 마이클 조던이 이것을 갖고 있지!" 그는 마구 자랑을 해댔다.

그 말을 들은 나는 마더 테레사가 콜카타 맥도널드의 드라이브 스루로 차를 몰고 들어와 차창을 내리고 습관적으로 몸을 기댄 채, "더블치즈버거 만 개 주세요"라고 주문하는 모습을 상상했다.

나는 배트맨을 좋아하던 방식으로 트럼프를 좋아했다. 배트맨은 여덟 살인 나에게 억만장자란 모름지기 어떤 모습이어야 하는지 보여주었다. 이를테면 마천루에는 약 3미터 크기로 큼지막하게 그의 이름이 새겨져 있었고, 커다란 제트기를 타고 다녔으며, 곁에는 늘 금발의 여성들이 있었다. 그의 양말에는 1,000달러짜리 수표들이 다닥다닥 붙어 있었고.

그래서 나는 트럼프가 대선 출마를 선언했을 때 "앵글"을 생각했다. 골프 스윙을 할 때 노리는 각이 있듯이, 트럼프도 노림수가 있었을 것이다. [신분을 감추려고 했던 배트맨처럼] 노림수는 언제나 있다. 그것이 무엇인지 알아내야만 했다.

도널드 트럼프를 처음 만났을 때 나는 〈스포츠 일러스트레이티드Sports Illustrated〉의 칼럼니스트였다. AT&T 페블비치 프로암 대회에서 마주한 트럼프는 전형적인 사업가 모드로 활짝 웃으며 작은 손으로[2] 내게 악수를 청했다. 당시 그의 아내, 말라 메이플스

Marla Maples도 내게 미소를 지었다.

나는 가만히 생각했다. '응? 뭐지?'

"당신은 내가 가장 좋아하는 기자예요!" 트럼프가 소리쳤다. "나는 당신 기사를 정말 좋아한다니까. 말라, 이 사람한테 얘기 좀 해줘."

"진짜예요!" 그의 아내가 거들었다. "이것 좀 보세요!" 하더니, 말라는 핸드백 안에서 내가 이전에 썼던 칼럼 기사를 꺼내 들었다. 그래, 알겠고. 그런데 도대체 무슨 수작인 거지?

트럼프는 말했다. "그래서 나에 대해서는 언제 쓸 건가요?"

아하, 이거였군.

물론 문제가 될 것은 전혀 없었다. 트럼프는 이 세상에서 제일 접근이 쉽고 호들갑스러우며 주목할 만한 사업가였다. 그런 그를 내가 왜 마다하겠는가. 그래서 열두 명의 골프 전설과 유명인 그리고 괴짜들의 캐디를 해보며 쓴 책《누가 너의 캐디니?Who's Your Caddy?》의 집필 과정에서 그에게도 한 장을 제안했다.

"물론이죠!" 트럼프는 기꺼이 수락했다.

그날이 왔고, 트럼프와 함께 골프를 칠 사람은 아무도 없었다. 트럼프는 나에게 캐디가 아닌 골프 동반자가 될 것을 주문했다. 좋아, 당신 하고 싶은 대로 하는군. 우리는 뉴욕주 브라이어

---

2   트럼프는 큰 체격에 비해 작은 손을 가졌다는 이야기를 종종 들어왔다. 트럼프의 글씨체를 따 만들어진 폰트가 있는데, 그 폰트의 이름도 '작은 손Tiny Hand'이다. 2016년 대선 경선 당시, 마르코 루비오 상원의원이 트럼프를 겨냥해 "손 작은 사람은 믿을 수 없다"라고 말한 적도 있다.

클리프 매너에 있는 '트럼프 내셔널 웨스트체스터 골프클럽'에서 골프를 쳤다. 이 경험은 마치 예보만 요란했던 허리케인 속에서 하루를 보내는 것과 같았다.

트럼프는 그날 자신에 대해서만 쉬지 않고 거짓말을 늘어놓은 것이 아니었다. 그는 나에 대해서도 쉴 새 없이 거짓말을 해댔다. 한 클럽 회원을 만나 나를 소개하면서 "이 사람은 릭이에요. 〈스포츠 일러스트레이티드〉 사장이죠"라고 했다. 그 남자는 내 주저하는 손을 잡기 위해 악수를 청했지만, 그 순간 트럼프는 나를 비서 혹은 셰프였던 또 다른 회원에게로 이끌었다. "이 사람은 릭이에요. 〈스포츠 일러스트레이티드〉 발행인이죠." 내가 이의를 제기할 새도 없이 그는 말을 이어갔다. "그리고 이쪽은 셰프예요. 세계 최고의 햄버거 셰프로 뽑혔죠." 딱한 표정의 그는 나를 바라보며 고개를 가로저었다. "아니에요." 네, 저도 그래요.

우리 둘만 있게 되자, 나는 궁금해서 물었다. "도널드, 왜 저에 대해 거짓말을 하는 거죠?"

그는 답했다. "그러는 편이 나으니까요."

'그러는 편이 낫다'는 것은 트럼프의 수법이다. 그는 그가 하는 모든 말과 행동을 덧칠한다. 트럼프에게 진실은 중요하지 않다. 그저 어떻게 들리고 보이는지가 중요할 뿐이다. 진실을 규명하려는 사람은 이리저리 맴돌게 될 수밖에 없다.

다음은 내 친구의 경험담으로, 그가 트럼프와 그의 아내 멜라니아와 함께 저녁 식사를 한 날의 이야기다. 대통령 선거전이 막 시작되던 2015년의 어느 날이었다. 아내들과 남편들이 각각 무리를 지어 이야기를 나누고 있을 때 누군가 멜라니아에게 물었다.

"멜라니아, 멋진 억양을 가졌네요. 어디 출신이에요?"

"슬로베니아요."

그러자 트럼프가 멜라니아에게 돌아서서 참견했다. "오스트리아라고 얘기해. 그러는 편이 나으니까."

나는 언젠가 '큰 거짓말The Big Lie'[3]에 버금가는 트럼프의 글을 읽으면서 입안에 든 시리얼을 뱉을 뻔했다. 그것은 그가 2013년 트위터에 올린 글이었는데, 대통령 선거가 시작되기 전에는 미처 볼 일이 없었다. 트럼프는 자신과 불화를 겪는 수백여 명의 유명인 중 프로농구팀 댈러스 매버릭스의 구단주이자 억만장자 스포츠 팬인 마크 큐반Mark Cuban과 유독 얽히곤 했다. 그중에서도 2012년 큐반이 한 TV 프로그램에 출연해 트럼프를 깎아내린 일이 있었다. "'나는 트럼프보다 더 큰 액수의 수표를 쓸 수 있고, 심지어 그 수표를 잃어버려도 모를 것'이라고 말한 듯하다"라고 큐반은 기억했다.

트럼프는 부글부글 끓어올랐다. 너무 모욕적이라 살짝 대갚음하는 식으로는 성에 차지 않았다. 트럼프의 규칙은 이러했다. "당하면 열 배로 갚아준다." 트럼프는 그날 큐반에 대한 평생의 복수를 다짐했다.

그리고 그날이 큐반에게 복수한 날이었다.

---

3 "대중은 작은 거짓말보다는 큰 거짓말에 더 잘 속는다"는 아돌프 히틀러의 이론에 빗댄 표현이다.

골프 매치? 나는 이번 주말을 포함해서 클럽 챔피언십에서 열여덟 번 우승했다. 큐반은 힘도 없고 재능도 없는 여자아이처럼 스윙을 하더군. 큐반은 패배자다.

— 도널드 트럼프, 트위터, 2013년 3월 19일

클럽 챔피언십에서 열여덟 번? 이것은 마치 미식축구 쿼터백이 슈퍼볼에서 열여덟 번 우승했다고 말하는 것과 같다. 너무나 터무니없는 소리다. 추수 감사절이 되면 거짓말 홍수 속에 잠기는 메이시 백화점도 아니고 말이다. 게다가 트럼프는 웨스트체스터에서 나와 함께 골프를 칠 때 그가 해온 일들에 대한 작은 비밀을 살짝 이야기한 적이 있다.

"새로운 골프장을 개장할 때마다 나는 공식적인 오프닝 라운드를 하고 그것을 첫 클럽 챔피언십이라고 칭해요. 그래요! 내가 첫 번째 클럽 챔피언이 되는 거죠. 물론 이건 오프더레코드예요."

당신은 인정해야만 한다. 이것이 추잡스럽고 도덕성이 결핍된 일이라는 사실을 말이다. 하지만 그와 동시에 상당히 영리한 짓이기도 하다.

나는 몇 년 동안 오프더레코드를 지켰다. 하지만 그는 계속해서 사람들의 뒤통수를 쳤다. 선거 캠페인이 절반이 넘게 진행되도록 그랬다. "당신도 알다시피, 나는 열여덟 번이나 클럽 챔피언십에서 우승했어요. 승자죠." 그랬으면 그의 롤스로이스 트렁크는 골프 트로피로 가득 차 닫히지조차 않을 것 같은데.

〈워싱턴 포스트〉와의 인터뷰에서 트럼프는 겸손하게 말했다.

"내 인생은 언제나 승리하는 삶이었죠. 나는 엄청 많이 이겼고, 지금도 이기고 있습니다. 뭐든지 하면 이겼어요. 스포츠에서도 마찬가지였죠. 나는 언제나 괜찮은 운동선수였고, 언제나 이겼어요. 골프에서는 많은 클럽 챔피언십에서 우승했죠. 많은, 엄청 많은 클럽 챔피언십 말이에요. 골프를 잘 치는 사람들을 많이 만났지만, 그들은 압박 때문에 이기지 못했지요. 그래서 늘 내가 이겼어요."

예비선거에서 크게 이긴 뒤에도 그는 연단에서 으스댔다. "나는 이기는 법을 알아요. 이 사람들이 당신들에게 말하겠지만, 나는 늘 이겼어요. 어떻게 내가 그 수많은 클럽 챔피언십에서 우승을 거두었을까요? 트럼프에게 끝은 있을까요?"

또 다른 캠페인 가두연설에서는 이렇게 말했다. "승리는 승리죠. 나를 믿으세요. 클럽 챔피언십에서 이기는 일은 쉽지 않아요. 나는 지금 골프샷에 대해 이야기하는 게 아닙니다. 전략이나 작전 등 샷 이외의 것을 이야기하고 있지요."

클럽 챔피언십에서 열여덟 번 우승했다는 말은 골퍼들의 신뢰를 잃을 만한 황당한 거짓말이다. 이를 재확인하기 위해 나는 그 기록에 근접한 오직 한 사람, 필라델피아의 조지 "버디" 마루치George "Buddy" Marucci에게 전화를 걸었다. 그는 트럼프와 마찬가지로 수많은 골프클럽에 속해 있다. 나이대도 비슷한데 그가 트럼프보다 여섯 살 젊다. 그리고 그 또한 클럽 챔피언십에 얼마든지 참가할 수 있는 재력이 있다. 트럼프와 다른 점은, 그가 당신이 알아볼 수 있는 훌륭한 골프 사업가라는 것이다. 마루치는 1995년 그의 나이 스물네 살 때, 비록 패하기는 했으나 US 아마추어 챔피언십 마지막 라운드에서 당시 열아홉 살이던 타이거 우즈 Tiger Woods와 18번 홀까지 겨룬 전적이 있다.

그래서 말인데 버디 마루치, 당신은 클럽 챔피언십에서 열여 덟 번 우승해봤나요?

"푸하하!" 그가 웃었다.

"천만의 말씀. 나도 몇 차례 우승은 했지만 그 정도는 아니에 요. 클럽 챔피언십에서 우승하기란 정말 힘들거든요. 아마 여덟 번 정도 우승했을 거예요."

마루치는 지난 45년 동안 파par[4] 이하를 꾸준히 기록했던 사 람이다. 그는 윙드 풋, 세미놀, 파인 밸리, 사이프러스 포인트 등 전 세계 유명 골프코스를 경험했다. 열 손가락 안에 드는 유명 골 프장 대부분에는 아마도 마루치의 개인 로커가 있을 것이다.

"열여덟 번이나 우승했다고요? 그럴 수 있는 사람은 없을 텐 데요." 내가 트럼프에 대해 설명하자 그는 말했다. "그거 알아요? 내가 열여덟 살로 돌아가더라도 그 기록은 세울 수 없을 거예요."

트럼프가 게리 플레이어Gary Player에게 자신이 챔피언십에서 열여덟 번 우승했다고 말했을 때, 플레이어는 그를 비웃었다. "트 럼프에게 말했죠. 누구라도 그를 이기려 들면 코스에서 쫓아내서 우승한 것 아니냐고요."

트럼프가 소유하지 **않은** 골프장 벽에 그의 이름이 새겨져 있

---

4 홀hole마다 정하여 놓은 기본 타수를 말하는데, 그의 별명인 "버디"는 기본 타수보다 1타 적게 홀아웃하는 것을 의미한다.

을까? 아니. 트럼프가 샀을 때 이미 운영 중이던 버지니아주 워싱턴 DC의 골프장에는 있을까? 아니. 그가 샀을 때 리츠칼튼 코스였던 '트럼프 내셔널 주피터 골프클럽'에는 있을까? 아니. 그가 새롭게 개장해서 코스를 만든 골프장에는? 오, 있다.

플로리다주 웨스트팜비치의 '트럼프 인터내셔널 골프클럽'에는 클럽 챔피언십 우승자 명판이 걸려 있다. 트럼프는 세 번 등장하는데 1999년, 2001년 그리고 2009년이다. 그런데 잠깐, 그 코스는 1999년에 개장조차 하지 않았다. 이후 백악관 공보국장 호프 힉스는 〈워싱턴 포스트〉에 "트럼프는 그해 11월 해당 코스가 '간이 개장'했을 때 측근들과 라운딩을 했고, 그것을 클럽 챔피언십으로 명명했다"고 밝혔다. 그래서 축하해달라고?

2013년 3월 17일 트럼프는 트럼프 인터내셔널에서 또다시 클럽 챔피언십 우승자가 됐다고 트위터에 올렸다. 그가 큐반을 비웃을 때 들먹였던 것 중 하나다.

실력 있는 많은 골퍼도 우승하기 쉽지 않은 팜비치의 트럼프 인터내셔널 골프클럽에서 방금 이겼다.

하지만 그해 우승자 명판에는 '톰 로쉬'라는 이름이 새겨져 있다. 딱 걸린 걸까? 사실 트럼프가 우승한 대회는 클럽 챔피언십이 아니다. 그가 말한 대회는 '슈퍼 시니어 클럽 챔피언십'으로, 대체로 60세 이상의 회원만 참가한다. 물론 자부심을 가질 만한 우승이지만 클럽 최고의 젊은 선수들을 꺾은 것은 아니라는 이야기다. '클럽 챔피언십'과 '슈퍼 시니어 클럽 챔피언십'은 바나 화이트Vanna White와 베티 화이트Betty White만큼 차이가 크다.[5]

트럼프 웨스트체스터 골프클럽의 전 간부였던 이안 길룰레Ian Gillule는 이렇게 기억한다. "한번은 멜라니아가 슈퍼 시니어가 무엇인지 물은 적이 있어요. 그러자 트럼프는 '자기야, 슈퍼 시니어가 일반적인 클럽 챔피언십보다 더 나은 거야'라고 답했죠. 그는 농담조로 얘기했으나 멜라니아는 그 차이를 알지 못했습니다."

나는 골프닷컴GOLF.com의 기자 마이클 뱀버거Michael Bamberger에게 전화를 걸었다. 그는 한때 트럼프와 함께 모든 트럼프 골프장에서 라운딩했던 이야기를 〈스포츠 일러스트레이티드〉에 적었다. 그도 트럼프가 클럽 챔피언십에서 열여덟 번 우승했다는 이야기를 들었을까? 물론.

"트럼프 웨스트체스터 골프클럽에서 트럼프가 말했어요. '마이클, 방금 클럽 챔피언십에서 우승했어'라고요. 하지만 믿을 수 없었죠. 그의 핸디캡은 9~10이었고,[6] 그런 실력으로는 어떤 클럽 챔피언십에서도 우승할 수 없으니까요. 그래서 상대가 누구였냐고 물었죠. 트럼프가 지목한 사람은 그와 오랫동안 거래를 해온

---

5 전자는 1957년생 미국 배우로 1982년부터 현재까지 미국 인기 퀴즈쇼 〈휠 오브 포춘〉을 진행 중이며, 후자는 1922년생 미국 배우로 최장수 텔레비전 출연 경력(80년)을 자랑하는 베테랑이다.

6 프로가 아닌 경우 서로의 실력 차이를 고려해 핸디캡(핸디라고도 칭함)을 두는데, 이븐파(72타)를 기준으로 자신의 평균 타수를 핸디캡으로 둔다. 즉 평균 81~82타를 친다는 뜻이다.

시멘트 도급업자, 루 리날디Lou Rinaldi였어요. 그는 핸디캡이 전혀 없는, 실력이 출중한 골퍼였죠. 내가 리날디를 쳐다보자 그는 마치 '내가 우리 보스와 싸워야 할까?'라고 말하는 식으로 두 어깨를 으쓱해 보였습니다."

나중에 뱀버거는 그것 또한 시니어 클럽 챔피언십이었다는 사실까지 알아냈다. 뱀버거의 말이다. "그러고 나서 한참 후에는 트럼프가 우승했다는 연도도 틀렸다는 사실을 눈치챘죠. 전혀 다른 연도였더라고요."

트럼프는 뉴저지주의 '트럼프 베드민스터 골프클럽'에서 약 140킬로미터 떨어진 곳에서 열린 시니어 클럽 챔피언십에서 우승한 적도 있다. 트럼프는 해당 클럽이 50세 이상 회원을 대상으로 한 시니어 클럽 챔피언십을 개최해야 한다고 선언한 바 있는데, 그가 몰랐던 사실이 있다. 그 골프장에서 가장 실력이 좋은 회원 중 한 명이 막 쉰 살이 되었다는 점이었다. 그를 이길 가망이 전혀 없던 트럼프는 대회가 열리는 날 '트럼프 필라델피아 골프클럽' 코스로 가서 친구들과 라운딩을 했다. 베드민스터 골프클럽 관계자에 따르면 트럼프는 그 후 사무실로 전화를 걸어 그가 73타를 쳤으며 자신이 우승자가 되어야 한다고 주장했다. 해고되고 싶지 않았던 사무실 직원은 이에 동의했다. 트럼프의 이름은 명판에 올랐다. 다음은 이 사실을 귀띔한 관계자의 말이다. "그런데 그때 누군가가 필라델피아 골프클럽에 있는 캐디와 이야기하면서 트럼프가 그날 몇 타를 쳤는지 물었는데요. 그의 대답은 '아마도 82타. 그것도 아주 후하게 쳐줘서'였다는 겁니다. 그는 이런 일이 아주 자주 있었다고 했어요."

또 다른 복수의 관계자는 트럼프가 베드민스터 클럽하우스에 왔을 때 벌어진 일도 전했다. 어느 직원이 시니어 골프 챔피언십에서 새롭게 우승한 사람의 나무 명판을 걸고 있었는데, 대회에 참가하지도 않은 트럼프가 명판의 이름을 보고는 그를 막아선 것이었다. "이봐, 나는 언제나 이 사람을 이겨왔다고. 그 사람 대신 내 이름을 걸어봐."

당황한 직원은 말했다.

"네, 회장님?"

"아, 맞다니까. 내가 맨날 그 사람을 이겼어. [그 대회에 참가했다면] 내가 그를 꺾었을 거야. 그러니까 내 이름을 넣으라고."

〈골프 다이제스트Golf Digest〉에 등재된 트럼프의 챔피언십 '우승' 목록 열여덟 개 가운데 열두 개는 사실상 시니어나 슈퍼 시니어 클럽 챔피언십의 우승이다. 거듭 말하지만, 시니어와 슈퍼 시니어 클럽 챔피언십은 클럽 챔피언십과는 전혀 다르다. 전자는 마치 레인에 거터 범퍼가 설치된 볼링장에서 치는 볼링과 같다. 게다가 내가 언급했듯 이들 대부분에서는 수상쩍은 냄새가 난다. 그러면 이제 여섯 개의 **진짜** 클럽 챔피언십 우승이 남는다. 그가 언급한 목록 중 하나는 2001년 트럼프 웨스트체스터인데, 당시는 클럽이 공식 개장을 하기도 전이었다. 자, 이제 다섯 개 남았다. 다음은 2002년 웨스트체스터인데 이때도 클럽은 9홀밖에 없었다. 트럼프가 정말 우승을 했어도 9홀 우승으로는 클럽 챔피언십 우승자라고 칭할 수 없다. 그럼 네 개 남았다. 넷 중 하나는 2004

년 웨스트체스터인데, 그는 정말로 우승했을까?

길룰레의 말이다. "음, 아닐걸요. 저는 사실이 아니라는 걸 알고 있어요. 내가 그곳에서 일했던 8년 동안 그는 단 한 번도 우승한 적이 없거든요. 그를 위해 일하는 것은 좋았지만, 알다시피 누군가는 진실을 말해야 하니까요."

트럼프가 2007년 웨스트체스터 클럽 챔피언십에 참가해 1라운드에서 애덤 레빈Adam Levin이라는 열다섯 살 소년에게 패해 탈락한 사실은 누구나 알고 있다. 트럼프는 첫 5홀에서 4UP[7]으로 앞서 나갔다. 트럼프가 아이를 상대로 두 차례 구덕다리 규칙 위반을 들먹인 데 따른 결과였다. 한 번은 해저드hazard[8] 안 잔디를 건드렸다고, 다른 한 번은 그린green 위에서 볼 마크 위치를 살짝 조정했다고 예순 살 어른이 지적했고, 열다섯 살 소년은 두 홀을 잃었다.

레빈에 따르면 그 당시 트럼프는 갤러리 몇 명에게 말했다. "이 아이는 잘 싸우고 있네요. 그렇죠?" 투쟁심이 생긴 레빈은 연속해서 홀을 따냈고, 18번 홀에서 타이를 이룬 후 두 번째 플레이오프 홀에서 승리를 거두었다.

지금은 데이터 애널리스트가 된 레빈은 그날을 이렇게 회상한다. "그는 경기가 끝나고 '축하한다'거나 '좋은 경기였다'라는 말조차 건네지 않았어요. 아예 내 눈을 쳐다보지도 않았죠. 그저

---

7   4홀을 이겼다는 의미다.
8   코스 안에 설치한 모래밭·연못·웅덩이·개울 따위의 장애물을 말한다.

악수만 하고 가버렸어요. 그는 그날 내내 엉망진창이었어요. 함께 있던 대여섯 시간 동안 나나 나의 부모님과 대화를 나눌 여유가 충분히 있었는데도 그가 온종일 한 말이라고는 '골프장 참 환상적이지 않아요?'라든가 '여기 시설은 정말 최고죠?' 정도였으니까요. 인격이라고는 없는 개자식이었습니다."

이제 트럼프가 이겼다고 생각할 수 있는 클럽 챔피언십이 세 개 남았다. 모두 웨스트팜비치에 자리한 트럼프 인터내셔널에서 있던 일이다. 하지만 우리는 이미 1999년의 승리가 거짓말이라는 사실을 안다. 그곳은 1999년에 개장조차 하지 않았으니 말이다. 이제 2001년과 2009년 두 해가 남는데, 나는 서명된 어떤 스코어 카드도 보지 못했고 그가 이겼거나 혹은 졌다고 기억하는 그 누구도 만난 적이 없다.

'열여덟 번의 클럽 챔피언십 우승'을 파헤친 최종 스코어는 이렇다. 열여섯 번은 거짓말, 두 번은 불확실, 우승이 확인된 사실은 0번. 이쯤 되면 트럼프의 코는 피노키오처럼 길어져서 코로 퍼팅을 할 수 있을지도 모른다.

일련의 모든 일이 나를 괴롭혀서 더는 참기가 힘들다. 유권자로서 기분이 상한 것이 아니었다. 나는 골퍼로서 불쾌했다. 그렇게는 못 한다. 지킬 수 없는 정치적 약속을 하고 싶은가? 잘됐다, 마음대로 해봐라. 비즈니스 협상 테이블에서 막무가내로 이야기를 지어내고 싶은가? 좋다, 마음껏 즐기시길. 하지만 골프는 나에게 의미가 있다. 나는 평생 골프를 해왔다. 골프는 나에게 온전한 행복을 주었으며, 내가 헤아릴 수 있는 것보다 더 많은 친구를 만들어주었다.

내가 골프를 사랑하는 이유 중 하나는 우리 스스로 심판이 된다는 점이다. 우리는 스스로 '파울'이라고 말할 수 있다. 경기 구조 자체에 진실성이 내장되어 있으니까. 골프에서 정직은 작고 하얀 딤플dimple[9]보다 더 소중하다. 벤 크렌쇼Ben Crenshaw가 즐겨 말하듯이, "골프는 양심 있는 게임이다."

골퍼들에게 부정행위라는 오점은 승리나 패배보다 더 중대한 사안이다. 사기꾼으로 불리는 것에 대한 도덕적인 공포심마저 존재한다. 톰 왓슨Tom Watson은 1983년 스킨스 게임에서 게리 플레이어가 이파리 하나를 없애기 위해 공을 움직이자 거세게 항의했고, 이들은 이때 이후로 거의 말을 섞지 않고 있다. 단지 **이파리 하나**였는데 말이다. 비제이 싱Vijay Singh은 몇십 년 전 인도네시아 대회에서 일어났던, 혹은 일어나지 않았던 작은 사건이 아니었다면 아마 메이저 대회에서 열 차례 우승하고 사기꾼이라는 오명도 쓰지 않았을 것이다.[10]

그런데 여기 치즈위즈Cheez Whiz[11]보다 더 거짓으로 무장한 열여덟 번의 챔피언십 우승에 대해 울부짖는 트럼프가 있다. 나는 궁금해졌다. 이 나라는 트럼프가 자신의 탁월한 골프 실력에 대

---

9 골프공 표면에 굴곡지게 파인 작은 홈을 일컫는데, 공기 저항을 줄여 공이 더 멀리 날아갈 수 있게 한다.

10 싱은 1985년 자카르타에서 열린 인도네시아 오픈에서 실수인지 고의인지 스코어 카드를 조작하는 반칙을 저지르며 탈락했다.

11 가공한 치즈 제품으로, 영양 면에서는 별다른 이점이 없는 것으로 알려졌다.

해 떠드는 수많은 이야기를 얼마나 믿고 있을까? 선거운동 기간 트럼프는 3만여 명의 지지자 앞에서 장황하게 설명했다. "골프에 관한 한 아주 소수의 사람만이 나를 이길 수 있지요." 사람들은 정말 그 말을 믿었을까? 왜냐하면 모든 골프 코스에서 적어도 50명은 그를 이길 수 있기 때문이다.

트럼프가 허리케인 마리아로 폐허가 된 푸에르토리코를 외면했을 때, 그가 바로 직전 해에 "환상적인" 골프 프로젝트를 포기하면서 그 작은 영토에 3,300만 달러의 빚을 안겨주었다는 사실을 누가 알까.[12]

트럼프가 그의 플로리다 골프장에서 각국의 총리나 수상들과 18홀 골프 회동을 가질 때, 그들이 집으로 돌아가면서 UN에서 그랬던 것처럼 우리 대통령을 비웃는다면? 그들이 모든 미국인은 골프를 칠 때 속임수를 쓴다고 생각한다면?

여러 생각이 머릿속을 스친다.

누군가는 트럼프가 골프를 치듯, 그러니까 규칙은 마치 다른 이들을 위해서나 존재한다는 것처럼 대통령직을 수행한다는 사실을 지적해야만 한다.

누군가는 진실 혹은 사실이 트럼프에게는 미친 듯이 팔을 휘저어대는 주차장의 풍선 인형처럼 마음대로 조작하고 움직일 수 있는 골프 스코어나 갤러리 숫자로밖에는 안 보인다는 사실을 설명해야만 한다.

---

12 본서 15장 참조.

누군가는 트럼프가 골프를 칠 때 속임수를 쓰고, 골프장에 관해 거짓말을 하고, 그의 골프 사업 도급업자들과의 약속을 저버리는 일이 그가 아내들을 속이고, 자신의 악행에 관해 거짓말을 하고, 이란 문제에서부터 기후변화에 이르기까지 미국이 이미 전 세계와 동의한 사항에 관해 지키지 않는 일과 비슷하다고 써야만 한다.

나는 "골프는 자전거 바지[13]와 같다"고 쓴 적이 있다. "한 남자에 관해 많은 것을 드러내기 때문"이다. 트럼프의 골프가 그의 본질을 드러내는 것에 관한 책을 쓸 수도 있다. 바로 이 책이 그렇다.

---

13 자전거를 탈 때 입는, 몸에 딱 달라붙는 바지를 말한다.

2

★★★★★

당신은
발레리나가 아니다

골프는 위험해.

– 시어도어 루스벨트Theodore Roosevelt

대통령에게 백악관은 집사들과 함께 있는 감옥 같은 곳이다. 당신은 경호원 중대와 일주일간의 계획이 없이는 어디에도 갈 수 없다. 책상 위에 수북이 쌓인 전 세계 골칫거리들이 숨을 콱 막히게 하는 사무실 바로 위에서 당신은 잠이 든다. 바로 이것이 골프가 대통령에게 더없이 완벽한 이유다. 고층 빌딩의 유리창도 없고, 줄을 선 사람들도 없고, 교차로도 없고, 지나는 차도 없는 골프장 안에서 대통령들은 비교적 안전하게 머물 수 있다.

그들이 어디에서 경기하는지, 어떻게 경기하는지, 또 얼마나 자주 그리고 왜 골프를 치는지는 때때로 역사학자들이 가득한 방보다 더 많은 대통령에 관한 이야기를 당신에게 들려줄 수 있다.

골프는 20세기가 될 때까지 미국에서는 유행이 되지 않았다.

초창기 골프에 열심이었던 사람 중 한 명은 [미국의 27대 대통령이자] 몸무게가 136킬로그램 이상 나갔던 윌리엄 태프트William Howard Taft였다. 그는 골프를 치느라 백악관에서 그를 기다리던 칠레 대통령을 바람맞힐 정도로 이 작은 공에 푹 빠져 있었다.

[28대 대통령] 우드로 윌슨Woodrow Wilson의 주치의는 소화불량을 치료하려는 목적으로 그에게 골프를 권했는데, 그의 실력은 차마 눈 뜨고 볼 수 없을 정도로 엉망진창이었다. 윌슨은 어지간해서는 110타를 깨지 못했다. 퍼팅을 할 때는 뚫어뻥보다 짧은 길이의 퍼터를 들고 애완용 쥐한테 속삭이는 남자라도 된 것처럼 90도로 등을 구부렸다. 윌슨은 누군가 나랏일에 대해 논할 수도 있다는 두려움에 자신의 아내와 주치의와만 골프를 쳤다. 그는 통제할 수 없을 정도로 점점 골프에 중독되었다. 심지어 눈 위에서 경기하려고 골프공을 검게 칠하기까지 했다. 그러니 윌슨에 비하면 트럼프는 약과다. 대통령의 골프 역사를 꿰뚫고 있는 돈 반 나타Don Van Natta는 윌슨이 그의 재임 기간인 8년 동안 무려 1,600번이나 골프를 쳤을 것이라고 추정한다. 골프는 그가 아침에 일어나 가장 먼저 하는 일이었다. 그는 새벽 기차보다도 더 빨리 공을 쳤고 보통 오전 9시 전에는 책상으로 돌아왔다.

허풍을 잘 떨었던 [29대 대통령] 워런 하딩Warren Harding은 정반대였다. 그에게 골프는 스파이크 슈즈를 신고서 하는 파티와 같았다. 왜 서둘러야 하는가? 그는 모든 유명인을 사랑했지만, 그 중에서도 특히 골프 스타들을 좋아했다. 그는 올빼미형 인간으로 유명했던 월터 하겐Walter Hagen을 자주 초청했다. 하루는 하겐이 하딩에게 그가 가장 좋아하는 드라이버 중 하나를 선물했다.

하딩은 굉장히 기뻐하면서 물었다. "내가 보답으로 무엇을 해줄까요?"

지각이 잦았던 하겐은 속도위반 딱지를 피할 수 있는 백악관 경호 배지를 가지면 편하겠다고 말했고, 결국 배지를 받았다.

하딩은 골프 규칙을 갖고 장난치는 대통령 중 선두주자였다. 항상 헐렁한 반바지를 입고 나비넥타이를 맸던 그는 골프장에서 아주 재미가 있었고 사람들에게 큰 웃음을 주었다. 그는 티와 그린 사이에서 장타를 날렸으나 균형이 맞지 않는 스윙으로 성적이 그다지 좋지는 않았다. 그래도 골프에는 열심이었다. 골프로 가득 찬 휴가를 즐기다가 울혈성 심부전으로 사망했을 당시 그는 샌프란시스코에 있었다. 샌프란시스코는 하딩의 이름을 따서 하딩파크 골프장을 지었는데, 지금은 굉장히 훌륭한 퍼블릭 골프코스의 본거지가 되었다.

[30대 대통령] 캘빈 쿨리지Calvin Coolidge는 골프를 잘 치지도 재미를 느끼지도 못했다. 사실 그는 뒤땅 치기의 고수였는데 스윙에 제대로 힘을 싣지 못할 정도로 형편없었다. 백악관을 떠날 때 그는 그곳에 골프채를 두고 갔다.

우리의 가장 재능 있는 골프 대통령은 단연코 프랭클린 루스벨트Franklin Delano Roosevelt다. 그는 아이언샷iron shot[1]에 능했고 그린 주변에서는 정교한 터치감을 자랑했다. 그래서 10대에 많은 금메

---

1   아이언 클럽을 써서 하는 샷.

달을 따냈고 열여덟 살에는 캐나다의 캄포벨로 골프클럽에서 열린 남자 클럽 챔피언십에서 우승했다(아니, 정말로). 하지만 대통령에 당선되기 12년 전인 서른아홉 살 무렵, 척수염이 그를 덮쳤고 다시는 골프를 칠 수 없게 되었다. 그는 2019 PGAProfessional Golfers' Association[2] 챔피언십이 열린 뉴욕의 베스페이지를 포함해 10여 개의 아주 훌륭한 퍼블릭 골프장을 업적으로 남겼다.

[33대 대통령] 해리 트루먼Harry Truman은 골프가 아닌 피아노 치는 것을 즐겼다. 하지만 그의 후계자 드와이트 아이젠하워Dwight Eisenhower는 개가 뼈를 좋아하듯 골프를 사랑했다. 그는 클럽을 손에서 거의 놓지 않았다. 사실상 아이언을 든 채로 백악관 홀을 거닐었고, 세계대전 이후 무엇을 할지 숙고하는 동안에도 하프 스윙을 했다. 그와 그의 골프 우상—영원한 황갈색 가슴의 사나이, 아놀드 파머Arnold Palmer—은 1960년대 이 나라의 골프 전성기를 이끌었고, 이 열기는 2007년에 시작된 경기 대침체Great Recession에 이르기까지 식지 않았다.

아이젠하워는 골프를 사랑했지만, 골프는 그를 사랑하지 않았다. 그의 아킬레스건은 퍼팅이었다. 그는 뱀에게 다가가는 듯 석상같이 얼어붙은 채로 움직여서 공을 훅 넣고 빠르게 돌아왔

---

2 미국프로골프협회Professional Golfers' Association of America로, 1916년 뉴욕에서 출범하였다. PGA 투어Professional Golf Association Tour와는 다른 조직으로, PGA 투어는 1968년 미국프로골프협회에서 독립해 프로 선수들의 토너먼트 대회를 운영하는 데 주력한다.

다. 마치 열한 종류의 입스yips³가 온 것만 같았다. 골프 연습을 위해 그는 대통령 집무실 바깥에 퍼팅 그린putting green⁴을 만들었다. 때때로 그는 집무실로 다시 들어올 때 골프화를 벗는 일도 잊어버리곤 했다. 언젠가 나는 그 자리에 쭈그리고 앉아 그가 나무 바닥에 남기고 간 구멍을 더듬어보기도 했다.

존 F. 케네디John F. Kennedy는 허리만 괜찮았다면 굉장한 골프 실력을 자랑했을 것이다. 그는 하버드 대학교의 신입생 골프 팀에 속해 있었지만 풋볼을 하던 중 허리를 다쳤고, 이듬해부터 골프를 치지 못했다. 그의 스윙은 완벽하게 균형이 맞은 끝 동작에 이르기까지 우아했고 반듯했다. 그의 가느다란 오른쪽 어깨는 타깃을 향해 완벽하게 마주 섰고, 모자를 쓰지 않은 머리카락은 바람에 쓸려 뒤로 넘어갔다. 캐시미어를 입은 개츠비 같다고나 할까. 트럼프와 달리 케네디는 자신의 골프 실력에 대해 말하는 것을 원치 않았고, 그가 경기하는 동안 주변에 카메라가 있는 것도 꺼려 했다. 스코어를 발표하는 일 또한 좋아하지 않았다. 선거가 끝나고 취임을 앞둔 케네디는 세계에서 가장 유명한 파3 홀인 사이프러스 포인트 16번 홀에서 티샷tee shot⁵을 하고 공을 홀컵에서 꺼내는 데까지 꽤 낭패를 겪었다. [홀을 마치고] 그는 안도의 숨을 내쉬었다. 케네디는 함께 골프를 치던 사람들에게 "당신들이

---

3 골프에서 주로 퍼팅을 앞두고 실패에 대한 두려움으로 발생하는 각종 불안 증세를 말한다.
4 홀 주위에 퍼트하기 좋도록 잔디를 잘 가꾸어 놓은 지역.
5 각 홀의 첫 번째 샷.

저 망할 공이 들어가라고 소리를 치는데 나는 앞날이 창창한 내 정치 커리어가 끝나는 줄 알았다"라고 말했다.

린든 존슨Lyndon Baines Johnson의 골프 실력은 형편없었고, 대부분 이런저런 법안 표결을 위해 하원의원들을 회유하고자 골프를 쳤다. 존슨은 그의 최대 업적으로 불리는 민권법Civil Rights Act[6]에 필요한 표수 때문에 골프장에서 언쟁을 벌인 것으로 알려졌다. 그는 욕설과 멀리건mulligan[7]을 좋아했는데, 때때로 아홉 개 홀에서 각각 대여섯 개의 멀리건을 택했다. 상대 골퍼에게는 "대통령을 이기는 것은 좋지 않다"고 상기시키면서 말이다. 백악관을 떠날 때 그는 그 말이 사실이었음을 깨닫게 되었다.

리처드 닉슨Richard Nixon도 골프를 쳤지만 아주 부자연스러웠다. 항상 너무 크게 웃었고 바지를 위로 바짝 올려 입었다. 그의 친구들은 그가 부통령 시절 아이젠하워의 비위를 맞추기 위해 그랬다고 말한다. 닉슨은 핸디캡이 18이었으나 워터게이트 사건으로 중도 퇴임한 뒤에는 골프장이 피난처가 되면서 12로 줄었다. 그렇다. 워터게이트 사건이 닉슨에게 **전부 나빴던** 것만은 아니다.

부통령 스피로 애그뉴Spiro Agnew의 사임과 맞물려 닉슨까지 중도 낙마하면서 제럴드 포드Gerald Ford가 대통령직을 떠맡게 됐다. 그는 미시간 대학교에서 풋볼 라인맨까지 했던, 성실한 대학 스포츠 스타 출신이었다. 타고난 운동선수인 포드는 골프를 사랑

---

6   인종, 피부색, 종교, 출신국에 따른 차별을 철폐할 목적으로 1964년에 제정된 연방법.

7   첫 샷이 잘못되어도 벌타 없이 다시 한번 주어지는 샷이다.

했지만, 이번에도 골프는 그를 사랑하지 않았다. 그래도 그는 되도록 많이 골프를 쳤다. PGA 투어인 페블비치 프로암에도 출전했는데, 이는 경호원들에게 악몽이었고 갤러리들에게도 마찬가지였다. 포드의 드라이브샷은 멀리는 갔지만 잘못된 방향으로 날아갔다. 그 때문에 그의 공을 맞은 사람 수는 그가 대통령이 되는 데 필요했던 표(그는 선거 없이 대통령이 된 터라 엄밀히 말해 한 표도 받지 못했으니 말이다)보다 더 많았다. 하지만 그도 한 번은 포트워스 콜로니얼 컨트리클럽에서 열린 프로암에서 크렌쇼와 짝을 이루어 경기하다가 홀인원을 기록했다. 크렌쇼는 그날을 이렇게 기억한다. "떠들썩했죠. 그는 제정신이 아니었어요. 나에게 돌아서서 자신이 이걸 해냈다는 게 믿기지 않는다고 말했으니까요."

골프는 포드 이후 잠시 암흑기를 가졌다. 지미 카터Jimmy Carter는 낚시를 했다. 로널드 레이건Ronald Reagan은 승마를 선호했기에 골프는 치는 둥 마는 둥 했다. 그의 골프 핸디캡은 13이었다. 아직도 로스앤젤레스 컨트리클럽에는 그의 로커가 있다.

부시 가족보다 더 골프를 좋아하는 가문은 없을 것이다. 41대 대통령 조지 부시George H. W. Bush의 할아버지인 조지 허버트 워커George Herbert Walker는 USGAUnited States Golf Association[8] 회장이었고 라이더컵Ryder Cup의 아마추어 버전인 워커컵Walker Cup을 만들었다. 또한 부시(41대)의 아버지, 프레스코트 부시Prescott Bush는 핸디캡이 전혀 없는 스크래치 플레이어였고 역시 1년간 미국골프협회

---

8   미국골프협회.

회장을 역임했다. 부시(41대)는 내가 지금껏 본 사람 중 가장 빠른 골퍼였다. 그의 핸디캡은 18에 이르렀는데 스윙할 때마다 사방으로 움직이는 팔꿈치가 문제였다. 흡사 말파리를 찰싹 때리려는 남자처럼 보였으니까 말이다. 한편 그가 스코어보다 더 신경쓴 점은 두 시간 내로 경기를 끝내는 것이었다. 베스트셀러 작가 제임스 패터슨James Patterson은 그와 한 번 골프를 친 적이 있는데, 그 일을 두고 이렇게 말했다. "흐릿한 기억이지만 끝을 보기 위해 서두르는 사람처럼 보였습니다. 마치 '와우, 우리 지금 끝난 건가요?' 하는 기분이었달까요? 하지만 그는 아주 괜찮았고, 아주 친절했고, 아주 견실한 사람이었어요."

부시(41대)는 텍사스 출신의 프로 선수인 크렌쇼와 톰 카이트Tom Kite를 아들처럼 아꼈다. 사실 이들을 비판했던 기자는 누구라도 부시로부터 '이만 총총'이라는 문구가 들어간 말을 개인적으로 들어야만 했다. 1997년 라이더컵에서 카이트가 주장을 맡은 미국은 세계 순위 14위 안에 든 여덟 명의 선수(유럽은 한 명)가 있었음에도 스페인의 세베 바예스테로스Seve Ballesteros가 이끈 유럽 팀에 밀렸다. 나는 이를 두고 살짝 짓궂게 기사를 썼다. 카이트는 [그날 경기의 갤러리였던] 4인용 카트에 탄 부시와 마이클 조던의 주위를 맴돈 반면, 세베는 마치 마세라티 터보 엔진을 단 것처럼 재빠르게 카트를 몰고 다니면서 거의 모든 홀에 나타나 유럽 팀 선수들에게 그린 상태를 알려주며 지시를 내렸다. 세베는 카이트보다 뛰어났다. 결국 유럽은 미국을 14.5 대 13.5로 꺾었다. 다음 주 부시는 손으로 쓴 편지를 〈스포츠 일러스트레이티드〉에 보냈다.

릭 라일리는 그곳에 있기는 했나요? 일요일에는 분위기가 반전된 것을 인지하지 못했나요? 카이트와 미국 골퍼들은 그의 냉소적이고 교묘한 조롱이나 비난을 받을 이유가 없습니다.

미국 팬이자 톰 카이트 팬,

조지 부시

그렇고 말고, 나는 그 자리에 있었다. 대여섯 번 정도 부시 곁에 앉아 있었다. 확실히 말해두는데, 나는 카이트와 미국 팀에게 별다른 인상을 받지 못했다.

영화배우 밥 호프는 말했다. "나는 언제나 대통령과 골프를 치는 것을 좋아했지요. 한 가지 문제가 있다면, 주변에 경호원이 너무 많아서 부정행위를 할 기회가 별로 없었다는 점입니다." 호프는 빌 클린턴Bill Clinton과의 경기를 좋아했을 것이다.

1995년 콩그레셔널 컨트리클럽에서 클린턴과 골프를 쳤을 때, 나는 그가 경호원의 도움을 받아 속임수를 쓴 것을 알았다. 그는 멀리건을 택하지 않은 채 샷을 반복해서 했다. 언론이 '빌리건 Billigan'[9]이라고 부르는 것에도 전혀 개의치 않았다. 그는 첫 공을 휘두른 뒤 다른 이들에게 그 공을 칠 것이라고 했다. 하지만 그 다음에 같은 곳에서 세 번, 네 번, 혹은 다섯 번이나 연습 샷—빌리

---

9 '빌 클린턴'과 '멀리건'을 합쳐 부르는 표현이다.

건—을 했다(완전히 불법이지). 물론 홀컵 주위에는 수많은 공이 있어서 마치 부활절 달걀을 찾는 놀이와 비슷했다. 어떤 공이 그가 친 첫 공인지 구별하기가 어려웠으니 말이다. 다행히도 경호원들은 언제나 다 알았다. 핀Pin에서 가장 가까운 공이 '첫 공'이었다. 스웨덴 대사가 되고 싶지 않은 경호원이 어디 있겠는가?

클린턴이 나무 밑에 있던 네 명의 특공대원이나 우리와 함께 걷던, 스포츠 코트 안에 기관 소총을 숨긴 여섯 명의 경호원에게 돈 몇 푼을 쥐어준 것 같지는 않았다. 골프 카트 열세 대도 우리를 따라왔는데, 한 대에는 워싱턴과 모스크바 간의 핫라인 장치(일명 '레드폰')와 더불어 참모총장 보좌관과 의전 책임자가 몸을 싣고 있었다. 나는 우리에게 손을 흔들던 사람들로 가득 찬 발코니를 지나갈 때 클린턴이 내게 했던 말을 의전 책임자가 어떻게 생각했는지 모르겠다. 클린턴은 오른손을 흔들면서 왼쪽 팔꿈치로는 나의 갈비뼈를 쳤다.

"뭐라고요?" 나는 입 언저리에서 말했다.

"왼쪽에 있는 금발이 보이나요?"

"뭐라고요?"

"방금 그녀로부터 윙크를 받았어요."

나는 말하고 싶었다. "사람들이 제가 기자라고 말했을 텐데요. 그렇죠?"

트럼프처럼 클린턴도 굉장한 골프 친구였다. 트럼프와 다른 점은, 그는 라운드가 가능한 한 오래 이어지기를 바랐다는 것이다. 여섯 시간 라운딩은 클린턴에게 무아경을 선사했다. 더 많은 담배와 더 많은 웃음 그리고 더 적은 보스니아[10] 이야기까지. 그는 당신에게 힘을 주고, 등짝을 때리고, 칭찬을 건네며 가끔은 파 3 홀인원까지 줄 것이다. 그는 이상하게도 골프에 대해서는 말을 잘했다. "당신은 그 새로운 버블 샤프트가 마음에 드나요?" 클린턴이 물었다. (나는 내가 그것을 갖고 있는 줄도 몰랐다.) 그는 당신이 지금껏 보지 못했던 여기저기, 위아래, 오른쪽과 왼쪽을 오가는 복잡한 스윙을 했다. 임팩트impact[11] 때 그는 테니스 선수 안드레 애거시가 포핸드 스트로크를 때리듯 발바닥을 딛고 벌떡 일어났다. 이는 큰 슬라이스slice[12]를 냈다. 그의 골프백에 있던 스물네 개의 클럽(보통 열네 개로 제한)에 더해 엉망의 '빌리건' 샷까지 쫓아다녀야 하는 터라 일흔 살의 흑인 캐디 신사가 더는 어찌할 수 없는 지경에 이르렀다. 그는 마침내 입을 열었다. "토슈즈를 벗어요! 당신은 망할 발레리나가 아니잖아요!"

그 순간 의전 책임자의 입은 도개교처럼 쩍 벌어졌다. 경호원들은 목을 뒤로 뺐다. 어색한 침묵이 흘렀다. 클린턴은 그저 말했다. "당신이 옳아요. 내가 나빴어요." 그의 모든 빌리건과 미친 짓 탓에 그날 그가 얼마나 쳤는지는 말하기 힘들다. 스코어 카드에는 82라고 적혔는데 이후 클린턴은 내게 생애 최고로 잘 친 날이

---

10 냉전시대 종식 이후 새로운 국제질서를 형성할 세력 재편이 이루어지지 않았던 상황에서, 클린턴 행정부는 1990년대 보스니아 내전의 종결과 평화 정착에 공을 들인 바 있다.

11 공이 클럽 면에 맞는 순간.

12 왼쪽에서 오른쪽으로 급하게 휘어지는 샷.

었다고 실토했다.

여기서 잠시 트럼프와 클린턴 부부에 관한 짧은 이야기를 적는다. 하루는 힐러리가 그의 동생 휴 로덤Hugh Rodham을 윙드 풋에 데리고 왔다. 둘 다 클럽 회원은 아니었다. 로덤은 짧은 바지를 입었는데 윙드 풋에서는 허락되지 않는 복장이었다. 윙드 풋은 긴 바지만 허용했다. 휴 로덤은 덩치가 컸고 프로 숍에는 그에게 맞는 바지가 없었다. 그때 발레파킹 도우미가 캐디에게 말했다. "저기 가서 로덤 씨가 입을 만한 레인 팬츠라도 갖고 와요." 캐디는 떠났고 그는 로덤에게 맞을 만한 사이즈를 고민했다. 그리고 트럼프의 로커로 가서 그의 레인 팬츠를 가지고 뛰쳐나왔다. 이 이야기가 트럼프 귀에 들어갔을 때 그는 완전히 뒤집어졌다. 윙드 풋은 그에게 풀 세트의 레인 슈트를 사줘야만 했다. 클린턴, 이 세균 덩어리들Clinton cooties.

대통령 골프 마니아들에게 가장 위대한 날은 1995년 2월 15일이다. 역사상 유일무이하게 세 명의 대통령이 한 그룹에서 함께 골프를 쳤다. 밥 호프 데저트 클래식에서 클린턴, 부시(41대), 포드와 밥 호프가 포섬foursome[13] 경기를 했다. 참 특별한 순간이었다. 나는 언제나 상상한다. 어느 때인가 호프가 "대통령 각하, 티샷 차례입니다"라고 말하면 세 명의 대통령이 그들의 티에 공을 올리려고 고개를 숙이는 모습을 말이다.

그날 부시는 93타, 클린턴은 95타, 포드는 103타를 쳤다. 그

---

13   네 사람이 둘씩 편을 짜서 공 한 개를 번갈아 치는 방식을 말한다.

리고 우리는 이 스코어가 진짜라는 것을 안다. 이 경기는 NBC에서 방영되었다. 그럼에도 부시는 갤러리들에게 위협을 가했다. 1번 홀에서 그의 티샷은 나무를 맞고 튕겨 나와 나이 든 여성의 코를 때렸다. 그녀의 안경은 깨졌고 피가 사방에 튀었다. 14번 홀에서는 한 남성의 다리 뒤쪽을 가격했다. 그의 아내 바버라는 고개를 흔들며 "텔레비전 속 폭력만으로는 충분하지 않은 것이냐"라고 말했다.

부시(43대)는 핸디캡 15의 적당한 골퍼였다. 하지만 그는 전쟁[14]에 나간 군인들과 연대의식을 갖기 위해 2003년 골프를 관뒀다. 그렇다, 그는 정말로 그만두었다. 그렇다면 트럼프가 골프를 그만두게 하기 위해서는 무엇이 필요할까? 핵겨울Nuclear Winter?

크렌쇼는 단언한다. "부시 가문은 부정행위를 하지 않습니다. 43대 대통령은 첫 번째 티샷을 하러 갈 때면 '잘 보세요. 오늘 나는 이 공을 바꾸지 않을 겁니다. 나는 언제나 정직하게 공을 칠 거예요'라고 말했어요. 그리고 진짜 그렇게 했죠."

워싱턴 근처에서 열린 PGA 투어 캠퍼 오픈에서 경기를 하던 즈음 크렌쇼는 부시(43대)와 아주 가까운 사이였고 부시는 그에게 백악관에 머물 것을 고집했다. 1라운드 뒤 크렌쇼는 유명한 길치답게 백악관으로 돌아오던 도중 길을 잃었고 결국 고속도로 갓길에 차를 세운 채 지도와 힘겹게 씨름을 했다. 순찰대원이 다가와 그에게 어디를 가려고 하느냐고 물었다.

----

14 제2차 걸프전을 가리킨다.

크렌쇼는 얼굴이 빨개진 상태로 더듬거리며 말했다. "음, 당신이 믿을지 모르겠지만 제가 백악관에 머물고 있어서요." 순찰 대원은 웃음을 멈추고 그를 백악관까지 에스코트했다.

버락 오바마Barack Obama는 골프를 사랑했고—믿을 준비하시라—스포츠 기자들과 골프를 치는 것도 좋아했다. 농담이 아니다. 그는 ESPN의 〈파든 더 인터럽션〉의 진행자인 마이클 윌본과 토니 콘하이저와 수십 차례 골프를 쳤다. 오바마는 열정적인 스포츠광이었고 그래서 그들은 잘 어울렸다. 한때 그가 ESPN 칼럼을 위한 나의 판타지 풋볼[15] 파트너였기 때문에 나는 안다. 그는 내가 상상했던 것보다 더 많은 것을 알았다. "우리는 와이드 리시버가 필요해요. 골라 봅시다"라고 내가 말하자, 그는 "안 돼요. 그들은 단지 리시버 코치를 잃었을 뿐이니까"라고 답했다.

당신은 오바마의 골프—'NO 부정행위, NO 멀리건, NO 다시 치기'—를 USGA 포스터에 넣을 수 있을지도 모른다. 또한 그는 골프를 매우 사적으로 쳤다. 정치인이나 세계 지도자보다는 대부분 그와 함께하는, 특히 그가 더 나아지기를 바라는 사람들과 경기를 가졌다. 윌본에 따르면 임기를 마치고 1년 반이 지난 후, 오바마의 핸디캡은 11까지 떨어졌다. 오바마는 즐겨 말한다. "나는 더는 일꾼이 아니지만 매일 하던 일을 그만두지는 않을 겁니다." 오바마의 티샷을 두고, 타이거 우즈는 "곧바로 날아가지만, 멀리

---

15   실제 선수 기록을 놓고 겨루는 ESPN의 온라인 스포츠 게임.

는 못 간다"라고 말했다. 그의 칩샷chip shot**16**은 썩 괜찮다. 하지만 벙커에서는 재난에 가깝다. 사담 후세인처럼 그도 어느 날 벙커에 들어가 영원히 나오지 못할지도 모른다.

이제 트럼프 이야기를 해보자. 어떤 대통령도 도널드 트럼프만큼 골프에 관여한 이가 없다. 골프 세계에 푹 빠진 이도 없다. 트럼프는 골프만 하는 게 아니다. 그는 골프장을 짓고, 골프장을 사고, 골프장을 소유하고, 골프장을 운영하며, 골프장을 통해 고소하고, 골프장에 대해 거짓말하며, 골프장과 함께 괴롭히고, 골프장에 대해 자랑한다. 그가 알고 있는 사람들부터 그가 운영하는 사업, 그가 베푼 호의, 그가 승인한 경로, 그가 연루된 문제, 그가 간 장소, 그가 번 돈, 그가 잃은 돈, 그의 두뇌가 이끄는 견해에 이르기까지 트럼프의 영혼에는 사실상 딤플이 생겼다.

하지만 정신 바짝 차리기를, 발레리나. 왜냐하면 이 춤은 거칠거든.

---

16 그린 주위에서 공을 낮게 굴려서 홀에 접근시키는 샷.

3

★★★★★

금수저를 가진
소년

그 사람의 진정한 모습을 보고 싶으면,

함께 골프를 쳐라.

– 도널드 J. 트럼프Donald J. Trump

만약 당신이 프레드 트럼프Fred Trump의 아들로 태어났더라면 한 가지 말만 계속해서 들었을 것이다. 이기고, 이기고, 좀 더 이겨라. 무엇을 하건, 승자가 되어라. 프레드 트럼프는 아들들에게 늘 '킬러'가 될 것을 강조했다. 꼭 안아주거나 소풍을 가거나 침대 머리맡에서 책을 읽어주는 것은 트럼프 가문의 삶이 아니었다. 오로지 이기는 것만을 위한 삶일 뿐, 다른 것은 중요하지 않았다.

1987년부터 1990년까지 카지노 '트럼프 플라자'의 부사장이었던 잭 오도넬의 말이다. "프레드는 아들들을 굉장히 거칠게—이기고, 이기고, 이겨라, 더, 더, 더—대했습니다. 언제나 최고치에 이르게 했는데, 물론 쉽지 않은 일이었지요."

도널드는 스포츠를 택했다. 이는 당연한 선택이었는데, 젊은 도널드가 매일 아버지에게 자신이 승자라는 사실을 증명할 수 있게끔 기회를 주었으니 말이다. 타고난 운동선수였던 트럼프는 한번은 "나는 언제나 최고의 운동선수였는데 아무도 이를 얘기하지 않는다"라고 자랑했다. 더불어 그는 골프 팟캐스터 데이비드 페허티와의 인터뷰에서 프로야구 선수가 되지 못한 것에 대해 말한 적도 있다. "당시는 야구하기에 좋지 않은 시기였어요. 2달러만 벌 수 있었으니까요." 그래서 그는 그 대신 부동산 개발업자가 되기로 했다. 자, 정리하자면 메이저리그MLB는 도널드 트럼프를 영입하고 싶어 안달이 났지만 그를 만족시킬 만한 충분한 돈을 지급할 수 없었고, 결국 도널드는 그들의 마음을 아프게 한 뒤 아버지의 사업에 뛰어들었다.

트럼프가 골프와 사랑에 빠진 것은 놀랄 일이 아니다. 모든 골프 라운드는 이길 수 있는 열여덟 번의 기회가 있다. 물론 같은 타수라면 플레이오프까지 더해 열아홉 번째 기회가 주어질 수도 있다. 내가 당신을 꺾었어. 내가 이겼지. 당신은 패배자야. 골프에 대한 트럼프의 사랑은 그가 지금껏 만난 여성들과의 로맨스보다도, 경력보다도, 사교모임보다도 훨씬 오래 이어지고 있다.

독일인 이민 2세였던 프레드는 골프를 치긴 했으나, 아주 드물게 쳤다. 하루는 프레드가 어린 트럼프를 데리고 퀸스 근처의 포레스트 파크를 찾았다. 어린 트럼프는 그날 골프를 치지 않았지만, 그의 아버지를 두고 "잠재적으로 아주 훌륭한 골퍼였다. 아마도 평생 열 번 정도밖에 골프를 치지 않았을 텐데도 스윙이 아름다웠다"라고 회상한다.

트럼프는 1960년대 후반 대학에 다닐 때만 해도 골프에 열정이 크지 않았다. 그렇다면 그는 도대체 어디에서 골프에 빠졌을까? 당신은 1,000번을 추측해도 정답을 알아내기 힘들 것이다.

그곳은 필라델피아의 추레한 콥스 크리크 골프장, 일명 '크리크The Crick'였다. 크리크는 도박꾼과 노름꾼, 비번인 철강노동자로 뒤섞인 곳이었다. 퍼블릭 골프장인 그곳은 주말에 2달러짜리 골프를 치는 노인들과 홀당 100달러씩 내기 돈을 주고받는 말끔히 차려입은 자들 그리고 펜실베이니아 대학교 학생들이 드나들었다. 트럼프도 그들 중 한 명이었다. 그는 펜실베이니아 대학교 와튼 스쿨에서 차를 타고 10분 정도 거리에 있는 그곳에서 친구들과 골프를 쳤다. 1962년부터 '크리커Cricker'[1]였던 일흔여섯 살의 밥 스틸은 트럼프를 이렇게 기억한다. "그는 비굴하지 않았다오. 늘 돈을 냈지. 금수저를 가지고 태어났다고 말할 수 있을 거요. 내 기억에 그는 늘 수다스러웠던 잘생긴 청년이었소. 다른 사람들보다 항상 눈에 띄었지. 옷도 잘 갖추어 입었고. 그거 아는가? 트럼프가 대통령 선거에 나섰을 때 그를 TV에서 보고는 '저것 봐! 저 사람도 크리커였어!'라고 외쳤다니까."

진정한 크리커는 경기 전후로 모든 상황에 내기를 건다. 그리고 경기가 끝나면 차 트렁크에 놓고 파는 맥주를 사서 나무 아래에 앉아 해가 질 때까지 마시며 웃고 떠든다. 그들은 다리가 후들거릴 때까지 50달러를 건 나소nassau[2] 경기를 하기도 한다. 스킨스

---

1   크리크에서 골프를 치는 사람을 뜻한다.

carry-over skins[3] 게임을 하기도 하고, 피그&울프pig&wolf, 베가스vegas 게임(이상 골프 내기 방식)을 취하기도 한다. 누군가 내기를 생각해 내면 누군가는 실행에 옮겼다. 이는 골프 내기만이 아니었다. 한 번은 루라는 남자가 다른 두 남자에게 두 사람과 그들의 가방을 둘러메고 17번 홀 100야드(91미터) 언덕을 오를 수 있다고 내기를 걸었고, 그는 정말로 해냈다.

백만장자의 아들은 이렇게 목수, 버스 운전사와 구두닦이들 사이에서 골프를 배웠다. 〈골프 다이제스트〉와의 인터뷰에서 트럼프는 말했다. "나에게는 골퍼인 친구들이 있었지만, 그들과 골프를 친 적은 없어요. 언제나 야구나 풋볼 같은 것을 했으니까. 그래서 퍼블릭 코스인 콥스 크리크로 갔죠. 티 그라운드에 잔디도 없는 까다로운 코스였고 아무것도 없었지만, 그곳은 좋았답니다. 사람들도 괜찮았고요. 소위 '꾼'들도 많았는데, 내가 지금껏 본 어떤 곳보다도 그곳에 많이 모여 있었죠. 나는 친구들과 골프를 쳤고 그다음에는 꾼들과 쳤어요. 그리고 많이 배웠죠. 골프에 대해 배웠고 도박에 대해 배웠어요. 그야말로 모든 것을 배웠습니다."

값비싼 수업이었다. 스틸은 말한다. "여기 있는 노름꾼들은 파나마모자를 쓴 뜨내기가 오면 다가가서 게임을 하자고 하고, 불쌍한 그를 탈탈 털어서 햄버거 살 돈도 없이 빈털터리로 집에 돌려보내지."

---

2   18홀 매치에서 처음 9홀, 다음 9홀 그리고 전체 라운드에서 각각 성적이 가장 좋은 사람이 승점을 올리는 비공식 내기다.
3   한 홀에서 가장 낮은 타수가 승리하는 골프 경기의 한 종류다.

크리크에는 다른 사람들의 지갑을 털기 위해서는 규칙을 어기는 것도 마다하지 않는 스틸과 프랭키 같은 사내들이 있었다. PGA 투어 최초의 흑인 골퍼이자 능숙한 꾼인 찰리 시포드Charlie Sifford 또한 가끔 모습을 내비쳤다. 이곳은 주머니 속에 수많은 홀을 가진 남자들로 넘쳐났는데, 아무도 쳐다보지 않을 때면 공을 하나둘 몰래 잔디 위로 떨어뜨리기에 좋았다. 그들은 등쳐 먹을 이가 없으면 서로를 등치기도 했다.

스틸은 이렇게 회상한다. "하루는 프랭키가 다른 꾼과 50달러 내기를 하고 있었지. 18번 홀까지 승부를 내지 못했는데 그와 경기하던 사내의 샷이 너무 왼쪽으로 빗나가서 공을 찾을 수가 없었다오. 그런데 별안간 그 꾼이 '이봐! 내가 찾았어'라고 말하는 게 아니겠어? 그때 프랭키는 '이 나쁜 놈아! 네 공은 내 주머니에 있는데 어떻게 네가 찾을 수 있니!'라고 분노하면서 달려들었지."

크리커로서 트럼프가 배운 것은 세 가지다. 1) 들키지만 않으면 부정행위가 아니다. 2) 상대를 기죽이는 말을 하면, 그는 금세 숨이 막힐 것이다. 3) 골프에서 최고의 샷은 당신의 경쟁자가 당신에게 수표를 쓰게 하는 샷이다.

크리크에서 트럼프는 강력한 움직임으로 스윙을 연마했다. 백스윙back swing[4]은 바닥에 닿을 정도로 낮고 형편없었지만, 다운스윙downswing[5]을 할 때는 엉덩이를 힘차게 돌려 추진력을 얻어 공

---

4   공을 칠 때 반동을 주기 위해 클럽을 뒤로 들어 올리는 동작을 말한다.
5   백스윙을 한 후 위에서 아래로 공을 내려치는 타법을 말한다.

을 강하게 때려냈다. 그의 엉덩이 회전은 큰 폴로스루follow through[6]와 함께 샘 스니드Sam Snead의 스윙처럼 아마추어에게서는 거의 찾아볼 수 없는 자세다. 그런 자세로 트럼프는 대통령답게 장타를 펑펑 날렸다. 빌 클린턴은 "트럼프는 매번 나보다 멀리 친다"라고 한탄한 적이 있다.

트럼프는 〈골프 다이제스트〉와의 인터뷰에서 이런 말을 했다. "나는 골프 칠 때 엉덩이를 중시합니다. 내가 할 수 있는 한 빠르고 강하게 엉덩이를 빼서 그사이에 팔 스윙을 가져가죠. 오래전 벤 호건Ben Hogan의 책에서 엉덩이에 대한 부분을 읽었는데, 이후로는 내 간단한 비법이 되었어요. 조금 이상하게 보일지 몰라도 정확하게 앞으로 뻗어 나갈 수 있도록 공을 칠 수 있죠."

타이거 우즈는 트럼프와 경기를 한 뒤 블로그에 다음과 같이 썼다. "가장 인상적이었던 것은 일흔 살인 그가 공을 멀리 보낸다는 사실이었다. 그의 드라이브는 꽤 괜찮다."

불행히도 그는 드라이브 외에는 변변찮은 실력이었다. 웨스트팜비치에서 트럼프와 경기했던 은퇴한 투어 스타이자 지금은 폭스 스포츠Fox Sports의 애널리스트인 브래드 팩슨Brad Faxon의 말이다. "그는 드라이브를 잘 쳤어요. 매번 괜찮은 포물선을 그렸죠. 아이언샷도 괜찮았고요. 하지만 칩샷은 아니었어요. 그는 칩샷 외에는 다 할 줄 알았습니다. 마음먹은 대로 퍼팅도 했고 워터 해

---

6   임팩트 후 클럽을 등 뒤로 넘기는 동작을 말한다.

저드 주변의 벙커샷bunker shot[7]도 능했어요. 티샷에서는 핸디가 4 였지만 칩샷에서는 핸디가 20이었죠."

트럼프는 겸손하게 말했다. "나는 타고난 골퍼랍니다."

'골프와 트럼프'는 꽤 이상한 조합이다. 골프에서 가장 숭배하는 것은 승리가 아닌 명예이기 때문이다. 그러니까 골프의 가장 위 대한 승자는 잭 니클라우스Jack Nicklaus일지 몰라도, 골프의 왕은 언 제나 아놀드 파머다. 그는 왕자와 배관공에게 똑같이 친절을 베 풀었다. 바비 존스Bobby Jones는 일곱 개 메이저 대회에서 우승했 는데도 명예를 위해 프로 전향을 거부했다. 프로는 신사답지 못 하다는 이유에서였다. 이러한 인식은 타이거 우즈의 우승 독식과 함께 달라졌다. 우즈의 아버지, 얼은 내게 이런 말을 한 적이 있 다. "우리는 이길 때마다 명상의 시간을 가졌죠. '왔노라, 보았노 라, 이겼노라 그리고 빌어먹을 마을에서 벗어났노라'라고요."

여전히 우즈는 속임수를 쓰느니 꼴찌를 하는 것을 택한다. 매 일, 모든 경기, 모든 주州에서 선수들은 아무도 보지 못한 그들 자 신의 규칙 위반을 기록한다. 1983년 브리티시 오픈 플레이오프에 서 헤일 어윈Hale Irwin은 마지막 날 1인치 퍼트에서 규칙 위반을 저 지른 사실을 실토하면서 한 타를 잃은 적이 있다. 아무도 보지 못 했지만, 어윈은 사실을 말했다. 골프에서는 그것으로 충분하다.

----

7   벙커에서 볼을 쳐내는 샷을 말하는데 모든 샷 중에 가장 실수하기 쉬운 샷 이기도 하다.

몇 해 전 사우스다코타주에 사는 케이트 윈저Kate Wynja라는 고등학생은 스테이트 챔피언십에서 5타로 끝난 홀을 4타로 기재한 사실을 알기 직전까지는 우승을 눈앞에 두고 있었다. 다른 사람은 아무도 몰랐다. 결과가 달라지는 것도 아니었다. 그러나 그녀는 즉시 대회 관계자에게 이를 알렸고 실격을 당할 수밖에 없었다. 그녀는 개인 타이틀뿐만 아니라 자신이 속한 팀의 주 타이틀까지 잃었다. 이에 감명을 받은 잭 니클라우스는 아래와 같은 트윗을 올렸다.

이 젊은 여성이 골프라는 도구를 이용해 정직과 진실에 관한 삶의 교훈을 우리에게 가르쳐준 데 축하의 말을 건넨다.

골프에서 당신은 상대를 속여서는 안 된다. 친구를 속여서도 안 된다. 아무튼, 속여서는 안 된다. 하지만 어찌된 일인지—아버지가 그의 머리를 세뇌했든 크리커들이 그의 지갑을 노렸든 간에—트럼프는 실패했다. 1라운드 녹아웃 경기에서 '무조건 이기는 것'은 '게임의 명예'를 실추했다. 트럼프는 무슨 수를 쓰든지 이겨야만 했고 골프라는 멋진 공간은 그것을 가능하게 해주었다.

오도넬은 말한다. "그는 골프가 자신에게 적합하다는 사실을 알았어요. 트럼프는 집중력이 부족한데 골프는 그런 그를 완벽하게 만들어주었으니까요. 당신은 티박스에 몇 분 서 있다가 잠시 수다를 떨고 공을 친 다음 갈 길을 가면 되죠. 집중해야 하는 시간은 아주 짧아요. 하지만 무엇보다 좋은 점은 이 모든 것이 스스로 조절 가능하다는 점입니다. 트럼프는 그가 원할 때면 언제든 속임수를 쓸 수 있어요."

대학을 졸업하고, 그는 온갖 것을 컨트리클럽으로 가져왔다. 컨트리클럽은 그가 크리커가 아닌 상대를 아주 쉽게 다룰 수 있게 해줄 뿐만 아니라, 그를 최고로 만들어줄 윤활제가 될 수도 있는 곳이었다.

트럼프는 데이비드 페허티의 팟캐스트에 출연해 애틀랜틱시티에 있는 그의 카지노가 파산한 일에 대해 말하며 다음의 일화를 전했다. "나에게 아주 고약하게 대했던 뉴욕 은행원이 있었죠. 하루는 골프를 치고 있는데 한 사람이 더 필요했어요. 그런데 마침 골프코스에 그 은행원이 있었고, 일행이 그에게 다가가 '함께하지 않겠느냐'고 물었죠. 사실 그는 최악의 골퍼였어요. 정말 최악이었죠. 자, 그런데 나에게는 큰 문제가 있었단 말입니다. 그 남자에게 수천만 달러를 빚진 상태였으니까요. 첫 샷 때 그는 탑 볼[8]을 쳤어요. 두 번째 공도 마찬가지였죠. 탑 볼은 2~3홀 이상 이어졌습니다. 참다못한 내가 말했어요. '제 말 좀 들어보세요. 양손을 V 자로 잡고 어깨부터 V 자세로 조준하세요. 그리고 그립을 강하게 잡아요'라고요. 정말 엉망인 상태로 그립을 잡고 있던 그 남자는 결국 인생에서 가장 멋진 공을 때렸습니다. 공은 오른쪽으로 날아가다가 페어웨이fairway[9] 밖에서 안쪽으로 휘어져 들어왔죠.

---

8   골프공 위쪽을 때리는 것을 말한다.
9   그라운드와 그린 사이의 잔디 지역을 말한다.

그는 나에게 '지금껏 한 번도 이런 샷을 한 적이 없어요! 내 인생 최고의 샷이에요!'라고 말했답니다. 그러니까 생애 최고 스코어로 경기를 미쳤죠. 다음 날 점심에 그는 짬을 내서 잠깐 운동하자고 제안했고, 우리는 10분 정도 함께 했어요. 그러니 인생 참 모를 일이죠. 골프가 아니었다면 나는 지금 이 자리에 앉아 있지도 못했을 거예요!"

다른 어떤 스포츠도 골프만큼 트럼프를 사로잡지 못했다. 그는 홀마다, 날마다 끊임없는 경쟁에 중독되었다. 일종의 경연처럼 그는 경기를 하러 나갔다. 골프장, 그곳은 그가 매일 이겨야만 하는 곳이었다.

워싱턴 골프장에서 트럼프의 영원한 캐디인 A.J.(그는 성을 말하지 않기를 바랐다)는 말했다. "트럼프의 핸디캡은 단언컨대 7입니다. 그는 정말 위기를 잘 벗어나죠. 그의 드라이브샷은 멀리 가요. 일흔이 넘은 나이를 생각하면 아주 놀랍다니까요. 그린 주변에서 약간 문제가 발생하기도 하지만 어떤 곳에서도 높게 퍼 올릴 수 있습니다. 툭 치는 데 능하죠. 퍼팅이 잘 맞는 날에는 기가 막혀요. 그렇게 자주는 아니고, 가끔이지만요."

팩슨은 이렇게 말한다. "트럼프의 핸디캡은 합법적인 수준에서 10이라고 말하고 싶네요. 아마 이 말을 들으면 그는 나에게 화를 내겠지만, 핸디 10이 맞다고 생각해요." 네 차례 메이저 대회 우승자인 어니 엘스Ernie Els는 트럼프와의 라운드 후 그를 두고 "핸디 8 혹은 9"라고 못 박았다. 트럼프와 두 차례 이상 경기를 한 LPGALadies Professional Golf Association[10]의 전설 아니카 소렌스탐Annika

Sörenstam은 그의 핸디캡이 "9 아니면 10"이라고 말했다.

자, 그의 전문 캐디나 그와 골프를 쳐봤던 프로들이 언급한 트럼프의 핸디캡을 보면 '7과 10' 사이쯤이라고 할 수 있다. 한 가지 유일한 문제는 트럼프 자신은 핸디캡이 2.8이라고 **주장한다**는 점이다. 골프 핸디캡의 세계에서 이 차이는 어마어마하다. 트럼프의 핸디캡이 2.8이라면 엘리자베스 여왕은 장대높이뛰기 선수일 것이다. 말도 안 되는 일이다. 만약 핸디캡이 9인 사람이 5년 동안 엄청나게 연습을 하면 2.8로 줄어들 수는 있을 것이다. 하지만 도널드 트럼프는 연습하지 않는다.플로리다 의회의 전 공화당 대변인, 윌 웨더포드는 2015년 라스베이거스의 서던 하이랜드 골프클럽에서 트럼프와 경기를 한 적이 있다. 그날은 플로이드 메이웨더와 매니 파퀴아오가 복싱 결전을 벌인 날이기도 했다. 웨더포드는 그가 참 재미있었다고 회상한다. "도널드와 경기할 때면 참 많은 이야기를 듣게 되죠. 우리를 즐겁게 해주기 위해 끊임없이 말을 하니까요."

그는 규칙에 까다로운 사람이었을까?

"그렇지는 않았어요. 어느 파3 홀에서 그의 첫 번째 샷은 아웃오브바운즈out of bounds[11]였죠. 하나 더 쳤고 또 공을 잃어버렸어요. 세 번째 샷이 홀컵까지 3.6미터 지점에 안착했고 퍼트는 성공

---

10 여성프로골프협회로서, LPGA를 주관하는 대회들을 통틀어 LPGA 투어라고 한다.
11 코스의 경계를 넘어선 장소 또는 위원회가 그렇게 표시한 코스의 일부를 말하며, 약칭해서 'OB'라고 한다.

했습니다. 확실히 기억하는데 그는 그 홀 기록을 스코어 카드에 '2(버디)'라고 적었어요.[12] 나도 멀리건을 택했죠. 내가 결정하는 것은 아니지만 말이에요. 그 후 그는 사람들에게 핸디캡이 2나 3 이라고 말하고 다녔고, 그들은 나에게 전화를 걸었어요. 전화가 올 때마다 나는 그가 얼마나 훌륭한 골퍼인지 확인시켜야만 했죠. 그러니까 내 말은 그의 핸디캡이 2라면 나에게는 뉴스거리라는 겁니다. 여러 번 그와 공을 쳤지만 전혀 2처럼 보이지 않았거든요."

그렇다면 그의 핸디캡은 얼마일까?

"흠, 내 핸디캡이 12 혹은 13인데, 그가 나보다 낫다고는 말할 수 없겠네요."

USGA가 운영하는 골프 핸디캡 정보 네트워크Golf Handicap and Information Network인 '진GHIN.com'에서 트럼프를 찾아보면, 핸디캡 2.8 로 등록되어 있다. 그런데 그는 7년 동안 단 스무 번만 스코어를 등록했다. 트럼프처럼 열성적인 골프 선수에게 터무니없이 적은 숫자다. 골프에서 명예는 당신이 라운드마다 스코어가 좋거나 나쁘거나, 높거나 낮거나 상관없이 기록을 등록하는 데 달려 있고, 그래야 내기는 공평해진다. 라운드를 마치면 악수를 한 후, 컴퓨터로 가서 스코어를 등록한다. 그리고 내기에 따른 돈을 지불하고, 맥주를 마시는 게 순서다. 만약 같이 골프를 친 사람들이 당신이 스코어를 등록하지 않았다는 사실을 알게 되면 쉴 틈 없이 전화를 걸어댈 것이다. 트럼프와 같이 경기한 사람들도 스코어를

---

12   정확하게는 '트리플 보기', 혹은 '더블 파인 6'을 써야만 한다.

등록한다. 2016년 한 해에만 루돌프 줄리아니는 열여섯 차례 스코어를 올렸다. 워싱턴 로비스트로 알려진 토니 루소는 2018년 여름에만 스무 차례 스코어를 등록했다. 1년에 세 차례밖에 경기를 안 한 사람의 핸디캡은 2.8이 아닌 22.8일 것이다. 우리는 트럼프의 핸디캡 2.8이 거짓인 것을 안다. 트럼프의 골프 활동을 기록하는 사이트인 '트럼프골프카운트닷컴TrumpGolfCount.com'에 따르면 그는 대통령으로서 1년에 평균 여든 번 정도 라운딩을 했다. 그런데 그중 세 번만 등록했다면 95퍼센트는 사이트에 올리지 않았다는 것을 의미한다.

그래서 그가 무엇을 하느냐고? 그는 신중하게 고르고 또 고른다. 단지 보여주고 싶은 라운드 기록만 올린다. 심지어 등록한 스코어에서도 수차례 샷을 줄였고 그가 경기를 한 골프코스의 난도를 부풀렸다. GHIN 시스템은 당신의 최근 스무 차례 스코어 중에서 좋지 않은 순서대로 열 개를 버리고, 코스의 난도에 따라 최고 점수 열 개의 평균을 낸다. 그럼 스무 개 코스를 한번 살펴보자.

- 그는 2015년에 두 차례, 2016년에는 통틀어 단지 한 차례만 스코어를 등록했다. 어느 쪽을 믿어야 할까? 스스로 골프를 아주 잘 친다고 말하고, 자신이 골프 챔피언이기 때문에 투표를 해달라고 말하고, 언제나 골프를 쳤다고 트위터에 올리는 트럼프를? 혹은 독일이 전쟁에 이기는 횟수만큼 골프를 치는 트럼프를?

- 그의 스코어에서 '경사면'을 보자. 경사면은 코스의 난도와 관련되어 있다. GHIN 시스템은 115 경사면 코스에서 100을 치는 것보다 130 경사면에서 100을 치는 것을 더 우대해준다. 평균 코스 경사면은 120이다. 트럼프가 등록한 스무 개 스코어 중 열다섯 개는 경사면이 140이 넘는다. 140 이상은 정말 힘든 코스다. 그것은 마치 더블 블랙 다이아몬드 코스[13]

트럼프가 직접 등록한 코스 기록

날짜	스코어	경사면	난도
2016년 6월	77	134	3.9
2015년 5월	85	144	9.4
2015년 5월	81	140	7.6
2014년 10월	86	149	8.6
2014년 10월	84	149	7.1
2014년 7월	75	137	4.5
2014년 7월	83	135	9.4
2014년 6월	78	137	4.8
2014년 6월	77	143	3.1
2014년 6월	76	139	3.3
2013년 8월	70	147	−1.8
2013년 7월	76	132	5.0
2013년 6월	79	144	4.7
2013년 6월	79	140	6.0
2012년 7월	76	144	1.6
2011년 6월	74	144	0.8
2011년 5월	83	149	6.3
2011년 5월	83	149	6.3
2011년 4월	84	149	7.1
2009년 9월	85	149	7.8

---

13   최상급자용 코스를 말한다.

를 내려가는 스키 선수나 마찬가지다. 미국에서 가장 잔혹한 코스만이 140이 넘는다. 쉽게 이야기하자면 오거스타 내셔널 골프장의 경사면이 137이다. 뉴욕 베스페이지 블랙 코스는 중국 대수학을 푸는 것보다 공략이 더 힘든데 여기가 144다. 나는 일주일에 한 번 꽤 괜찮은 코스에서 라운딩을 하는데, 최근 스무 번의 코스 중에서 가장 높은 경사면이 135였다. 그래서 트럼프는 프로 티pro tee—사람들은 그가 노멀 티normal tee 에서 친다고 말하지만—에서 칠 때 경사면을 높이는 방법으로 컴퓨터를 속여 그가 무슨 스코어를 기록하든 핸디캡이 낮아지도록 만든다. 다시 말하지만, 이것은 더럽고 비양심적인 일이다. 그렇지만—당신은 인정해야 한다—천재적이라고도 할 수 있고.

● 그는 2017년 10월에 68타를 쳤다고 올린 뒤 삭제했다. 그런 데 어떤 골퍼가 68타를 삭제하지? 대부분은 스코어 카드를 확대해서 벽지로까지 만들고 싶을 텐데 말이다.

그래서 왜 그렇게까지 애써서 가짜 핸디캡 2.8을 만들어낼까? 핸디캡이 9면 안 될까? 전미골프연맹National Golf Foundation에 따르면 일흔 살 이상 남성 중 오직 3퍼센트만이 한 자릿수 핸디캡을 기록 중이다. 대부분의 일흔 살 이상 골퍼들은 그 스코어를 위해서라면 틀니까지 내줄지도 모른다. 그는 왜 레이디 티ladies tee에서 쳐야만 얻을 수 있는 사기 숫자인 핸디캡 3인 척을 하는 것일까?

이렇게 생각해보자. GHIN.com에 등록된 잭 니클라우스의 핸디캡은 3.4다. 만약 당신이 죽음의 시합에서 파트너가 필요하다면 트럼프를 택할 것인가, 잭 니클라우스를 택할 것인가? 패배한 팀은 남은 생애를 이라크 팔루자의 미국 음식점 체인 바닥을 칫솔로 닦는 일로 보내야 한다면 말이다.

그렇다면 트럼프는 왜 핸디캡 9로 만족하지 못하는 것일까?

당신이 이미 눈치챘듯, 도널드 트럼프는 '만족할 만한' 정도로는 절대 만족하지 못하기 때문이다.

4

★★★★★

펠레

그는 죽어라 속임수를 쓴다.

– 수잔 페테르센Suzann Pettersen, LPGA 골퍼

한번은 이런 말을 하는 코치를 만난 적이 있다. "당신이 어떤 일을 하는 한 가지 방식은 다른 모든 일을 하는 방식이 되지요. 연습할 때 빈둥거리면 실전에서도 그럴 것이고, 시험 볼 때 부정행위를 한다면 아내에게도 그럴 거라는 말입니다."

나는 그의 말이 사실이라는 것을 골프를 통해 알았다. 코스에서 천천히 경기하던 사내는 회의에서도 굼벵이처럼 결정을 내렸다. 코스에서 칭찬을 아끼지 않던 사내는 식사 자리에서도 마찬가지였다. 그리고 골프장에서 부정행위를 하던 사내는 사업을 할 때도, 세금을 낼 때도, (말하자면) 정치를 할 때도 부정행위를 하게 될 것이다.

잭 오도넬은 애틀랜틱시티의 카지노 트럼프 플라자에서 부

사장으로 4년간 일했다. 오도넬의 부친은 플로리다 잭슨빌 근처의 대표적인 피트 다이Pete Dye 골프코스[1]인 소그래스Sawgrass의 창립자 중 한 명이다. "아버지는 우리에게 언제나 경기를 존중하라고 말씀하셨죠. 경기의 한 부분이 네가 어떤 사람인지를 말해준다고 말이에요. 우리는 공이 놓인 곳lie에서 경기를 하지요." 그의 회사 동료인 마크 에디스가 트럼프와의 첫 라운드를 마쳤을 때, 오도넬은 궁금해 미칠 것만 같았다.

"그래서 트럼프 '라이'는 늘었어?"[2]

에디스는 오도넬을 쳐다본 뒤 웃으면서 그의 골프백을 던졌다. "티샷 빼고 모든 샷에서."

트럼프는 단순히 골프만 치지 않는다. 그는 쓰리카드몬테three-card Monte[3] 딜러처럼 속임수를 쓴다. 던지고, 차고, 움직인다. 자신의 라이에 대해 거짓말을 해댄다. 얼버무리고, 헛치고, 부풀린다. 트럼프가 회원으로 있는 뉴욕 웨스트체스터 윙드 풋 골프클럽에서 그가 공을 발로 차 페어웨이로 보내는 모습을 자주 봤던 캐디들은 이런 별명으로 그를 떠올린다. '펠레'.

오랜 기간 윙드 풋 회원이자 2020년 US 오픈 위원장을 맡은

---

1   현대 골프장 설계의 거장 피트 다이가 디자인한 곳으로, 그를 알면 오늘날 미국 코스의 트렌드를 이해한다는 말도 있을 정도다.

2   여기에서 '라이'는 중의적 의미로 '공이 놓인 위치'와 '거짓말'을 동시에 포함하는데, 트럼프가 공을 칠 때 어려운 위치를 치기 쉽게 바꾸어놓았냐는 뜻이다.

3   카드 세 장으로 하는 마술로서, 교묘한 솜씨로 뒤섞은 후 특정 카드를 맞히게 한다.

브라이언 마샬은 이렇게 말한다. "나도 트럼프와 골프를 친 적이 있습니다. 토요일 아침 경기였죠. 우리는 첫 티샷을 하러 갔고 그는 정말 친절했어요. 하지만 이런 말을 하더군요. '저 두 사람이 보이나요? 저들은 속임수를 써요. 나? 나도 마찬가지죠. 그러니까 오늘 저 둘을 이기기 위해서는 당신도 부정행위를 해야 한다는 말입니다.' 이건 사실이에요. 그는 언제건 당신을 속일 겁니다. 내 생각에 도널드는 마음속 깊은 곳에서 당신도 그를 속이리라고 믿고 있어요. 그의 논리에 따른다면 모두가 부정행위를 한다는 것인데, 그러니 그는 진정한 부정행위라고 생각하지 않는 거죠."

좋다. 하지만 생각해보자.

1) 모두가 부정행위를 하는 것은 아니다. 전미골프연맹에 따르면 가끔 티샷을 할 때 멀리건을 받고 짧은 퍼트에 대해 'OK'를 받는 경우를 제외하면, 일반 골퍼의 85퍼센트는 규칙대로 경기한다.

2) '도널드 트럼프와 부정행위'를 말하는 것은 '마이클 펠프스와 수영'을 말하는 것과 같다. 트럼프는 고도의 속임수를 쓴다. 남들이 보는 앞에서도 속임수를 쓰고, 보지 않을 때도 속임수를 쓴다. 당신이 좋아하건 싫어하건 상관없이 부정행위를 한다. 그가 골프 치는 방식이 그렇다. 그는 그렇게 배웠고, 언제나 그 방식이 필요하다. 그는 당신이 그의 약사건 타이거 우즈건 간에, 함께 골프를 친다면 무조건 부정행위를 할 것이다.

그리고 사실 그는 타이거 우즈를 **속였다**. 대통령이 되고 얼마 지나지 않아 그는 타이거 우즈, 더스틴 존슨(당시 세계 1위 선수였다) 그리고 브래드 팩슨을 골프 게임에 초대했다.

그들은 팩슨과 트럼프, 우즈와 존슨으로 짝을 이루어 내기를 했다. 하지만 우즈와 존슨이 드라이브샷을 멀리 보내는 장타자였기 때문에 팩슨과 트럼프는 미들 티middle tee에서 치기로 했다. 트럼프는 18홀 중 난도가 높은 여덟 개 홀에서는 한 타씩 빼고 계산하도록 했다. 나머지는 스크래치scratch⁴로 했다. 그들은 필드로 나갔다.

팩슨은 그날을 이렇게 기억한다. "[난도가 높아 한 타를 빼주기로 한] 어떤 홀에서 도널드가 세컨드샷을 쳤는데 물에 빠졌어요. 하지만 그는 재빨리 나에게 말했죠. '이봐, 얼른 다른 공을 던져줘요. 그들이 못 봤으니까.' 그래서 나는 건네주었죠. 하지만 그는 또다시 물에 빠뜨렸습니다. 이후 공이 빠진 근처로 가서 맨 처음 떨어뜨려야 했을 지점에 공을 놓고 그린을 향해 쳤지요."

한편 페어웨이 다른 쪽에서는 우즈가 '우즈답게' 어프로치샷approach shot⁵을 해서 버디를 할 수 있게끔 공을 홀컵 근처에 붙였다. 모두가 그린 위에 있었고 트럼프는 홀컵까지 6미터가 남은 상황에서 막 퍼팅을 할 참이었다. 그는 물었다. "그래서 모두 얼마나 쳤나요?"

팩슨: 글쎄, 타이거는 방금 3타로 홀을 끝냈어요. 대통령께서는 그 퍼트가 몇 번째죠?

트럼프: 이번에 치면 타이거와 동타네요.

---

4 핸디캡을 정하지 않고 동등한 조건으로 하는 경기.
5 공을 그린 위에 올리기 위해 치는 샷.

팩슨은 웃을 수밖에 없었다. 트럼프는 사실 7타를 위해 퍼팅을 하던 중이었다. 하지만 그는 이것이 네 번째 샷이라고 주장했고, 이는 앞서 약속했듯이 게임 규칙상 한 타를 줄여서 3타 기록이 될 수 있었다.

팩슨은 이렇게 회상한다. "얼마나 대단해요? 3타를 위한 네 번째 샷! 하지만 어찌 되었든 간에 그는 퍼팅에 실패했어요. 그와 경기한 일은 정말 재미있는 경험이었죠. 마치 'OK'를 받은 듯이 퍼팅마다 공을 들어 올렸으니까요. 한편으로는 그런 모습을 계속 보고 싶은 마음도 있었습니다. 그간 트럼프의 속임수에 대해 수많은 말들을 들어왔는데, 이번에는 직접 목격했으니 제가 그 이야기를 전해줄 수 있으니까요."

한번은 싱어송라이터이자 컨트리 가수인 내 친구가 LA에서 처음으로 트럼프와 골프를 친 적이 있었다. 거의 초반 홀에서 트럼프는 러프rough[6]에 있던 공을 발로 차서 페어웨이로 보냈다. 이를 본 가수는 얼어붙었다.

"잠깐만요! 그래서 오늘 이런 식으로 한다는 거죠, 도널드?" 그가 소리치자 트럼프는 설명했다. "오, 나와 함께 골프를 치는 모든 사람이 러프 밖으로 공을 던져요. 그들과 보조를 맞추기 위해서는 당신도 그래야만 하죠."

그저 기록을 위해 남겨두자면, 50년 가까이 골프를 쳐왔지만

---

6   볼을 잘못 쳤을 경우 들어가는 벌칙 구역으로서, 풀이 길게 자란 지역을 말한다.

그렇게 행동하는 이는 딱 한 사람뿐이다. 바로 이 책 표지에 있는 그 사람이다.

언젠가 트럼프는 ESPN의 유명한 풋볼 아나운서들을 그의 골프장 한 곳으로 초대했다. 마이크 티리코(현 NBC 소속), 존 그루덴(현 레이더스 코치) 그리고 이글스의 쿼터백인 론 조우스키가 그들이다. 트럼프는 유명인들에게 그의 코스를 소개하기를 즐겼는데 그들이 유명하면 할수록 골프장을 더 보여주고 싶어 했고, 골프장 회원들에게 소개해주고 싶어 했다. 트럼프는 이들 세 명과 함께 도착해 워밍업 시간을 가졌고 곧바로 팀을 짰다. "나와 그루덴이 한 팀이 될 거예요. 나는 승자를 좋아하니까요."

그들은 필드로 나갔다. 그린이 잘 보이지 않는 파5 홀에서 경기하고 있을 때 핸디캡이 12.3인 티리코는 그린까지 230야드(210미터)를 남겨놓고 있었다. 그는 3번 우드로 일생일대의 샷을 날렸다.

"어머나!" 그의 캐디가 크게 소리쳤다. 공은 시작부터 깃발 부근으로 날아갔고 완벽하게 언덕을 넘어가 핀 근처에 안착했다. 벼락같이 잘 맞은 샷에 티리코는 캐디와 하이파이브를 하고 그린 쪽으로 성큼성큼 걸어갔다. 그의 발은 잔디 위를 붕붕 날아가고 있었다.

하지만 어찌 된 일인지 그들이 그린에 도착했을 때 볼은 핀 근처에 없었다. 심지어 그린 위도 아니었다. 공은 핀에서 15미터나 떨어진 벙커에 파묻혀 있었다. 공이 드론을 때려서 옆으로 팅기지 않았다면 물리학적으로 절대 떨어져 있을 수 없는 곳이었다.

"공이 멈추지 않았어요." 트럼프는 그린 위 공이 자신의 것임을 확인시켜 주고 마킹을 점검하면서 티리코에게 말했다. 어리둥절한 모습으로 티리코는 두 번째 샷 만에 벙커에서 탈출해 7타(2 오버파)로 홀을 마쳤다.

티리코는 말했다. "나중에 트럼프의 캐디가 다가와 말하더군요. '파5 홀에서 쳤던 샷 기억하세요? 사실 홀컵에서 3미터 떨어진 곳에 있었죠. 그런데 트럼프가 벙커로 던져버렸어요. 내가 다 지켜봤거든요.'"

그 말을 들은 티리코는 어떻게 했을까? 웃으면서 고개를 저었고 클럽하우스 안으로 들어가 트럼프에게 돈을 건넸다. 골프에 관한 한 트럼프는 토네이도고 당신은 트레일러일 뿐이다.

그런데 트럼프는 이미 괜찮은 골퍼인데도 어째서 그렇게 부정행위를 하는 것일까? 그리고 사람들 바로 앞에서 속임수를 쓰면서도 어쩌면 그렇게 뻔뻔할 수 있을까? 누군가 항의하면 그는 그저 어깨를 으쓱할 뿐, 곧이어 더한 속임수를 썼다. 골프 세계에서 그는 스스로 명성을 무너뜨리고 있다. 내가 인터뷰한 사람들 가운데 90퍼센트는 그가 공공연히 속임수를 쓴다고 말했다. 많은 사람이 그의 부정행위 때문에 더는 그와 골프를 치지 않는다고도 했다. 도대체 왜? 그는 왜 속임수를 쓸까? 그는 왜 거짓말을 할까? 그는 왜 자신의 핸디캡과 스코어와 클럽 챔피언십에 대해 부풀릴까?

《도널드 트럼프라는 위험한 사례》[7]를 공동 집필한 하버드 대

---

7   밴디 리 엮음, 정지인·이은진 옮김, 2018, 심심, 570쪽.

학교의 정신의학과 박사 랜스 도즈는 말한다. "그렇게 해야만 하는 사람이거든요. 그는 모든 것에서 최고가 **되어야만** 해요. 이기지 않고는, 최고가 되지 않고는 못 견디죠. 아주 초기의 발달 과정에서 시작된 일일 거예요. 최고가 아닌 일이란 그에게 손톱으로 철판을 긁는 일과 같죠. 살 수가 없을 거예요. 그는 다른 모든 일을 부풀리는 방식으로 자신의 골프 스코어와 핸디캡을 부풀리죠. 그는 그래야만 해요. 자기애적 성격장애의 특성을 갖고 있어요. 그와 같은 성격장애를 가진 사람들은 양심의 가책을 느끼지 못하죠. 그는 어떤 것에도 도덕성이 없습니다. 다른 사람에 대한 공감 능력이 떨어져요. 매우 아픈 사람입니다. 다른 사람이 각자의 권리나 감정을 가졌다는 사실을 인정하지 않죠. 그들은 그에게 아무런 문제가 되지 않아요."

트럼프는 "나는 절대 공에 손을 대지 않는다"라고 말하며 부정행위를 하지 않음을 일관되게 주장해왔다. 어쩌면 사실일지도 모른다. 배우 안소니 앤더슨은 이렇게 반문했다. "나는 트럼프가 부정행위를 한다고는 말하지 않을 겁니다. 다만 트럼프의 캐디가 그를 위해 부정행위를 한다면, 그것은 부정행위인가요?"

배우 사무엘 잭슨은 한번은 이렇게 말했다. "트럼프 베드민스터 골프클럽에서 우리는 그가 친 공이 호수에 빠지는 것을 똑똑히 봤어요. 그런데 그의 캐디는 그에게 '공을 찾았다'고 말하더군요."

LPGA 선수이자 트럼프의 친구인 수잔 페테르센은 트럼프가 그의 캐디에게 매우 잘 대해줘야만 한다고 말했다. "그가 친 공이 나무 사이로 얼마나 깊이 들어갔든, 우리가 그쪽으로 갈 때마다

이미 공은 페어웨이 한가운데에 있었거든요."

당신은 이에 맞서 싸울 수도 있지만 결국 지고 말 것이다. LA 클리퍼스 코치인 닥 리버스가 트럼프와 처음으로 골프를 쳤을 때의 일이다. 트럼프와 한 팀이 된 리버스의 친구는 그에게 위로의 말을 건네기 시작했다. "어쩌냐, 오늘은 이길 기회가 없을 텐데' 하는 식으로 말하더군요. 저는 친구가 쓸데없는 소리를 한다고 생각했습니다. 그래서 어디 한번 해보자는 마음으로 경기에 임했는데, 그만 트럼프가 부정행위를 하는 모습을 보고 말았어요. 다섯 번째인가 여섯 번째 홀이었고, 저는 친구에게 다가가 말했죠. '네 말이 무슨 뜻인지 이제야 알았어. 오늘은 이길 수 없겠다'라고요."

권투선수 오스카 델 라 호야도 트럼프의 부정행위를 목격했다고 말한다. 로커인 앨리스 쿠퍼도 마찬가지였다. 뉴저지가 고향인 빌 레이번은 페이스북을 통해 나에게 이런 말을 전했다. "전에 한번 어떤 일을 기념해서 그를 위해 캐디를 한 적이 있습니다. 그런데 갤러리와 직원들이 있는데도 자꾸만 부정행위를 하더군요. 한 라운드에서 열 번은 족히 그랬을 거예요. 그래서 결국 저는 15번 홀부터 아예 타수를 세지 않았죠. 그는 나무 그루터기 쪽에서 공을 발로 찼고, 라이를 좋게 만들었으며, 클럽 각도가 나오지 않는 것을 좋게 만들었고, 그린 위에서 볼을 마킹할 때도 홀컵 가까운 곳으로 보내고자 반복해서 부정행위를 저질렀습니다. 트럼프는 18번 홀에서 그의 스코어가 74타라고 자랑스럽게 알리고는 걸어 나갔어요. 하지만 현실적으로는 90타에 가까웠죠. 그리고 그는 나에게 팁 10달러를 주었어요."

너무 뻔뻔해서 감탄이 절로 나오지 않는가? 나의 또 다른 책 《누가 너의 캐디니?》를 쓰기 위해 웨스트체스터에서 트럼프와 골프를 쳤던 때로 돌아가면, 그는 멀리건을 많이 썼고, 거듭 다시 쳤으며, 내가 그의 스코어를 기록할 때가 오면 단순히 샷을 빼버렸다. 그는 말했다. "나는 가끔 신문에 파 스코어를 보여줘야만 해요."

나는 또한 "멀리건을 쓸게요" 대신 이런 말을 들었다.

"당신이 나를 방해했어요."

"내가 막 공을 치려고 할 때 저 새가 날아갔어요."

"발이 미끄러졌어요."

트럼프는 심지어 그날 칩인chip in[8]에서도 '김미gimme'[9]를 받아냈다. '김미'는 당신이 해당 샷(주로 퍼트)을 치지 않고도 홀에 들어간 것으로 상대가 인정해주는 행위다. 상대가 "좋아요"라고 말하는 것은 "당신이 그 퍼트를 성공시킬 것이라고 인정하니까 퍼트 없이 공을 집어도 돼요"라는 의미가 된다. '김미'는 골프 규칙 아래에서는 불법이지만 골프장에서는 핫도그처럼 보편화되어 있다. 하지만 길어봐야 0.6미터, 0.9미터 거리에서만 '김미'를 받을 수 있다.

'김미'는 선물과도 같다. 오직 주어지는 것이지, 받아낼 수 있는 게 아니다. 물론 트럼프는 제외하고 말이다. 트럼프와 경기를 하게 되면 그만이 '김미' 권리를 갖는다. 그는 1.5~1.8미터, 혹은

---

8   그린 밖에서 친 샷이 그대로 홀에 들어가는 것을 말한다.
9   한국식으로 'OK'를 의미한다.

2.5미터가 남았는데도 '김미'를 선언하며 그냥 공을 집어 올렸다. 하지만 당신이 짧은 퍼트의 공을 그냥 집어 올리려 하면 그는 당신의 행동을 멈춰 세우고 경고할 것이다. "그냥 내려놓는 게 좋을 거예요." 그는 '트럼프 트레인'의 안내자고 당신은 그저 객차에 달랑달랑 매달려 있을 뿐이다.

올림픽 하키 스타인 마이크 에루지온Mike Eruzione은 트럼프가 바버라 부시의 장례식에 초대받지 못한 날, 그와 골프를 쳤다. 에루지온은 트럼프와의 경기가 어떤 면에서는 "아주 재미있었다"고 말했는데, 그의 신경을 긁을 수 있기 때문이다. 에루지온은 회상한다. "그날 저는 말했죠. '대통령님, 당신은 참 말이 많은 사람인데 저에게 한 번도 잘 쳤다는 말씀을 하시지 않네요'라고 말이에요."

골프 역사상 어느 누구도 'OK 칩인'을 받은 적이 없다. 그날 나와 함께한 트럼프 말고는. 나는 5타로 홀을 끝냈고 그는 그린 밖에서 다섯 번째 샷을 해야만 했다. 그때 그는 가벼운 말투로 "흠, 내 생각에는 이게 좋겠군"이라고 말한 뒤 공을 들어 올렸다.

나는 너무 놀라서 정신을 차릴 수조차 없었다. 우리는 10달러 내기—총 타수 기준—를 하고 있었고 모든 샷이 집계됐다. 만약 그가 칩샷을 홀컵에 붙였다 하더라도 6타나 퍼팅 실수로 7타가 됐을 수 있는 홀이었다.

"방금 나에게 칩인에 'OK'를 달라고 했나요?" 나는 말문이 막힌 채로 물었다.

"흠, 맞아요. 당신이 이미 5타를 쳤으니까요."

내가 떡 벌린 입을 다시 다무는 동안, 그는 카트로 가버렸다. 나는 이 장면을 책에 담았다. 대통령 선거 유세 기간에 〈워싱턴 포스트〉는 트럼프에게 '이 사건'에 관해 물었다. 트럼프는 아주 이상하게 대답했다. "나는 'OK 칩인'을 하지 않았어요. 첫 번째로, 내가 그의 승낙을 받았다면 그것은 부정행위가 아니죠. 두 번째로, 나는 'OK 칩인'을 받지 않았습니다."

아주 명료해졌다.

결국 마지막 스코어 카드는 그가 나를 이긴 것으로 기록되었다. 규칙 따위는 이유식 제품 안으로 분쇄되어 사라졌고, 나는 트럼프에게 10달러를 건네야만 했다. 그런 다음 그는 점심을 샀다. 이것은 돈에 관한 문제가 아니다. 승리에 관한 문제다.

골프장 경영자이자 투자자인 켄 슬러츠키는 말했다. "LA에 있는 트럼프 내셔널 골프클럽에서 그와 함께 경기를 한 적이 있어요. 마지막에 그는 '나에게 27달러를 빚졌다'고 하더군요. 그래서 '당신은 모든 홀에서 부정행위를 했으니 나는 한 푼도 줄 수가 없다'라고 대꾸했어요. 그는 어깨를 으쓱하더니 그냥 떠나버렸습니다. 전혀 신경 쓰지 않는 눈치였죠."

경기 중에 그가 저지르는 부정행위는 전설에 가까운데, 경기가 끝난 후의 부정행위는 더 가관이다. 그의 점수는 언제나 내가 '트럼프 범프Trump bump'[10]라고 부르는 것을 갖는다. 만약 그가 낮에 77타를 쳤다면 집으로 가는 중에는 75타가 되고 저녁 식사 때는 72타가 된다.

'트럼프 범프'를 갖는 것은 비단 그의 스코어만이 아니다. 그가 좋아하는 누군가의 스코어도 '트럼프 범프'를 갖는다. 전설적인 골퍼, 리 트레비노Lee Trevino는 그가 트럼프의 골프장 중 한 곳에서 경기했던 일화를 들려주었다. 그는 그날 72타를 쳤고 로커룸의 트럼프에게 갔다. "왜 그리 신났냐"라고 묻는 트럼프에게 트레비노는 그 소식을 전해주었다.

덩달아 기분이 좋아진 트럼프는 클럽하우스의 사람들에게 트레비노를 소개하기 시작했다. "이 사람은 위대한 리 트레비노예요! 방금 70타를 쳤다니까요!" 옆에 있는 사람에게 말했다. "이 사람 알아요? 리 트레비노! 그가 방금 68타를 쳤네요." 그리고 그 옆 사람에게 말했다. "리 트레비노가 방금 66타를 쳤어요!" 트레비노는 말했다. "내 코스 기록을 깨버리기 전에 그곳에서 서둘러 빠져나와야만 했죠."

'트럼프 범프'를 갖는 것은 비단 골프만이 아니다. 순자산, 군중 규모, 몸무게 등 그를 승자를 만들 수 있는 것은 무엇이건 간에 '트럼프 범프'를 가졌다.

그의 건물도 그렇다. 예컨대 뉴욕에 있는 68층짜리 고층 빌딩인 '트럼프 타워'는 사실 68층이 아니다. 58층이다. 여기 '층'에 관

---

10 범프는 포커 게임에서 이전의 베팅 금액을 증가시키는 경우를 일컫는데, 미국 내에서는 '트럼프 효과'라는 의미로 다양한 상황에 걸쳐 쓰인다. 주식 시장에서는 트럼프가 대통령으로 당선되며 영향을 미친 주가 상승효과를 일컫고, 미디어 업계에서는 트럼프의 무리한 국정 운영에 비판적인 사람이 늘어나면서 그만큼 진보 성향의 언론을 찾게 되는 경향을 일컫는다. 본문에서는 저자가 이를 골프 세계에 빗대어 말하고 있다.

한 이야기가 있다. 트럼프 타워가 막 공사를 마쳤을 때 202미터 높이의 이 빌딩은 근처에 자리한 GM 빌딩(215미터)보다 13미터 낮았다. 트럼프는 생각했다. 19층까지는 상업 시설이니까 입주자 층을 20층이 아닌 30층부터 세면 되겠구나. 그렇게 중간에 10층을 더하게 되면 가장 마지막 층은 68층으로 올릴 수 있다. 그럼 50층짜리 GM 빌딩보다 높아 보일 수 있었다. 그래서 그렇게 했다. 그는 그 아이디어를 정말 좋아했고 90층짜리 '트럼프 월드 타워'를 지을 때도 똑같이 적용했다. 트럼프 월드 타워는 70층짜리다.

이는 언뜻 누구에게도 해가 되지 않는 거짓말처럼 보인다. 하지만 2018년 4월 트럼프 타워에 불이 났을 때 뉴욕 소방관들에게는 큰 문제가 됐다. 911 신고로는 불이 50층에서 났다고 접수되었으나, 그들에게는 40층 높이의 불꽃만이 보였다. 화재가 두 곳에서 났나? 도대체 무슨 일인 거지?

내 키는 185.4센티미터다. 나는 트럼프 옆에 참 많이 섰고, 우리는 눈높이가 같았다. 나는 버락 오바마와도 얼추 키가 비슷했다. 오바마와 트럼프가 함께 있는 사진을 보면 그들이 눈높이가 같음을 알 수 있다. 모든 사실이 일치했다. 2018년 1월 백악관 주치의가 트럼프의 키와 몸무게를 발표하기 전까지는 말이다. 그는 트럼프가 190.5센티미터에, 108.4킬로그램이라고 말했다. 그의 키와 몸무게는 체질량지수에 안성맞춤으로, 아주 살짝 비만인 것으로 나타난다. 그런데 그의 진짜 키(185.4센티미터)로 계산하면 그는 O자형 몸매에서 벗어나기 위해 5.4킬로그램을 감량해야만 한다. 나와 나란히 서 있던 날로부터 5센티미터가량 키가 큰 것일까? 그의 나이를 고려하면 있을 수 없는 일이다.

가끔은 백악관에서도 '트럼프 범프'가 있다. 백악관에서 단기간에 쫓겨난 앤서니 스카라무치 공보국장을 기억하는가? 재임 시절 그는 언론 브리핑을 통해 트럼프가 얼마나 승부욕이 강한 사람인지를 나타내고자 했다. "트럼프가 타이어 구멍 사이로 미식축구공을 던져 정확히 통과시키는 모습을 본 적이 있습니다. 또한 매디슨 스퀘어 가든 농구장에서는 외투를 입은 채 제한 구역에 서서 자유투를 던졌는데, 그 공은 모두 들어갔죠. 그는 3풋(0.91미터)짜리 퍼팅도 성공시킵니다. 나는 그가 한 번도 압박을 받은 적이 없으리라고 생각합니다. 그는 아주, 아주 경쟁심이 강한 사람이죠." 스카라무치의 브리핑은 백악관이 이를 보도자료로 내기 전까지는 다 괜찮았다. 보도자료에는 어찌된 일인지 '3풋' 퍼팅이 '30풋'(9.1미터)짜리 퍼팅으로 바뀌어 있었다.

트럼프는 어렵기로 유명한 LA 컨트리클럽 코스에서 68타를 쳤다고 자주 야단법석을 떤다. 그곳은 실제로 핸디캡이 3인 골퍼들조차도 까다롭다고 말하는 코스다. 페어웨이가 크리스 크리스티Chris Christie[11]의 속옷보다 더 빡빡하고, 까다로운 그린과 장난감 트럭도 숨길 수 있을 만큼 깊은 벙커가 존재하는 곳이다. 그래서 어느 날 오후 트럼프가 클럽하우스 안으로 뛰어 들어와 68타를

---

11 전 뉴저지 주지사로, 한때 몸무게가 150킬로그램에 달하는 것으로 알려졌다. 대선을 준비하던 2012년 당시, ABC의 앵커 바버라 월터스로부터 "몸무게가 너무 많이 나가서 대통령이 되기 어렵지 않겠느냐"는 독한 질문을 받은 적도 있다.

쳤다고 자랑했을 때 그곳에는 회의적 시선이 넘쳐났다. 클럽 멤버들은 "그럴 리가"라고 입을 모았다.

하지만 트럼프의 친구들이 그를 '더블다운double down'[12]이라고 부르는 이유가 다 있다.

"아니야, 방금 쳤다니까. **정확히 68타였어.**" 트럼프는 말했다.

흠, 진짜라고?

이 클럽의 헤드 프로는 골프 규칙에 있어서 철저한 사람이었다. 그는 미국 PGA의 규칙 위원회에서 활동하고 있었고, 규칙 위반을 하느니 12센티미터짜리 힐을 신고 경기하는 것을 택할 사람이기도 했다. 트럼프가 자리를 뜨자마자 그는 즉시 자신의 사무실로 캐디들을 불렀다. 그때까지 캐디복을 벗고 있지 않던 그들이 자리에 앉았고, 헤드 프로는 문을 닫았다.

"흠, 트럼프 씨가 오늘 68타를 쳤다고 말했는데요. 그게 사실인가요?"

캐디들은 서로를 쳐다봤다. 그들 중 한 사람이 말했다. "그럴 리가요." 또 다른 캐디도 말했다. "절대 아니죠. 잘 쳐줘서 79타예요."

그들은 68타가 던지고, 차고, 옮겨져서 만들어진 점수라고 했다. 다시 치고, 공을 바꿨으며, 수차례의 멀리건이 횡행했다는 뜻이다. 장난감 플라스틱 공들이 플라스틱 홀컵으로 들어가는 소리 같았다. 전직 농구선수이자 대학교 농구팀에서 코치를 했던 마이

---

12 블랙잭 게임에서 처음에 베팅한 금액만큼 증가시켜 카드 한 장을 더 받는 행위를 말한다.

크 던리비는 당시 상황을 이렇게 기억한다. "트럼프는 그날 참 잘 쳤어요. 하지만 68타를 쳤다고는 생각하지 않아요. 공들이 몇 번 움직였거든요. 이런저런 일들과 함께요." 그날 있었던 수많은 속 임수 탓에 그가 정말로 몇 타를 쳤는지 확인하는 일은 불가능했다. 아마도 70대 후반 언저리였을 것이다. 해당 코스에서 70대 후반 타수는 누구나 만족하는 스코어다. 하지만 트럼프에게는 충분하지 않았다.

오랜 기간 LA 지역의 선수이자 캐디로 활동했던 그레그 푸가 (그는 2000년 US 미들 아마추어 챔피언이기도 하다)는 트럼프에 대해 잘 알았다. LA의 캐디 룸에서 트럼프의 '68타'에 관한 이야기를 들었을 때 그는 전혀 믿지 않았다. "68타라고요? 그곳에서? 농담이겠죠. 내가 트럼프를 롱비치의 미니 골프장에 데려가더라도 그는 절대 68타를 못 칠 텐데요. 말도 안 돼요. 절대로."

78타를 68타로 바꾸기 위해서는 몇 가지 영리한 속임수가 필요하다. 트럼프는 가히 그럴 수 있다.

● 보이지 않는 손놀림

트럼프의 포섬 경기에 단골로 초대되던 익명의 제보자는 이런 이야기를 들려주었다. "저는 그와 골프를 참 많이 쳤어요. 하루는 페어웨이에서 트럼프가 언덕 아래의 그린에 있었습니다. 그는 누군가 자신을 지켜보고 있으리라고는 생각하지 못한 듯했지만, 내가 보고 있었죠. 언덕 부근에서 그가 칩샷을 했는데 공은 튀어 나오지 않았어요. 그 뒤 그는 홀로 걸어가 손을 집어넣은 뒤 공을 꺼내 들었죠. 아마도 공을 계속 손에 쥐고 있던 듯했어요. 그러더니 우리를 쳐다보고 소리쳤죠. '내가 칩인을 했어!'라고요. 응? 누가 했다고?"

● 빠른 제거

이는 약간 교활한 행동이다. 어프로치 퍼트approach putt[13]를 하고 재빨리 다가가서 상대가 제지하거나 "잠깐!"이라고 외치기 전에 공을 집어 올린다. 거리가 얼마나 남았건 상관없다. 트럼프는 이런 행동에 아주 프로다. 심지어 공이 아직 멈추지도 않았는데 행동에 나선다. MSNBC 카메라는 공이 홀컵에서 1.54미터 벗어난 상태에서 빠르게 굴러가는데도 집어 올리는 트럼프의 모습을 찍었다. 누가 항의도 하기 전에 공은 이미 그의 주머니에 있었다.

● 공 바꾸기

푸가의 말이다. "내가 트럼프 일행의 캐디를 할 때마다 그는 언제나 자신의 카트에 탔어요. 매번 티박스에서 샷을 때리자마자 카트에 올라탔죠. 그래서 다른 세 명의 일행이 드라이버샷을 하기 전에 페어웨이 중간에 다다를 수 있었어요. 그런 방법으로 재빨리 자신의 공을 처리했죠. 하루는 18번 홀에 있었는데 그의 티샷이 오른쪽으로 치우쳤어요. 그는 곧바로 카트에 올라타고는 먼저 갔습니다. 내가 맡은 골퍼는 페어웨이 가운데로 티샷을 보냈

---

13   공을 홀에 근접시킬 목적으로 하는 퍼팅을 말한다.

고요. 내가 확실히 봤죠. 그날 최고의 티샷 중 하나였어요. 하지만 우리가 공을 찾아 페어웨이 가운데로 갔을 때 공은 그곳에 없었어요. 어느 곳에서도 찾을 수가 없었습니다. 그리고 트럼프는 이미 그린 위에서 퍼팅을 하고 있었죠! 우리 공은 어디에 있었을까요? 트럼프는 소리쳤어요. '내가 방금 버디를 했어!'라고요. 그는 공을 들고 축하하고 있었죠. 그때 알았습니다. 그놈이 우리 공을 훔쳐 갔다는 사실을요! 그는 일찍 티샷 자리를 떠서 우리의 공을 쳤고, 바쁘게 움직여서 버디를 기록한 척했어요. 뭐 이런 개 같은 경우가 다 있나요?"

한번은 트럼프가 LA에서 가장 유명한 홀이 있는 코스—하워드 휴즈가 캐서린 헵번을 데이트에 데려가기 위해 그의 비행기를 착륙시켰던 파5 홀—에서 경기를 한 적이 있다. 그곳에는 그린 왼쪽에 연못이 있다. 당시 캐디 중 한 명의 이야기다. "트럼프의 공이 호수로 빠지는 것을 봤어요. 제 얘기는, 물결을 봤다는 건데요! 하지만 우리가 그와 그의 카트를 따라잡았을 때 그 공은 페어웨이로 돌아와 있더군요. 그에게 무슨 일이 있었는지 묻자 그가 답했어요. '조수가 있었나 봐'라고요."

트럼프가 행하는 부정행위에 대한 증거는 그가 TV 카메라 앞에서 경기를 할 때마다 튀어나왔다. 그는 영웅에서 악당이 되고는 했다.

유서 깊은 페블비치 프로암 경기는 4일간 세 개 코스에서 프로 골퍼와 아마추어가 짝을 이루어 진행되는데, 배우 빙 크로스비가 1937년에 개최한 것이 그 시작이었다. 매년 TV에서 중계되고, 배우 빌 머레이가 항상 참가하는 그 대회다. 페블비치 행사에서는 사실 프로 경기와 팀 경기, 이렇게 두 개의 토너먼트가 진행되며 각각의 토너먼트마다 컷 오프[14]가 있다.

팀 토너먼트에서 당신은 팀으로서 컷라인에 들게 된다. 하지만 트럼프의 팀은 단 한 번도 컷라인을 통과한 적이 없다. 일곱 번이나 경기했는데 말이다. 컷라인에 가장 근접한 것은 날씨 때문에 취소되었던 1998년이었다. 당신은 아마 트럼프가 최악의 프로 선수를 파트너로 만났다고 생각할 수도 있다.

하지만 그렇지 않다. 7년 동안 그의 파트너는 폴 고이도스Paul Goydos, 풀턴 알렘Fulton Allen, 짐 맥고번Jim Mcgovern, 브래드 엘더Brad Elder, 브라이언 클라Brian Claar, 데이비드 프로스트David Frost 그리고 존 쿡John Cook 등 괜찮은 프로 선수들이었다. 대회를 마친 여섯 개 토너먼트에서 트럼프의 프로 파트너는 프로 개인 경기에서 네 번이나 컷을 통과했다. 2006년을 보자. 쿡-트럼프 팀은 111위로 팀 대회를 마쳤지만, 쿡은 개인 경기에서 컷 통과를 했다. 약한 고리는 트럼프였다.

트럼프 골프 게임의 진정한 척도를 볼 수 있던 또 다른 대회는 캘리포니아-네바다 접경지의 나무가 우거진 레이크 타호Lake Tahoe에서 열리는 아메리칸 센추리 셀러브리티 챔피언십이었다. 은퇴한 운동선수나 배우, 가수, 일반 선수들 그리고 얼간이 같은

---

14 1~2라운드 뒤 본선 진출자를 가려내는 것을 말하는데, 컷 오프를 당하면 다음 라운드에 진출할 수 없다. '컷 탈락'이라고도 표현한다.

TV 중계된 대회에서의 트럼프 스코어
AT&T 페블비치 프로암 대회(페블비치, 캘리포니아)

연도	트럼프의 프로 파트너	프로암 성적	파트너의 개인 성적
1993	폴 고이도스	컷 탈락	컷 탈락
1998	풀턴 알렘	날씨 때문에 취소	공동 45위
2001	짐 맥고번	컷 탈락	공동 63위
2002	브래드 엘더	컷 탈락	컷 탈락
2003	브라이언 클라	컷 탈락	공동 42위
2005	데이비드 프로스트	컷 탈락	컷 탈락
2006	존 쿡	컷 탈락	공동 53위

아메리칸 센추리 셀러브리티 챔피언십(레이크 타호, 네바다)

연도	성적	스코어	참가인 수	우승자	우승 스코어
2004	56위	−12*	80	댄 퀸(하키 선수)	74*
2005	42위	26*	80	빌리 조 톨리버(미식축구 선수)	76*
2006	62위	268	80	잭 와그너(배우)	213

* 표시는 스테이블 포인트 시스템(보기 1점, 파 2점, 버디 3점식으로 계산해서 최다 점수가 우승)을 적용한 스코어를 나타낸다.

유명인들이 필드를 누빈 대회였다. 트럼프는 2004년, 2005년 그리고 2006년에 이 대회에 참가했다.

그는 이 가운데 상위 절반 순위에 든 적이 단 한 번도 없다. 첫해에 그는 80명 중 56등을 했다. 찰스 바클리처럼 골프로는 최악으로 유명한 이들이 참가한 대회라는 점을 고려하면 그리 뛰어난 성적이 아니었다. 다음 해에 그는 80명 중 42등으로 대회를 마쳤다. 마지막으로 2006년은 재난과도 같았는데 트럼프는 80명 중 62등을 했고 그의 성적은 89.3이었다. 이는 선수 중 어느 누구도 더블 보기double bogey[15] 이상 성적은 포함하지 않는다는 대회 규칙 (스테이블 포인트 시스템)에 따른 성적이었다. 아마 트럼프는 지쳐 있었는지도 모른다. 이 책이 출간되기 직전에 막 불붙기 시작한 소송에 따르면 그는 당시 포르노 스타인 스토미 대니얼스와 플레이보이 모델인 카렌 맥두걸 등 두 명의 여성과 애정 관계에 있었다. 자, 복습하자면 타호에서 열린 세 대회만 따져봐도 한때 "골프에 있어서 단 몇 명만이 나를 이길 수 있다"라고 말한 그 남자를 157명, 혹은 60퍼센트 이상이 이겼다.

*

그렇다면 클린턴의 부정행위는 트럼프와 어떻게 다를까?

다르지 않다. 부정행위는 부정행위다. 하지만 클린턴의 방법은 덜 사악하면서 더 바보 같았다. 트럼프는 가끔 통탄할 정도로 선을 넘는다. 클린턴은 그가 쳤던 것보다 6타를 덜 친 척하지 않았다. 트럼프에게 부정행위란 더 중요한 것으로 향하는 길목이다. "내가 또 이겼어" 같은. 클린턴에게 부정행위란 마치 "빌어먹을! 더 잘할 수 있는데. 한 번 더 치게 해줘"와 같다. (그리고 치고, 또 치지.) 두 사람의 부정행위는 은행에 가서 펜을 훔치느냐, 금고를 훔치느냐의 차이다.

---

15 각 홀의 파에서 한 타씩 추가되면 보기bogey, 더블 보기, 트리플 보기triple bogey라고 한다.

트럼프의 친구들은 그의 부정행위를 옹호한다. 하지만 예상을 빗나가는 방식으로 그의 편을 든다. 던리비 코치의 말이다. "지금껏 친 골프 중에서 가장 재미있었던 날을 꼽자면, 그와 함께 나갔던 날들입니다. 맞아요, 그는 공을 움직이고 차는 등의 행동을 하죠. 하지만 마지막에 악수를 할 때는 어떤 돈도 오가지 않습니다. 내기는 존재하지만 어느 누구도 돈을 내지 않죠. 그러니까 정말로 나를 속이거나 그런 것은 아니에요. 그냥 재미로 하는 거죠."

얼마나 재미있는지 설명하기 위해 던리비는 그와 트럼프가 짝을 이루어 다른 두 명과 경기를 했던 날의 이야기를 들려주었다. 던리비의 어프로치샷이 퍼트를 하기에 불가능한 강낭콩 모양의 그린 모서리에 떨어졌다. 그린 쪽으로 칩샷을 하거나 가장자리로 퍼트를 해서 공이 다시 그린 쪽으로 굴러오기를 바라는 방법밖에 없었다. 그때 그의 파트너, 트럼프가 다가와 던리비가 퍼트를 할 수 있는 곳으로 몰래 공을 떨어뜨렸다. 던리비는 그것을 집어 들고 원래 있던 자리에 갖다두었다.

던리비는 이어서 말했다. "그때 도널드가 다른 두 명에게 소리치기 시작했어요. '여러분, 여러분! 이 코치가 얼마나 대단한지 말할게요. 그가 퍼트를 할 수 있게끔 내가 여기에 공을 두었는데 도로 제자리로 가져다 놓더군요. 이게 바로 그가 일자리를 잃은 코치고, 내가 130억 달러를 가진 부자인 이유죠."

5

★★★★★

사고,
거짓말하고,
소리치고

위대한 골프장을 운영하는 일은

당신에게 위대한 힘을 준다.

－도널드 J. 트럼프

트럼프가 아직 어릴 적, 크리스마스에 있었던 일이다. 그와 그의 동생 로버트는 블록을 쌓으며 놀았다. 다음 날 트럼프는 빌딩을 더 높게 만들고 싶었고, 로버트에게 블록을 빌려줄 수 있는지 물었다. 로버트는 기꺼이 블록을 빌려주었다. 트럼프는 그 블록을 이용해 거의 천장까지 닿을 만한 높다란 건물을 만들었다.

　지금은 세상을 떠난 그의 어머니는 언젠가 "그가 그 건물을 무척 자랑스럽게 여겼다"라고 회상했다. 다음 날 로버트는 트럼프에게 그의 블록을 돌려줄 수 있는지 물었다. 하지만 트럼프는 그럴 수 없었다. 그가 모든 블록을 죄다 풀로 붙여놓았기 때문이었다.

　만약 도널드 트럼프가 전 세계에 있는 그의 모든 골프장을 풀로 붙여서, 그 위에 자신의 이름을 '쾅' 새길 수만 있다면 그는 그렇게 할지도 모른다. 하지만 그는 그렇게 하지 않는다. 그 대신 자신이 소유한 골프장 중 몇 개를 골라 그곳들이 최고인 것처럼 말한다. 2018년 말 기준으로, 그는 열네 곳의 골프장을 소유해 영업하고 있으며 앞으로 다섯 곳을 더 운영할 예정이다. 트럼프의 이름은 미국, 아랍에미리트(UAE), 스코틀랜드, 아일랜드 그리고 곧 인도네시아 골프장에서도 찾아볼 수 있다.

한번은 트럼프가 이런 말을 한 적이 있다. "도널드 트럼프가 골프 역사상 가장 위대한 골프장 수집을 하고 있다고 누군가 말했는데, 나는 이 말이 100퍼센트 사실이라고 생각합니다."

그 누군가는 트럼프가 아닐까? 왜냐하면 골프를 아는 사람이라면 어느 누구도 저런 말을 하지 않을 것이기 때문이다. 그의 골프장 면면은 괜찮다. 하지만 그는 언제나 부도가 나거나 파산한 부동산들을 사들인 뒤 "제값의 10~15퍼센트만 주었다"라고 말하면서 형편없는 골프장을 좋게 포장하고는 했다. 그가 샀던 한 골프장(트럼프 로스앤젤레스)은 태평양에 일부 코스가 잠긴 적도 있었다.

권위 있는 골프 전문지 〈골프 다이제스트〉가 선정한 '미국 골프장 톱 100(2019~2020)'을 보면, 그가 소유한 골프장은 단 한 곳도 포함되지 않았음을 알 수 있다. 사실 175위 안에도 없다. 그가 얻은 가장 높은 순위는 웨스트팜비치의 트럼프 인터내셔널 골프클럽(178위)이다. 그러나 해외 골프장 순위는 훨씬 낮다. 그가 유럽에 소유한 세 개 골프장 중 두 곳이 '해외 골프장 톱 100'에 들었다. 트럼프 턴베리(10위)와 트럼프 인터내셔널 골프 링크스, 애버딘(64위)이 그곳이다.

트럼프 골프장과 리조트 현황

미국

골프장	위치	비고
트럼프 내셔널 웨스트체스터	브라이어클리프 매너, 뉴욕	회원제
트럼프 내셔널 베드민스터	베드민스터 타운십, 뉴저지	회원제
트럼프 내셔널 허드슨 밸리	호프웰 정크션, 뉴욕	회원제
트럼프 내셔널 필라델피아	파인 힐, 뉴저지	회원제
트럼프 내셔널 콜츠 넥	콜츠 넥, 뉴저지	회원제
트럼프 골프 링크스 앳 페리 포인트*	브롱크스, 뉴욕시	퍼블릭
트럼프 내셔널 워싱턴 DC	스털링, 버지니아	회원제
트럼프 내셔널 도랄	마이애미, 플로리다	퍼블릭
트럼프 내셔널 주피터	주피터, 플로리다	회원제
트럼프 인터내셔널	웨스트팜비치, 플로리다	회원제
트럼프 내셔널 샬럿	무어스빌, 노스캐롤라이나	회원제
트럼프 내셔널 로스앤젤레스	랜초 팰로스 버디스, 캘리포니아	퍼블릭

국외

골프장	위치	비고
트럼프 인터내셔널 골프 링크스, 애버딘	발메디, 스코틀랜드	퍼블릭
트럼프 턴베리	에어셔, 스코틀랜드	퍼블릭
트럼프 인터내셔널 골프 링크스&호텔	둔버그, 아일랜드	퍼블릭
트럼프 인터내셔널 골프클럽, 두바이*	두바이, UAE	퍼블릭
트럼프 월드 골프클럽*	두바이, UAE	퍼블릭

개발 중

골프장	위치
트럼프 인터내셔널 골프클럽&리조트*	발리(인도네시아)
리도 시티*	인도네시아

* 표시는 운영만 하는 곳을 나타낸다.

트럼프 로스앤젤레스(캘리포니아), 트럼프 워싱턴 DC(버지니아), 내셔널 허드슨 밸리(뉴욕), 트럼프 콜츠 넥(뉴저지), 트럼프 필라델피아(뉴저지), 트럼프 샬럿(노스캐롤라이나), 트럼프 페리 포인트(브롱크스), 트럼프 도랄(플로리다), 트럼프 주피터(플로리다) 그리고 아일랜드의 둔버그 등 그의 다른 골프장은 모두 하얀 빵으로 만든 볼로냐 샌드위치 같다. 당장 당신의 배를 채울 수 있지만, 나중에 생각이 나 군침을 흘리게 할 정도는 아니라는 말이다.

그러니 "골프 역사상 가장 위대한 골프장 수집"이라는 말은 맞지 않다. 심지어 미국 내에서도 그렇다. 미국에서 가장 위대한 골프장 수집가는 아마도 트럼프의 맞수, 마이크 카이저Mike Keiser일 것이다. 연하장 제작업체의 CEO였던 그는 지금은 오리건의 밴든 듄스 리조트를 소유하고 있다. 그가 소유한 골프장 네 곳 모두 '미국 골프장 톱 100' 목록에 이름을 올렸다. 그는 또한 캐나다 노바스코샤의 캐벗 클리프스(9위), 타스마니아의 반버글 듄스(11위), 호주의 반버글 로스트 팜(23위)도 보유 중이다. 그래서 톱 100 목록으로만 살피면 카이저 일곱 개, 트럼프 두 개다. 비록 트럼프가 '복수' 비슷한 것을 하기는 했지만 말이다. 카이저는 대통령 예비선거에서 젭 부시Jeb Bush를 지지했다.

그런데 트럼프 골프장에서 사실인 것 하나는 있다. 세세한 부분까지 티 한 점 없는 수준의 완벽함을 요구한다는 점인데, 어떤 남자는 연습장의 그린 하나하나를 한 시간씩 점검한다. 문제는 골프가 완벽함을 추구하는 스포츠가 아니라는 데 있다. 골프는 옆에 개울이 흐르건 돌이 놓였건 자연스럽게 경기하는데, 바로 이

부분이 테니스보다 나은 점이다. 모든 골프코스는 각각 다르고 새롭기에 당신은 어떤 종류의 라이에서 경기할지 알지 못한다. 반면에, 트럼프 골프장은 고루하며 너무 정돈이 되어 있고 수없이 뻗은 카트 길과 폭포 그리고 골프화가 푹푹 빠지는 페어웨이까지 있다. 치장을 지나치게 했다. 트럼프는 재무제표처럼 골프장을 짓지는 않았다.

트럼프의 첫 골프장은 플로리다 웨스트팜비치의 트럼프 인터내셔널 골프클럽으로, 그의 개인 리조트인 마러라고Mar-a-Lago에서 차로 11분 거리에 있는 곳이다. 그는 1999년 그 코스를 아예 바닥부터 만들기 시작했다. 50센트의 가치밖에 안 되었기 때문에 50달러짜리 이름을 지었는지도 모른다. 그곳은 지저분하게 잡초가 무성한 약 37만 평 크기의 공터였다. 한쪽에는 주립 감옥, 다른 한쪽에는 공항, 또 다른 쪽에는 여러 세대의 임대 주택과 이민자를 위한 비자 사무소가 있었고, 남은 공간에는 스트립쇼 극장이 있었다.

트럼프가 첫 골프장으로 트럼프 인터내셔널을 갖게 된 것은 순전히 '트럼프스러움Trumpaliciousness' 때문이다. 이 일은 트럼프가 1985년에 매매한—황금빛으로 치장한 대저택—마러라고에서 시작된다. 그는 근처에 자리한 팜비치 국제공항에서 비행하는 제트기 때문에 안방 너머로 너무 시끄러운 소리가 난다며 불만을 터뜨렸다. 그가 생각하기에 이는 매우 불공평한 처사였다. 하지만 비행기가 갑자기 트럼프를 괴롭히기 위해 마러라고 위로 우회했다고? 아니다. 60년 동안 비행경로는 바뀐 적이 없었다. 사실 마러라고의 가장 높은 곳에는 누구나 떠올릴 수 있을 만큼 시뻘겋게 깜빡이는 불빛이 있었다. 그러나 트럼프에게는 중요한 일이 아니었겠지. 비행기 소리는 그의 예민한 귀를 자극했고, 그는 고소했다.

첫 번째 고소는 아무런 성과를 거두지 못했다. 이에 굴하지 않고 그는 공항 책임자인 브루스 펠리를 개인적으로 세 차례나 고소했다. 한번은 그가 마치 무기를 들고 마러라고 앞에 서 있는 것 같다고 불평하면서 폭행죄로 고소한 적이 있다. 법원은 고소를 받아들이지 않았다. 트럼프는 심지어 사기죄로도 고소했다. 펠리가 그에게 복수하기 위해 비행기를 고의적으로 움직였다는 이유에서였다. 물론 펠리는 그런 일을 하지 않았다. 미국연방항공청의 관제탑이 할 일이었으니까. 세 차례 고소는 차례대로 기각됐다.

트럼프가 정말로 원한 것은 평화와 고독이 아니었다. 그는 공항 바로 옆에 자리한 수풀이 우거진 땅을 원했다. 그는 고소 중 하나가 받아들여져서 부유한 마러라고 입주민들이 경기할 골프장을 지을 수 있는 합의서를 받아내기를 희망했다. 고소는 먹히지 않았다. 하지만 소송이 마무리됐을 때, 어찌 되었든 그는 웨스트팜비치 카운티 의회로 찾아가 땅 임대를 제안했다. 그들에게는 얼마나 이득인 일인가? 계약은 성사되었다.

(트럼프는 소송 합의서에 따라 땅을 차지하지는 않았다. 이는 임대계약서를 작성하면서 그가 기자들에게 이야기한 내용이지만, 사실 새빨간 거짓말이다. 이름을 밝히기를 꺼린—그 이유는 당신도 알겠지—팜비치 공무

원의 말이다. "그의 시끄러운 소송은 아무 성과도 없었어요. 그저 명료한 사업상 계약일 뿐이었죠. 하지만 임대계약을 마치자마자 그는 신문사 〈팜비치 포스트〉에 가서 자신이 승리했다고 말했어요. 기자들은 그렇게 받아썼고, 기사들은 계속해서 재생산되었죠.")

그런데 카운티는 어째서 그토록 자신들에게 소송을 많이 걸었던 사내와 함께하게 된 것일까? 트럼프는 코끼리도 아라베스크 자세를 하게끔 만들 수 있는 사람이기 때문이다. 카운티는 자신들을 보호하고자 그저 한 가지 조항만을 덧붙였다. 바로 트럼프가 다시는 그들을 고소해서는 안 된다는 조항이었다. (하지만 그는 이를 어겼다.)

트럼프는 또르띠야처럼 평평한 땅에 수백만 달러를 쏟아부었다. 그가 약속했던 '미국 최고의' 코스를 만들기 위해 고용할 건축가는 단 한 명뿐이었다. 톰 파지오Tom Fazio. 파지오는 트럼프가 가짜 폭포에 꽂히는 계기가 된 라스베이거스의 황제 스티브 윈의 쉐도우 크릭 골프클럽뿐만 아니라, 현존하는 미국인 건축가 그 누구보다 더 많이 〈골프 다이제스트〉의 '톱 100' 목록에 이름을 올린 골프장을 만들었다. 트럼프가 톰 파지오를 원할 수밖에 없던 이유다.

하지만 파지오의 몸값은 비쌌다. 그래서 트럼프는 그의 동생, 짐 파지오Jim Fazio를 고용했다. 이는 당신의 성인식에 마이클 잭슨 대신 [그의 형] 티토 잭슨을 부른 것과 얼추 비슷하다. 트럼프의 요구에 따라 짐은 모래언덕이 전혀 없던 18미터 높이의 18번 티박스에 모래를 쏟아부었고, 스티브 윈은 명함도 못 내밀 만큼 엄청나게 큰 가짜 폭포를 넣었다. 주변에는 무성한 풀과 카나리아 야자수 889그루를 심었다. 또한 클럽하우스 내부를 금으로 덧칠했고, 크고 검은 금박을 입힌 문 앞에는 '출입 금지'라는 문구를 써넣었다. 이 모든 것이 공공부지를 빌린 곳에 세워졌다.

이제 그가 할 일은 트럼프 인터내셔널에 대해 많은 얘기를 던지는 것뿐이었다. 그 일을 하기에 지구상에서 트럼프보다 더 뛰어난 이는 없었다. 트럼프는 그의 코스가 "미국 내에서 최고의 코스"가 될 것이라고 말했다. 또한 이 "믿을 수 없을 정도로", "굉장한" 코스는 "전 세계 어디에도 없는" 곳이 될 것이라고 말했다. 만약 당신이 호텔 앞에 설치된 가짜 에펠탑을 좋아하는 취향이라면, 트럼프 인터내셔널은 꽤 괜찮을 수 있다. 하지만 이는 염색할 때를 놓치고 미용실에 도착한 사람과도 같다. 머지 않아 문제의 근원을 드러낼 수밖에 없게 될 테니까 말이다. 보기 흉한 일은 계속해서 일어났다.

예를 들어 팜비치 카운티의 감옥 이야기를 해보자. 그 감옥은 9층 높이로, 운동장이 자리한 층에서는 홀 중 한 곳이 어렴풋이 내려다보였다. 골프코스가 개장하고 처음 몇 년 동안은 수감자들이 펜스를 타고 올라가 부유한 선수들에게 끔찍한 소리를 질러댔다. 그곳에서 자주 골프를 쳤던 이의 말이다. "그 홀을 지날 때마다 운동장에 있던 남자들이 당신을 볼 수 있었죠. 그들은 소리를 지르며 괴롭혀댔어요. '이봐, 백인 꼬마! 여기 와서 점심이나 먹자고!' 하는 식이었죠." 작가이자 골프클럽의 회원이었던 제임스 패터슨은 이렇게 말하기를 좋아했다. "작은 범죄는 위에서, 큰 범죄는 여기 아래에서.”

그리고 악명 높은 흑고니 살인 사건이 있었다. 2001년—팜비치 의사의 초대 손님이었던—시릴 와그너라는 사람이 17번 홀에서 경기를 하고 있을 때였다. ‘알렉스’라고 불린 커다란 흑고니가 그에게 위협적으로 다가갔다. 와그너는 흑고니에게 아이언을 휘둘렀고 피하지 못한 알렉스는 그대로 죽었다. 와그너는 자기방어였다고 주장했다. 트럼프는 와그너를 영원히 출입 금지시켰다. 그리고 나에게 “그 사건 이후 회원 스무 명을 더 받을 수 있었다”라고 전했다. 이 사람아, 당신 지금 운이 좋았다고 얘기하는 거야?

그리고 스트립쇼 극장. 2018년 4월의 어느 밤, 허름한 구역 한쪽 구석에 있던 스트립쇼 극장 ‘울트라’에 최고의 포르노 스타, 스토미 대니얼스가 찾아왔다. ‘미국을 다시 뜨겁게Make America Horny Again’[1] 투어의 일환으로 대니얼스는 톰 페티의 노래 〈아메리칸 걸〉에 맞춰 춤을 춘 다음, 원더우먼 옷을 벗어던졌다. 그곳은 관객들로 가득 차 있었고, 그녀를 보기 위해 1,000달러나 지불한 사람 중에는 트럼프 골프클럽에서 골프를 마친 이들도 있었다. 그들이 할인을 받았는지는 알 수 없다.

대통령은 그곳에 없었지만, 거의 모든 사람이 있었다. 사람들은 대형 천막 앞에서 인증 사진을 찍기 위해 주차장에 차를 세웠다. 주차장은 리무진과 픽업 차량으로 가득했고, 그날의 공연 덕

---

[1]   2016년 트럼프가 첫 대선 도전에 나섰을 때 내세운 슬로건은 ‘미국을 다시 위대하게Make America Great Again’였다.

에 양쪽은 하나로 뭉칠 수 있었다.

한 리무진 운전자는 "그 덩치 큰 남자가 손에 든 것[2]을 가지려면 35달러를 지불해야만 했다"라고 말했다. 한 신사는 오로지 "수정헌법 1조[3]를 지지하기 위해" 그곳에 갔다고 말했다.

애국자 나셨네.

작은 퀴즈를 풀 준비가 되었는가?

좋다.

1. 트럼프 내셔널 워싱턴 DC 골프클럽은 어느 도시에 있을까?

(힌트: 워싱턴 DC에 있지는 않다.)

2. 트럼프 내셔널 로스앤젤레스 골프클럽은 어디에 있을까?

(힌트: 로스앤젤레스에 있지는 않다.)

3. 트럼프 내셔널 샬럿 골프클럽은 어느 마을에 있을까?

(힌트: 샬럿에 있지는 않다.)

4. 트럼프 내셔널 필라델피아 골프클럽이 위치한 곳은?

(힌트: 심지어 펜실베이니아주는 아니다.)

5. 트럼프 인터내셔널 웨스트팜비치 골프클럽은 어떤 점이
   국제적일까?

(힌트: 그리 많지 않다.)

---

2 여기에서는 주차 티켓을 의미한다.
3 종교, 언론 및 출판의 자유와 집회 및 청원의 권리를 말한다.

자, 정답을 말한다.

1. 트럼프 워싱턴은 백악관에서 차로 45분 거리인 버지니아
   주 스털링에 있다.
2. 트럼프 로스앤젤레스는 LA 남쪽에서 차로 75분 거리의 캘
   리포니아주 랜초 팰로스 버디스에 있다.
3. 트럼프 샬럿은 샬럿으로부터 1시간 거리의 노스캐롤라이
   나주 무어스빌에 있다.
4. 트럼프 필라델피아는 필라델피아로부터 45분 거리의 뉴저
   지 파인 힐에 있다.
5. 트럼프 인터내셔널은 전혀 국제적이지 않은 플로리다 웨
   스트팜비치에 있다. 회원 대다수는 미국 시민권자다.

그리고 만약 그 작은 속임수가 당신을 괴롭힌다면, 당신은 아직 아무것도 보지 못한 것이다.

골프장을 살 때 트럼프의 수법은 언제나 같다. 사고, 거짓말하고, 소리친다.

산다. 트럼프는 언제나 최저가에 산다. 그는 노후한 호텔이든, 버려진 땅이든, 아니면 파산한 골프코스든 거래를 한다. 그 후엔 돈을 쏟아붓는데 그가 말한 만큼은 결코 아니다. 골프장에 얼마나 많은 돈을 썼는지 트럼프가 말할 때마다—"2억 달러", "2억 5천 달러"—당신은 10분의 1 정도로 줄여서 생각하면 된다. 그러면 트럼프는 골프장에 자신의 이름을 박아넣고 이어서 다음 단계

에 돌입한다.

거짓말한다. 미국 비즈니스 역사상 가장 위대한 논쟁가인 트럼프는 즉시 자신의 골프코스가 엄청나다는 말을 쏟아대기 시작한다. 곧 당신은 그가 타지마할 안에 18홀을 지은 것으로 착각하게 되리라. 모든 코스가 "어느 누구도 본 적 없는 위대한 곳으로 지어졌으며, 이는 자신의 표현이 아니"라고 이야기한다. (그렇다. 보통 트럼프만이 그렇게 말한다.) 모든 코스는 ○○○○[같은 주에 위치한 유명 골프장 코스]보다 "더 나아" 보인다. "그리고 이건 ○○○○에 있는 사내가 나에게 말해준 사실이지요." 그는 2년 전에는 염소가 지나는 길이었던 곳에 사람들이 20만 달러를 내고 가입할 마음을 먹도록 조리 있게 설득해야 한다. 그러니 이제 이 단계다.

소리친다. 그는 자신의 골프클럽이 얼마나 대단한지 세계에 말하는 것과 거의 동시에 도시가 이를 너무 과대평가했다는 데 대한 고소를 진행한다.

그의 두 번째 골프코스, 트럼프 웨스트체스터를 보자. 트럼프는 1996년 뉴욕주 오시닝에 있는 평범한 골프장인 '브라이어 홀 골프 앤 컨트리클럽'을 샀다. 소유주였던 은행에 750만 달러를 주고 이곳을 손에 넣은 트럼프는 냉큼 불도저로 싹 밀어버린 후 파지오를 고용했다. 그는 전형적으로 깨끗하고 지나치게 공들인 코스를 만들었다. 13번 홀에 자리한 30.8미터 높이의 폭포는 **환상의 섬**에나 있을 법한 가짜처럼 보였다. 트럼프는 또다시 바든 그립 Vardon grip[4] 이후 최고의 일인 것처럼 골프장에 대해 떠벌리기 시작했다. 트럼프는 "뉴욕에서 최고의 골프코스가 될 것"이라고 떵떵

거렸다. 뉴욕에는 유서 깊은 시네콕 힐스, 프라이스 헤드를 비롯해 여러 개의 이목을 끄는 골프장이 있다는 사실을 알면서도 말이다. 그는 뉴욕 양키스 감독 조 토리, 배우 잭 니콜슨과 휴 그랜트 등 여러 유명인을―물론 무료로―가입시켰다. 심지어 빌 클린턴에게도 무료 회원권을 건넸다. 골프장은 히트를 쳤다.

대통령 경선 기간에 그가 재산 현황을 공개한 것을 보면 트럼프는 트럼프 웨스트체스터에 5,000만 달러의 가치를 매겼다. 사실상 그는 자신의 모든 골프장이 5,000만 달러의 가치를 지녔다고 말했다. 모두 합하면 7억 달러 정도인데, 터무니없는 숫자다. 절대 그럴 리가 없다. 호텔도 없고 집을 지을 만한 땅도 없는 트럼프 웨스트팜비치가 5,000만 달러라니 말도 안 된다. 골프계는 이 소식을 듣고 경악을 금치 못했다.

필라델피아 근처에서 골프 자산에 가치를 매기는 일을 하는 애널리스트, 래리 허시는 말한다. "저는 미국, 캐나다, 카리브해 등에서 3,500개 이상의 코스에 자산 가치를 매겨왔어요. 그리고 이들 중 5,000만 달러 가까이 매긴 곳은 단 한 곳뿐이죠."

어떤 코스일까요?

"말할 수 없어요. 하지만 미국 골퍼라면 대부분 아는, 여러 개의 코스를 가진 잘 알려진 골프 리조트죠. 두 개 이상의 코스를 가졌는데, 이게 내가 말할 수 있는 전부예요."

---

4   오른손 새끼손가락을 왼손 집게손가락 위에 올려 잡는, 골프에서 가장 일반적인 방식을 말하며 영국의 유명 골퍼인 해리 바든의 이름을 땄다.

트럼프 코스인가요?

"아니요."

(내 추측으로는 페블비치, 파인허스트 혹은 벤든 듄스 중 하나일 것이다.)

지금까지 평가한 18홀 코스를 가진 골프장 중 가장 비싼 곳은 어디였나요?

허시는 "2,000만 달러였던 어떤 곳"이라고 답했다.

그래, 좋다. 각각의 트럼프 코스가 갖는 5,000만 달러의 가치는 그저 치즈를 추가로 얹은 더블와퍼버거라 할 수 있다. 하지만 이것을 보자. 웨스트체스터의 가치가 5,000만 달러라고 밝힌 그때 트럼프는 오시닝이 여기에 1,100만 달러의 자산 가치 세금을 매긴 데 대해 소송을 걸었다. 그의 변호사는 너무 높은 금액이라고 말했다. 트럼프 또한 그곳은 단지 140만 달러의 가치가 있을 뿐이라고 주장했다. 넉넉히 봐주더라도 4,800만 달러만큼 차이가 난다.

패터슨은 말했다. "저는 그에게 당장이라도 160만 달러를 줄 수 있어요."

골프장 두 곳을 소유하게 되자 트럼프는 더 큰 꿈을 꾸기 시작했다. 그는 55만 평에 이르는 뉴저지 베드민스터를 사들였다. 이곳은 영화 〈백 투 더 퓨처〉의 타임머신카를 만들며 유명해졌고 개인적으로는 코카인 스캔들로 파산한 전 자동차 회사의 재벌 존 드로리언John DeLorean이 소유했던 사냥과 승마의 땅이다. 트럼프는 이 땅을 3,500만 달러에 사들였다. 이후 그는 코스 디자이너들을 찾아 돌아다녔다. 하지만 이번에는 쉽지 않았다.

그는 미국 최고의 골프 디자이너 중 한 명인 바비 존스 주니어Bobby Jones, Jr.부터 시작했다. 바비 존스 주니어는 전설적인 건축가 로버트 트렌트 존스의 아들이다. 존스는 뉴저지 출신이었는데, 이는 그의 호기심을 자극했다. 하지만 존스가 면접을 위해 트럼프의 사무실에 앉았을 때 트럼프는 그를 놀라게 하는 말을 던졌다. "당신이 코스를 디자인하고 만들겠지만, 당신 이름은 골프장에 들어가지 않을 거예요." 이 말을 들은 존스는 몇 초간 눈을 깜빡였다.

"뭐라고요? 그럼 누구 이름이 들어가는데요?"

"내 이름이죠."

더 많은 깜빡임.

"잠깐만요. 지금 나에게 당신 골프코스의 유령작가가 되라는 말인가요?"

"그렇죠, 정확해요."

존스는 거절했다. 트럼프는 그 대신 파지오를 고용했다. 이번에는 '진짜' 파지오였다. 톰 파지오. 파지오는 트럼프에 대한 애정을 드러냈다. 그의 말이다. "트럼프는 정말 재미있는 사람이에요. 저는 그를 사랑하죠. 그는 멈추지 않는 열정으로 가득 차 있어요. 정말 재미있는 데다가 절대 멈추는 법이 없다니까요. 그 사람은 잠도 안 자요. 나에게 매시간 전화를 걸죠. 다행인 점은 그가 술을 마시지 않는다는 점이에요. 만약 술에 진탕 취한 상태에서 이 모든 일을 한다고 상상해봐요. 어이쿠."

파지오는 일을 수락했다. 단, 그의 이름이 들어가는 조건으로 말이다. 그랬는데도 그는 후회했다. "도널드는 뉴욕시에서 헬기를 타고 와서는 세세한 것 하나까지 끊임없이 이야기하기를 원했어요. 세세하고, 세세하고, 세세했어요. 너무 세세했죠. 마침내 우리는 이 프로젝트를 위해 골프장 부지로 이사를 했어요. 그렇다고 해서 매일 도널드를 상대할 생각은 아니었죠. 게다가 나는 주말에는 일하지 않는데, 그는 절대 일을 멈추지 않았어요."

결국 파지오는 트럼프를 위해 일하는 것을 그만두었고, 그저 친구로만 곁에 있기로 했다. 파지오는 말한다. "그는 내 동생 짐을 이용했어요. 짐은 일도 잘했고 비용도 더 쌌죠. 그리고 이건 도널드에게 하나도 중요한 일이 아니었습니다. 그는 사람들에게 '톰 파지오가 만들었다'고 말하고 다닐 거니까요."

베드민스터—지금은 36홀을 가진—또한 히트를 쳤다. 이 골프장은 이미 여자 메이저 대회인 2017 US 오픈을 주최했고, 2022년 PGA 챔피언십도 주최할 예정이다.

베드민스터 이후로 트럼프는 계속해서 매수에 나섰다. 2002년, 그는 일부가 바다에 걸쳐 있는 오솔길을 가진 랜초 팰로스 버디스를 사서 '트럼프 내셔널 로스앤젤레스 골프클럽'으로 명명했다. 2009년에는 뉴저지 파인 힐의 코스를 사서 '트럼프 내셔널 필라델피아 골프클럽'으로 이름 지었다. 그는 또한 뉴욕의 브랜튼 우드라는 코스를 매입한 뒤 '트럼프 내셔널 허드슨 밸리 골프클럽'으로 만들었다. 그것은 그 자체로 모험인 일이었다.

매수의 중간책은 오랜 시간 트럼프 웨스트체스터의 간부로 있었던 이안 길룰레였는데, 그는 에릭 버그스톨과 함께 일하고 있었다. 길룰레의 권유로 버그스톨의 골프장에 관심을 갖게 된 트럼프는 토요일에 그곳에 가서 둘러볼 것을 제안했다. 하지만 버그스톨은 난색을 표했다. "아니, 토요일은 안 됩니다. 신중해야 해요. 토요일에 회원끼리 맞붙는 토너먼트가 있습니다. 회원들 중 누구도 내가 골프장을 판다는 사실을 알면 안 됩니다. 골프장 문을 닫는 월요일에 가시죠."

하지만 트럼프는 계획을 바꾸지 않았다. 길룰레는 이렇게 기억한다. "그날 전화로 했던 말을 나는 절대 잊지 못할 거예요. 트럼프는 '에릭 버그스톨에게 내가 주말에는 백만 달러짜리 계약을 하고, 주중에는 십억 달러짜리 계약을 한다고 전하시오. 그에게 토요일에 갈 것이라고 말하고, 신중하게 행동할 것이라고 전하시오. 어느 누구도 내가 그곳에 있다는 사실을 알지 못할 것이오'라고 했어요."

'신중'과 '트럼프'는 '휘발유'와 '수프'와도 같다. 트럼프와 길룰레는 하얀색 롤스로이스를 타고 맨해튼에서 허드슨 밸리로 향했다. "도착하자 그곳의 모든 카트가 줄을 지어 서 있었죠. 모든 사람이 모여 있었고 프로가 그들에게 지시사항을 말하고 있었어요. 영화 〈캐디쉑〉에서 로드니 댄저필드[5]가 등장하는 것과 흡사했죠. 트럼프는 큰 롤스로이스를 타고 커브를 돌아 그들 앞에 선 뒤 소리쳤어요. '여러분, 안녕하세요? 내가 이곳을 살 거예요!'"

---

5   아파트 건축업자 역할로 나온다.

2012년, 트럼프는 이전에 포인트 레이크였던 곳을 사서 '트럼프 내셔널 샬럿 골프클럽'이라고 명명했다. 트럼프는 그곳의 모든 것을 바꾸었다. 어느 날 트럼프는 원래 그 코스를 설계했던 전설적인 골퍼 그렉 노먼Greg Norman 그리고 두 기자와 함께 골프를 쳤는데, 그들에 따르면 노먼은 라운딩 내내 화가 난 듯했다. 트럼프는 노먼에게 바뀐 것은 아무것도 없다고 이야기했지만 노먼은 첫 세 개 홀을 친 뒤 모든 홀이 조금씩 달라졌다는 사실을 눈치챘다. 그는 부글부글 끓었고 샷을 한 뒤 카트로 돌아와 트럼프를 노려봤다. 그리고 어느 누구와도 대화를 하지 않았다. 트럼프는 〈골프 다이제스트〉의 제이미 디아즈Jamie Diaz에게 다가가 말했다. "그렉은 아주 형편없이 행동하고 있네요. 그는 좀 더 나아져야 해요. 팬들에게 즐거움을 주어야만 한다고요."

노먼이 그날 지나치게 화를 냈다고 생각한다면, 당신은 트럼프가 그의 또 다른 골프장인 아일랜드 둔버그에 한 짓에 대해 노먼이 한 말을 들어야만 한다. 노먼은 말했다. "내 손으로 지은 골프장 중 가장 좋아하는 곳이었어요."[6] 이어서 말했다. "내 자식이나 다름없었죠. 우리는 환경론자들이 원하고, 개발업자가 원하고, 지역 사회가 원한 골프장을 짓기 위해 손에 장갑을 끼고 일했어요. 나의 열정이자, 사랑의 결정체였죠."

트럼프는 골프장을 사들인 뒤, 클럽하우스만 놔둔 채 사실상

---

6 이는 불도저나 트랙터 없이 말 그대로 거의 대부분 맨손으로 지었다는 의미다. 흙을 많이 옮기지 않고 자연환경 그 자체로 두었다는 것이다.

코스 전체를 다시 만들었다. 아일랜드의 골프 비평가 대부분은 이 '트럼프 버전'을 두고 혹평했다. "보통은 불문율이 있죠. 원래 그 코스를 설계했던 이에게 연락해서 변화를 줘도 되는지 상의하고는 하니까요. 하지만 이 경우는, 내가 추측하기로 그냥 다른 사람을 불러서 전부 바꾸게 했네요. 좀 짜증 나는 일인데, 그래서 그냥 신경을 끄기로 했습니다. 그곳에 다시 가본 적도 없고, 가고 싶지도 않아요. 앞으로도 절대 안 갈 거고요."

누군가 트럼프를 위해 일하기로 했다면, 그는 '한 부분'을 이해해야만 한다. 그것은 트럼프의 코스고, 그러니 말이 안 되더라도 그가 원하는 방향으로 일을 해야 한다는 부분이다. 그저 만들기만 하면 된다. 톰 파지오는 말했다. "그는 보스죠. 당신이 무얼 할 수 있겠어요? 그가 월급을 주는데 말이에요."

하지만 여기 말도 안 되는 점이 있다. 트럼프는 사실 꽤 괜찮은 골프장 건축가다. 트럼프 워싱턴(36홀)에서 그는 파지오의 도움 없이 18번 홀 아래 홀들을 움직였고, 포토맥강을 더 잘 보여주기 위해 코스를 바꾸었으며, 세계 최고 수준의 파3 홀을 만드는 기적과도 같은 일을 해냈다. 회원인 개리 뉴먼은 말했다. "트럼프가 사기 전보다 골프장 시설이 훨씬 더 괜찮아졌어요. 모두 그가 한 일이었죠."

트럼프가 '트럼프 워싱턴'의 건축가였다면, 그는 자신에게도 빳빳하게 굴었을까? 그는 건축가들을 부당 대우하기로 유명하다. 어느 실력 있는 미국인 건축가는 트럼프와 일하기를 거부했다. "언젠가 그가 나에게 전화를 걸어 코스에 대해 문의한 적이 있었어요. 그래서 그와 일하는 것은 어떤 경험인지, 여기저기에 알아봤죠. 그랬더니 다들 똑같이 말하더군요. 그는 상대를 속이기 위해 얼간이 짓을 하는 사람이라고요."

건축가 길 핸스Gil Hanse는 트럼프와 많은 일을 함께 했다. 얼마 전 핸스는 기업 만찬에서 연설할 기회가 있었고, 이렇게 말했다. "어떤 질문이라도 받겠어요. 단, 도널드 트럼프에 대한 것만 빼고요."

트럼프가 어기는 약속이나 그가 하는 거짓말의 문제는 그것들의 순도다. 프리랜서 다큐멘터리 감독인 매트 하울리와 그의 동료들은 3년간 트럼프가 가는 곳이라면 어디든 따라다녔다. 골프 채널의 〈도널드 트럼프의 화려한 골프 세계Donald J. Trump's Fabulous World of Golf〉를 찍기 위함이었는데, 트럼프의 급성장하는 골프코스 제국을 보여주려는 의도였다. 그들은 이목을 끌기 좋아하는 트럼프에 대한 **카르트 블랑쉬**carte blanche[7]를 가지고 있었다. 이는 더 많이 주목받으면 받을수록 더 많은 회원을 끌어모을 수 있다는 것을 의미했고, 그것은 또한 그의 주머니가 두둑해진다는 것을 의미했다.

하울리는 말했다. "도널드 트럼프는 우리에게 정말 잘 대해주었어요. 친절했죠. 모든 사람의 이름을 알았고, 수많은 질문을 던졌어요."

그러나 한 가지 문제가 있었다. 하울리는 웃으면서 말을 이었

---

7   완전한 재량권을 의미한다.

다. "나는 언제나 골프 채널의 사장으로 소개되었죠. 하루는 그가 일본인 사업가들이 앉아 있던 테이블에 가 나를 골프 채널의 사장으로 소개했는데, 다들 일어나서 허리를 굽혀 인사하더라고요. 나도 안절부절못하면서 허리를 굽혔죠."

하울리는 골프 채널 사장이 아닐 때는, 그의 동료들과 함께 갑작스레 [CBS 시사프로그램인] 〈60분60 Minutes〉의 제작자로 소개됐다. 특히 그들이 마러라고의 식당 안을 걸어 다닐 때 그랬다. "그는 '〈60분〉이 나를 따라 다닌다'고 말하면서 이 테이블에서 저 테이블로 사람들과 악수를 하러 다녔어요."

왜 진실만으로는 충분하지 않은 것일까? "이 사람들은 골프 채널에서 왔고, 내 쇼를 위해 다큐멘터리를 찍고 있다"라는 말은 어째서 트럼프에게 충분히 인상적이지 않았을까?

하울리의 말이다. "그의 기준에서는 〈60분〉이 최고였거든요. 그는 언제나 그 황금 기준을 따랐죠. 나도 거기에 익숙해졌어요. 어느 순간부터는 내가 진짜로 〈60분〉을 찍고 있다고 믿기 시작했으니까요. 솔직히 말해, 그의 주변에서 너무 많은 시간을 보내다 보니까 내가 예전보다 더 많은 거짓말을 한다는 사실을 알게 되었죠. 친구들도 눈치챘어요. '이봐, 그 일은 그렇지 않잖아. 왜 거짓말을 하는 거야?'라고 말하곤 했어요."

그토록 많은 헛소리를 던지면, 그 더미들이 어디에 쌓여 있는지 기억하기란 쉽지 않다. 이를테면 트럼프는 '트럼프 워싱턴'으로 바뀌기 전의 로우스 아일랜드 클럽에 대해 이런 말을 했다. "이곳은 단장이 끝나면 미국 어디에서도 볼 수 없는 가장 훌륭한 클럽이 될 겁니다. 이런 곳은 또 없을 거예요."

그런데 잠깐만. 이는 '트럼프 로스앤젤레스'가 개장했을 때 그가 했던 말과 흡사하다. "어느 누구도 이런 곳을 본 적이 없을 겁니다. 당신이 지금껏 본 적 없는, 아주 훌륭한 골프클럽이 될 거니까요."

하지만 그럴 리가 없다. 이는 그가 '트럼프 주피터'에서 했던 말과 거의 일치하니까. "이곳보다 좋은 곳은 없을 겁니다."

그렇다면 그는 어째서 '트럼프 도랄'이 "이 나라에서 가장 좋은 리조트&골프클럽이 될 것"이라고 약속할 수 있었을까?

이제 당신은 완전히 혼란스러울 것이다. 왜냐하면 트럼프는 '트럼프 턴베리'가 "세계 어느 곳에도 없는 가장 위대한 골프클럽이 될 것"이라고 말했으니까.

비료에 대해 말할 때도 트럼프는 "나는 누구보다도 여러 번 골프 환경주의 상을 받았다"라고 말했다. 이는 새빨간 거짓말이다. 그는 골프 환경과 관련해 한 번도 권위 있는 상을 받은 적이 없다. 한 번도.

그는 자신의 골프장에 고용된 수많은 사람들을 자랑스러워한다. 하지만 이 수치 또한 '트럼프 범프'를 갖는다. 그는 골프 채널의 데이비드 페허티에게 말했다. "나는 수천 명의 사람들을 고용했어요. 그들 자녀들의 교육까지 돌보고 있죠. (잠시 쉬고) 흠, 간접적으로 말이에요."

잠깐만, 간접적으로?

만약 이 말이 사실이라면 트럼프가 낸 세금 일부가 소방서로

간다고 해서 그가 불과 싸운다고 말할 수 있을까? 시립병원에 보조금을 냈으니 사람들의 목숨을 구했다고?

때로는 진실과 트럼프 사이의 간극이 너무 커서, 당신은 소형 비행기를 타고 건너야 할지도 모른다. 브롱크스의 '트럼프 골프 링크스 앳 페리 포인트'를 보자.

진실: 1980년대 초, 뉴욕시는 손가락질을 받던 쓰레기 수거장에 골프코스를 짓기로 결심한다. 그들은 디자이너로 잭 니클라우스를 섭외했고, 공사를 성사시키기 위해 두세 명의 개발업자와 접촉했다. 그러나 결국에는 포기한 채 그들 스스로 작업했다. 2008년에 이르자 골프장은 거의 완성되었다. 뉴욕시는 천만 달러의 공사비가 들어가는 클럽하우스 건설과 보통 1년 반 정도 소요되는 골프장의 그린 잔디를 심고 관리하는 일을 트럼프 그룹Trump Organization에 맡겼다. 개장 뒤 첫 4년간은 뉴욕시에 1센트도 지불하지 않아도 되었기에, 트럼프에게는 달콤한 계약이었다. 2015년 골프장은 4.57미터 높이의 '트럼프 링크스'라는 글자와 함께 개장했다.

트럼프 가문: 트럼프가 〈크레인의 뉴욕 비즈니스Crain's New York Business〉에 한 이야기다. "그 골프장은 내가 개입하기 전까지는 10년 이상 문을 열지 못했어요. 지어지지 못하고 있었죠. 어느 누구도 개장하지 못했어요. 그러나 나는 할 수 있었습니다. 그래서 내가 문을 열었죠." 이방카 트럼프는 블로그를 통해 한발 더 나아간다. "우리 가족은 뉴욕시가 20년간 할 수 없었던 일을 2년 만에 해

낼 수 있었다. 아버지가 건설 현장 쪽으로 갔을 때 그는 일꾼 몇 명이 그야말로 한쪽 끝에서 다른 쪽 끝으로 모래를 옮기고 있는 것을 보았다. 아버지는 본질적으로 그들을 꿰뚫어 보고 말했다. '당신들은 20년 동안 모래를 밀고 다니면서 많은 돈을 벌었겠지만 나와 함께라면 그만두어야 한다. 이제 일을 끝마칠 때니까.' 그리고 그들은 그렇게 했다."

진실: 아니다. 골프장은 그린과 몇몇 카트 길 그리고 몇몇 전기 시설을 갖춘 대피소만 남기고는 거의 완성되어 있었다. 뉴욕 시 공원 감독관이었던 아드리안 베네페는 아직도 이 일로 치를 떤다. "그때 나는 트럼프 가족이 모두 병적인 거짓말쟁이라는 사실을 알게 되었어요. 이방카는 이야기를 만들어냈죠. 아예 창조해내더군요. 그가 골프장을 완성한 게 아니에요. 우리가 끝냈다고요."

트럼프 가문: 트럼프가 미국의 대통령으로 선출되었을 때 그의 아들인 에릭이 그들 골프장의 대변인이 되었고 새로운 세대의 우화 또한 시작되었다. 트럼프가 계약서에 사인하고 10년 뒤 그들은 클럽하우스를 오픈했다. (실제로 오픈할 준비가 되어 있지는 않았다. 그들은 2018 US 오픈이 개최될 때 비로소 문을 열었다.) 에릭은 리본 커팅 세리머니에 참석해서 말했다. "당신들은 골프장 안에 들어갈 수 없을 거예요. 말 그대로 이미 꽉 찼거든요."

진실: 페리 포인트에 가는 것은 확실히 어렵지 않다. 2018년 6월 30일(토요일), 나는 다음 날 아침 티샷을 예약하기 위해 그들의 웹사이트에 접속했다. 그런데 잠깐만, 뉴욕의 여름에 일요일 티

타임이 전부 "예약됐다"고? 이는 어려운 일이다. 그렇지 않을까? 그들이 포섬 게임을 위해 남겨둔 시간대는 9:40, 11:30, 11:40, 11:50, 12:00, 12:30, 12:40, 12:50, 1:00, 1:10, 1:20, 1:40, 2:00, 2:10, 2:20, 2:40, 2:50, 3:00, 3:10… 당신은 이쯤에서 무슨 뜻인지 알 것이다.

트럼프 가문: 에릭 트럼프는 "페리 포인트의 사업이 눈부시게 성장 중이다"라고 했다.

진실: 사업은 눈부시지 않았다. 2016년의 수입은 2015년에 비해 9퍼센트포인트 떨어졌다. 2017년에는 2016년과 비교해 17퍼센트포인트 떨어졌다. 골프에서는 그럴 수 있는 일이지만, 시가 돌려받으려던 1억 2,700만 달러의 투자금이 골프장 밑으로 사라질 때는 굉장히 짜증 나는 일이다.

트럼프 가문: 에릭과 이방카는 페리 포인트가 마치 유나이티드 웨이United Way[8] 포스터에 오르기라도 해야 한다는 양, 그들 가족이 시민의 마음으로 희생하여 지은 일종의 도시 미화 프로젝트라고 말한다.

진실: 골프장을 운영하면서 트럼프 가문의 사람들은 보수를 두둑히 받았다. 하지만 브롱크스 골퍼들의 삶이 나아지는 일에 그들은 어떤 협조도 하지 않았다. 라운드당 175달러는 브롱크스 거주자 대부분이 지불할 수 없는 액수였다. 오히려 골프장을 찾는 고객은 월스트리트 사람들이나 미드타운 경영진들 그리고 그

---

8   미국에서 가장 규모가 큰 비영리 자선단체를 말한다.

5장 사고, 거짓말하고, 소리치고   121

날 등판이 없는 양키스 선수들이었다. 그 거래의 최종 승자는 단연코 트럼프 가문이다.

트럼프 가문: 골프장이 개장했을 때, 트럼프는 다음과 같은 내용의 트윗을 올렸다.

페리 포인트의 트럼프 골프 링크스는 수년간 많은 메이저 챔피언십을 유치할 것이다. 뉴욕시가 기뻐할 일이다. 모두 축하해요!

진실: 아직 한 번도 없었다.

6

★★★★★

덩치 큰 바보

나는 그의 어머니가

진저리를 쳤을 것이라고 생각한다.

– 마이리 스터랜드Mairi Sterland, 트럼프의 사촌

스코틀랜드에서 도널드 트럼프는 팁을 주는 것보다 더 인기가 없다. 그들은 그가 대통령이 되기 전부터 싫어했다. 그리고 지금은 잉글랜드인보다 더 트럼프를 미워한다. 그들은 이를 숨기지 않는다. 나는 한 남자가 큰 팻말을 들고 서 있는 것을 봤다. "스코틀랜드를 계속해서 더 위대하게: 트럼프를 쫓아내라."

나는 스코틀랜드어를 조금 할 줄 아는데, 다음 몇 문장을 해석해보겠다.

- Trump You Great Muckle Gype! (트럼프, 너는 덩치 큰 바보야!)
- Trump You Tangerine Roaster! (트럼프, 너는 오렌지 바보야!)
- Clackwanker! (나쁜 놈!)

- You Weapons-Grade Wanker! (진짜 못된 놈!)

- Trump Is a Witless Cocksplat! (트럼프는 머리가 멍청해!)

- Trump You Clueless Numpty! (트럼프, 이 아무것도 모르는 바보!)

- You Wankmaggot! (해석하지 못하겠다.)

- What a Gobshite! (이 쓸모없는 멍청아!)

- Trump You Orange Bawbag! (트럼프, 이 오렌지색 고환 포대야!)

- Get Out, King Fucktwaddle (따로 설명이 필요 없을 듯하다.)

스코틀랜드 출신의 어머니를 둔 남자에게 실로 엄청난 적대감이 아닐 수 없다. 만약 스코틀랜드 태생의 어머니를 둔 다른 누군가가 미국 대통령이 되었다면, 스코틀랜드는 던디나 에딘버러의 절반을 그에게 주었을지도 모른다. 경력이 풍부한 스코틀랜드의 골프 기자, 존 허건John Huggan이 한 말이다. "여기에서는 얼마나 큰 사건인지 몰라요. 스코틀랜드 피가 절반이 흐르는 대통령이라니, 맙소사. 하지만 지금은 정확히 반대의 상황에 있습니다. 그는 엄청난 미움을 받고 있죠. 나는 트럼프가 스코틀랜드에 왔으면 좋겠다고 말하는 사람을 단 한 명도 본 적이 없어요. 그는 멍청이에요. 몇몇 스코틀랜드인이 생각하는 전형적인 미국인 그 자체죠. 시끄럽고, 야단스럽고, 아주 불쾌하니까요."

스코틀랜드인이 트럼프를 싫어하는 이유 중 하나는 그가 영국에 대해 아는 것이 골프 티에 올려두어도 될 만큼 아주 적다는 데 있었다. 이를테면 트럼프는 아일랜드에 둔버그 골프장을 소유하고 있다. 2018년 7월 트럼프가 영국 제도를 방문하기 전 가졌던 기자회견에서 한 기자는 영국이 그의 방문을 앞두고 내보인 격앙된 반응에 걱정되지 않느냐고 물었다. 트럼프는 대꾸했다. "나는 영국 사람들, 그러니까 스코틀랜드, 아일랜드… 아, 당신들이 알다시피 아일랜드에는 내 재산이 있죠. 어쨌든 그들은 나를 많이 좋아해요." 한 가지 문제는 아일랜드가 영국에 속해 있지 않다는 점이었다. 영국에 속한 건 북아일랜드니까.

그의 백악관 직원들도 스코틀랜드가 어디에 있는지 잘 모르는 듯했다. 그가 스코틀랜드 서쪽 해안가에 위치한 '트럼프 턴베리' 골프 리조트를 방문하기 위해 잉글랜드를 떠나기 전, 백악관 공식 트위터는 이런 사실을 공표했다.

오늘 도널드 트럼프 대통령과 멜라니 트럼프 여사는 영국을 떠나기 전, 엘리자베스 2세 여왕과 윈저 궁전에서 차를 마셨다.

이 트윗의 한 가지 문제는 턴베리가 영국에 있다는 사실이다. 잘 생각해보자.

2016년 6월 24일—영국 브렉시트 투표 다음 날—턴베리에 있던 트럼프는 다음과 같이 트윗을 올렸다.

스코틀랜드에 막 도착했다. 이곳은 투표로 들떠 있다. 그들은 우리가 미국을 되돌려놓기를 원하듯, 그들의 나라를 돌려받기를 원한다.

한 가지 문제는 스코틀랜드의 62퍼센트가 브렉시트에 반대했다는 사실이다.

트럼프는 이후 턴베리 등대 앞에서 열린 요란스러운 개장식 기자회견 현장을 찾았다. 퀼트 차림에 백파이프를 맨 사람들의 에스코트를 받는 와중에 한 코미디언이 그에게 나치 로고가 새겨진 골프공을 던지는 돌발 상황이 일어났다.

상황은 점점 나빠졌다. 그는 미국으로 돌아와 기자들에게 자신이 브렉시트를 예상했다고 말했다. 트럼프는 여러 차례 이를 강조했다. "나는 그 전날 턴베리에 있었어요. 브렉시트가 다가오고 있음을 직감했죠." 한 가지 문제는 그가 브렉시트 투표 다음 날에 영국에 갔다는 점이다. 모든 영국 신문이 이를 증명한다.

상황은 꼬여만 갔다. 2018년 영국을 방문했을 때 트럼프는 더 크게 판을 벌였다. 그는 영국의 타블로이드 신문 〈선Sun〉과의 인터뷰에서 말했다. "나는 브렉시트를 예견했어요. 턴베리 개장식에서 리본을 잘랐는데요. 아, 그나저나 그거 아시는가? 턴베리는 모든 게 완전히 좋아졌어요. 정말 아름답죠. 여하튼 브렉시트 투표 전날에 나는 '브렉시트가 일어날 것'이라고 말했어요. 사람들은 끔찍한 이민 문제를 맞닥뜨리기 원치 않으니까 투표는 긍정적으로 흘렀죠." 그는 그 말을 반복했다.

마지막으로 노골적인 거짓말과 돌대가리 실수와 문화적 모욕이 뒤섞인 잡탕 해물탕을 완성하면서 트럼프는 말했다. "당신들이 알다시피, 나의 어머니는 여기 출신이죠. 나는 스카치예요."

한 가지 문제는 어느 누구도 '스카치위스키Scotch Whisky'[1]가 아니라는 점이다. 그들은 '스코티쉬Scottish'다.

푸른 눈의 메리 앤 맥러드Mary Anne MacLeod는 스코틀랜드 북쪽의 루이스섬에서 태어났다. '통Tong'이라고 불리던 작은 마을에 사는 소작농 부부의 열 번째 아이였다. 열일곱 살이 된 1930년, 그녀는 언니와 함께 살고자 글래스고에서 출발해 뉴욕으로 향하는 여객선 트란실바니아에 올랐다. 그녀의 형제자매 중 한 명을 제외하고는 모두 같은 방법으로—트럼프가 일컫듯—'연쇄 이민chain migration'[2]을 했다. 가정부로 일하던 그녀는 부동산 재벌이자 독일 출신의 사업가인 프레드 트럼프와 만나 1936년에 결혼했다.

하지만 무슨 이딴 일이 다 있을까? 젊은 도널드 트럼프는 이 이야기가 '더 좋게 들릴 수 있도록' 손보았다. 그는 사람들에게 이렇게 말한다. "어머니는 미국으로 휴가를 왔고, 그때 아버지를 만났죠."

트럼프의 어머니는 다섯 명의 자녀를 두었다. 메리 앤, 프레데릭 주니어, 엘리자베스, 도널드 그리고 로버트가 그들이다. 그녀는 매년 고향을 방문했고, 블루밍데일 백화점에서 구입한 아름답고 값비싼 드레스를 입었지만 여전히 스코틀랜드 게일어를 사용했다. 매년 고향을 방문하는 일은 1990년대 후반까지 이어졌는데, 트럼프는 걸음마를 막 배우던 어린 시절에 딱 한 번 동행했을

---

1   한때는 '스카치'도 스코틀랜드인을 가리키는 용어였지만, 이제 더는 그런 용도로 쓰이지 않는다. 본문에 나오는 '스카치위스키' 등 제한적인 상황에서만 쓰이므로 주의가 필요하다.

2   미국 시민권자나 영주권자가 부모나 형제 등 가족을 초청하는 이민 제도를 말한다.

뿐이다. 아마도 스코틀랜드의 강한 바람이 그의 머리 스타일을 망가뜨려서, 마치 달려드는 새빨간 오소리처럼 보일 것을 염려했을 수도 있다.

트럼프는 2006년 전까지는 스코틀랜드를 다시 찾지 않았다. 그런데 북동부 애버딘의 해안 인근에 자리한 발메디에 골프코스를 갖춘 호화 리조트를 개발하고 싶다는 마음이 그를 움직였다. 그는 메니 에스테이트라고 불리던 오래된 사격장을 1,100만 달러에 구입했다. 메니 에스테이트는 스코틀랜드에서 가장 민감한 등급인 '자연보호협회 특별지정지구SSSI'로 지정된 모래언덕으로 유명했고, 따라서 여러 환경단체는 트럼프의 계획을 듣고 격렬히 반대했다. 그들은 골프장 건설이 부서지기 쉬운 이 거대한 모래언덕을 크게 훼손할 것이라고 끊임없이 지적했다. 450개 객실을 갖춘 별 다섯 개짜리 8층 호텔과 스포츠 종합단지, 950개의 공동소유 아파트와 36개 빌라는 언급할 필요조차 없었다. 하지만 트럼프에게 달라질 것은 없었다. 그는 골프장을 원했고, 이제 그것을 얻어낼 참이었다.

그래서 트럼프는 애버딘셔 법원에서 판결이 내려지기 전날, 스토노웨이 근처에 전용기를 착륙시킨 후 사랑하는 어머니가 어린 시절을 보낸 집에서 여전히 살고 있는 사촌을 만나기 위해 찾아갔다.

96초 동안.

그는 성큼성큼 다가가 찰칵거리는 카메라 앞에서 몇 차례 손을 흔들고는 집에 들어가 한번 쓱 둘러본 뒤 재빨리 나왔다. 그러고 나서 그 시간보다 75배나 긴 두 시간 동안 기자회견을 했다. 그는 자신이 "스카치"임을 한 차례 이상 언급하며 "전 세계에서 가장 위대한 골프장"을 건설하겠다는 포부를 밝혔다. 또한 6,000명의 일자리 창출과 12억 달러 투자 등을 통해 지역 경제를 활성화하겠다고도 장담했다. 물론 말도 안 되는 수치였다. 3억 달러로 시작할 수도 있었으나, 으레 그래왔듯이 그는 자신의 방식대로 거품을 얹었다.

나중에 트럼프의 사촌, 마이리 스터랜드는 스코틀랜드의 어느 블로거에게 이렇게 말했다. "한때는 도널드 트럼프와 관련된 일에 많이 웃었어요. 그런데 지금은 그에 대해 언급하는 게 좀 꺼려져요. 그는 아주 별난 사람이죠. 당신은 그가 할 수 있는 일을 떠올리면 움찔하게 될 거예요."

"이봐요, 나도 '스카치'예요" 전략은 통하지 않았다. 2007년 11월, 법원은 그의 계획을 각하했다.

걱정할 것 없다. 트럼프는 더 높은 사람들을 만났다. 그는 스코틀랜드 자치정부 수반이자 친기업적인 성향이 짙은 앨릭스 새먼드의 신임을 얻어 저녁을 함께하기 시작했다. 〈애버딘 보이스 Aberdeen Voice〉의 기자인 수잔 캘리는 말했다. "새먼드는 트럼프의 허튼소리를 신뢰했어요. 그는 뉴욕을 왔다 갔다 하며 트럼프가 제공하는 스테이크와 랍스터를 즐겼죠. 그렇게 트럼프의 마력에 푹 빠졌어요." 1년 뒤 새먼드는 환경 운동가와 지역 주민, 애버딘셔 법원의 의견을 무시하고 트럼프가 골프 리조트를 짓도록 허가를 내주었다. 모래언덕은 지옥으로 떨어졌다.

새먼드는 그 이유를 이렇게 말했다. "북동쪽의 지역 주민 1,400명이 정규 직업을 갖게 되는 것을 포함해서 스코틀랜드 전역에 6,000개의 직업이 생깁니다. 이는 환경 운동기들의 염려보다 더 중요하게 다루어져야 하는 부분이지요."

전 세계에서 가장 위대한 골프장 건설이 시작될 참이었다.

트럼프에게 가장 먼저 필요한 것은 건축가였다.

미국인 건축가 톰 독Tom Doak의 말이다. "처음에 그는 36개 홀을 지을 생각이 전혀 없다고 했어요. '36홀을 요구했지만 사실 18홀만 허가받기를 원한다'고 내게 말했죠. 하지만 스코틀랜드 자치정부는 그에게 36홀 골프장을 허락했어요. '나는 36홀을 원한 게 아니라고!'" 따분한 "리조트" 18홀을 추가로 짓는 일은 어떤 건축가에게건 문제가 됐다. 트럼프의 문제는 그것을 반드시 지어야만 한다는 것이었고. 톰 독은 말했다. "이런저런 문제가 있었고, 그의 제안을 거절했죠." 결국 그는 다섯 번의 시도 끝에 믿을 만한 영국인 디자이너인 마틴 호트리Martin Hawtree와 계약했다.

해마다 11미터를 이동하는 큰 모래언덕을 허물고 한곳에 고정시킨다는 아이디어에 거세게 반대하던 환경 운동가의 비명과 함께 불도저들이 줄을 지어 이동했다. 트럼프는 모래의 움직임을 막음으로써 모래언덕을 보호하고 있다고 항변했다. 마치 T-본 스테이크가 소를 보호하고 있다고 말하는 것과 똑같지 않은가.

스코틀랜드의 명성 있는 디자이너인 데이비드 맥레이 키드David Mclay Kidd의 말이다. "그건 다 살아 있는 모래 조직이에요. 만약 움직이지 못하게 했다면 사실상 죽었다고 봐야죠."

키드는 알고 있었을 것이다. 그는 폴 매카트니의 소유지로 이어지는 길고 굽은 도로 끝에 닿아 있는 매크리하니쉬의 아주 민감한 모래언덕에 100년 만에 처음이자 마지막으로 골프장을 지은 건축가였다. 그들은 모래를 아주 조심스럽게 다루었고 심지어 오븐용 장갑까지 착용했다. 이 프로젝트의 미국 개발업자였던 데이비드 사우스워스David Southworth는 말했다. "우리는 무거운 장비를 일체 사용하지 않았어요. 그저 삽만 썼죠. 난초도 건드리지 않았다니까요. 환경 운동가, 지역 주민들과 협력해서 일했죠. 정말 큰 모험이었어요." 지구상에서 가장 천연 그대로의 골프장으로 불리는 매크리하니쉬 듄스는 이렇게 탄생했다. 시위자도, 소송도, 지역 주민의 반발도 없었다.

트럼프에게로 돌아가보자. 기자들은 거래를 파헤치기 시작했다. 그러자 트럼프가 메니 에스테이트에 공식적인 관심을 드러내기 전부터 그 일대를 찾아 근처에 있는 집들과 그가 생각하기에 추하다고 생각하는, 그래서 자신의 고객들에게 절대 보여주고 싶지 않은 농장들을 사들이기 위해 비밀리에 움직였다는 사실이 밝혀졌다. 그는 프로젝트 디렉터를 보내 순수한 행인인 척 가장해서 그들의 집을 팔 생각이 없는지 집집마다 문을 두드리고 묻고 다니게 했다. 하지만 어느 누구도 팔 생각이 없었다.

좋은 가격이라면 팔고 싶지 않았을까?

아니, 그들은 팔지 않았다.

트럼프는 어쨌든 메니 에스테이트를 손에 넣었고, 볼품없이

'흉측한' 집들에 대해 골똘히 생각하기 시작했다.

플랜 B. 트럼프는 변호인을 고용했고 지방정부가 집들을 사서 소유지로 이용하거나, 스코틀랜드식으로 말하면 '강제수용'해 달라고 신청했다. 그곳이 강제수용이 가능한 곳이 아니라는 점은 전혀 문제가 되지 않았다. 강제수용을 하려면 집들이 아주 많이 낡았거나, 혹은 고속도로나 공원을 가로막는 곳에 있어야 했다. 그저 그들 정원의 잡초가 보기 싫다는 이유로는 강제수용이 진행될 수 없었다. 이 안은 또다시 거부됐다. (트럼프의 홍보 담당자들은 나중에 '강제수용' 이야기는 모래언덕 주민들에 대한 동정심을 유발하기 위해 만들어진 것뿐이라고 주장했다. 하지만 유일한 문제는 스코틀랜드의 거의 모든 신문이 트럼프가 신청한 서류의 복사본을 갖고 있다는 점이다.)

플랜 C. 협조를 거부하는 사람들의 삶을 지옥으로 만들어라. 트럼프는 마이클 포브스라는 농부의 집이 '슬럼' 같고, 그는 '돼지'처럼 산다고 노골적으로 비난했다. 거기에 더해서 그는 다음과 같은 발언도 했다. "나의 어머니는 스토노웨이에서 태어났습니다. 내가 본 사람 중 가장 깨끗한 여성이죠. 티끌 하나 없이 아주 깔끔했다고요. 스코틀랜드 사람들은 다들 그럴 텐데… 아마도 그의 조상은 스코틀랜드가 아닌 다른 곳에서 온 것 같군요."

포브스는 트럼프에게 주먹을 날리지도 않았고 그를 고소하지도 않았다. 대신 그는—트럼프에게 모욕당한 사람들과 연대한다는 의미로—멕시코 깃발을 내걸었고, 트럼프에게 "본인 돈으로 엿이나 사 먹어라"라고 말했다. 오래 지나지 않아 포브스와 근처에 살던 그의 나이 든 모친, 몰리에게 수도시설 문제가 생기기 시작했다. 그녀 또한 고소하지 않았다. 대신에 그녀는 오래된 페인트 통에 빗물을 받기 시작했고 손수레로 개울가 물을 길었다. 그녀 또한 이사하지 않았다.

또 다른 이웃인 데이비드 밀른은 어느 날 눈을 뜨자 트럼프가 줄지어 심어놓은 큰 나무들과 마주했는데, 덕분에 더는 아름다운 해변이 시야에 들어오지 않았다. 또한 그는 자신의 집에서 채 1미터가 떨어지지 않은 곳에 세워진 높이 6미터, 길이 21미터의 둔덕을 발견했다. 집 양쪽으로는 새로운 펜스가 세워져 있었고, 트럼프는 그에게 3,500달러가 적힌 청구서를 보냈다. 밀른은 고소하지 않았다. 대신에 청구서를 던져버리고 멕시코 깃발을 내걸었으며 나무들이 죽기를 기다렸다. 밀른은 말했다. "트럼프는 잘못된 종을 심었어요. 시트카 스프루스(가문비나무과의 수목)는 이곳의 거센 바람과 공기를 견딜 수 없거든요." 나무들은 정말로 죽었다. 트럼프의 일꾼들은 이번에는 사이프러스(측백나무과의 교목)를 선두에 심었고, 이어서 더 많은 시트카 스프루스를 심었다. 밀른은 2018년 7월 나에게 말했다. "그 나무들도 곧 죽을 거예요. 우리는 이미 나무 사이로 바다를 보고 있고요."

그들 중 아무도 움직이지 않았다. 아니, 사실상 그들이 다른 사람들을 움직였다. 그들은 지역 주민들의 영웅이 되었다. 이 엉망인 상황을 담은 다큐멘터리—〈도널드 트럼프의 전쟁You've been Trumped〉—가 방영됐을 때 그들은 전국적인 영웅으로 우뚝 섰다. 또한 마이클 포브스는 위스키 브랜드 회사, 글렌피딕 스카치가 뽑은 "올해의 스코틀랜드인"으로 선정되었다. 이는 트럼프를 부글부글 끓게 했다. 그는 즉시 그의 모든 자회사에 글렌피딕을 금지하는 트윗을 올렸다.

> 마이클 포브스는 돼지우리에 살고, 나쁜 주류 회사인 글렌피딕은 그에게 '올해의 스코틀랜드인' 상을 수여했어요. 어디서 영 수상스러운 홍보 냄새가 나지 않나요?

그래서 글렌피딕은 꿈꾸지도 않은 홍보 효과를 누렸다.

한편 스코틀랜드는 교착 상태에 빠졌다. 약속된 시간은 다가오는데, 두 번째 코스는 아직이었다, 호텔도 없었고, 아파트도 없었고, 6,000개의 새로운 일자리도 없었으며, 12억 달러의 투자도 없었다. 트럼프는 객실 500개의 호텔을 지으려고 시도했지만 스코틀랜드 자연보존협회Scotland Natural Heritage가 2018년 늦은 여름 모래언덕 일부와 해안단구가 크게 손상되었다는 보고서를 제출하면서 전망은 어두워졌다.

앨릭스 새먼드는 멋쩍어하며 말했다. "도널드 트럼프는 자신이 약속한 것을 이행하지 않았습니다. 발메디의 가치는 10분의 1로 추락했죠."

그래도 골프코스 하나—트럼프 인터내셔널 골프 링크스, 애버딘—는 지어졌다. 만약 당신이 인테리어 디자이너가 꿈꿔왔던 것처럼 보이는 코스를 좋아한다면, 이 골프장은 꽤 괜찮다. 비가 오면 물이 차오르고 바람에 깎인다. 마치 갈색과 녹색이 씨름하는 것처럼 보이는데, 갈색이 더 앞선 상황이다. 바람에 씻기면서 당신은 100야드(91미터) 밖에서 퍼팅하는 듯한 그라운드를 따라 공을 칠 수 있다. 트럼프 코스의 잔디는 조금 많이 무성하고, 켄터키 주 지사의 잔디보다 더 녹색이다. 너무 짙어서 청록색 같다. 이곳은 쿵 소리가 나지 않는다. 휙 소리가 난다. 당신의 발은 푹푹 잠긴다.

또 다른 문제는 아무도 이곳에서 골프를 안 친다는 점이다. 나는 (스코틀랜드에 존재하는 '출입의 자유'에 따라) 이틀을 골프장에서 보냈는데, 사람을 거의 보지 못했다. 트럼프도, 경비원도 없었고 오로지 매일 포섬 게임을 즐기는 한 팀만 봤다. 그곳은 텅텅 비어 있었다. 첫 번째 이유는 너무 비싼 비용이었다. 라운드당 거의 370달러를 지불해야 한다. 두 번째 이유는 트럼프 소유라는 점이다. 골프장 건설에 반대표를 던진 애버딘셔 공직자, 마틴 포드의 말이다. "그곳에서 골프를 치고 싶은 사람이 있을지도 몰라요. 하지만 그들은 트럼프에게 돈을 건네기를 원하지 않죠."

'트럼프 애버딘'은 돈 구덩이다. 클럽이 정리한 세금 보고서에 따르면 2017년에 그들은 450만 달러 적자를 냈다. 트럼프가 채용하겠다고 했던 사람들 6,000명을 기억하는가? 골프장은 2017년에 단지 85명을 고용했다. 새먼드는 이제 트럼프를 "최악의 멍청이"라고 지칭한다.

포드는 말했다. "모든 것이 대통령 선거 캠프 때와 얼추 비슷합니다. 그는 모두를 괴롭히죠. 거짓 루머를 퍼뜨립니다. 반복적으로 선택적 진실을 만들어내요. 우리는 대통령 선거 캠페인을 지켜봤고, 그것은 트럼프가 애버딘에서 했던 짓과 같았습니다."

상황은 점점 더 나빠졌다. 트럼프는 그의 골프장에서 약 800

미터가량 떨어진 바닷가 근처에 설치된 열한 개의 전기 풍차를 보고 분통을 터뜨렸다. 그는 그것들이 너무 추해서, 손님들의 골프 라운드를 망칠 수도 있겠다고 생각했다. 게다가 풍차는 너무 시 끄러운데, 효율적이지 않고, 또 새들도 죽인다고 덧붙였다. 새먼드 는 이번에는 굳건했다. 트럼프는 풍차를 없애 달라고 비난하고, 협박하고, 애원하는 등의 내용이 담긴 열 통 이상의 편지를 새먼드 에게 보냈다. 그는 "스코틀랜드가 전 세계 투자자가 외면하는 제3 의 불모지가 될 것"이라고도 썼다. 새먼드는 꿈쩍도 하지 않았다.

트럼프는 고소했다. 그리고 졌다. 풍차들은 아직도 그곳에서 돌고 있다. 당신은 들을 수는 없지만, 해변에서 볼 수는 있다. 그 가 맞다. 풍차들은 아름답지 않다. 물론 당신이 그의 골프장에서 바다를 볼 수 없게 된 이후로, 아무 상관없는 일이 됐지만 말이다.

트럼프에게는 상관이 있었다. 그는 못마땅한 헛기침을 하며 "스코틀랜드에서 다시 사업을 할 수 있을지 의구심이 든다"라고 말했다.

2년 뒤, 그는 또 다른 스코틀랜드 코스를 샀다.

새 먹이를 던져줄 수 있는 한적한 곳에 트럼프 턴베리라는 아주 훌 륭한 골프장이 있다. 2014년 트럼프가 인수한 뒤 이전보다 두 배는 더 좋아진 곳이다. 만약 당신이 높은 곳에 우아하게 자리한 파5 길이 의 아름다운 호텔과 함께하려 한다면, 이곳은 스코틀랜드에서 가 장 좋은 골프 리조트다. 트럼프는 애버딘의 거의 모든 것을 망쳐 놓았다면, 턴베리에서는 그야말로 완벽하게 해냈다.

진정한 링크스 코스links course[3]인 턴베리는 로버트 더 브루스 성터의 바위가 많은 부근에 자리 잡고 있다. 이곳은《보물섬》,《지킬 박사와 하이드》등의 작품을 쓴 로버트 루이스 스티븐슨이 어린 시절 뛰놀았던 하얗고 노란 등대(엽서에 자주 등장하는 일명 '턴베리 등대')로 유명하다(루이스의 아버지가 등대를 설계했다). 물론 턴베리는 트럼프 이전에도 괜찮은 골프장이었다. 골프 역사상 몇몇 위대한 순간을 만들어냈다. 1977년 잭 니클라우스와 톰 왓슨이 벌인 명승부 '백주의 결투Duel in the sun'도 포함된다. 턴베리는 아름답지만, 주인 복은 없었다. 일본인, 웨스틴 호텔 체인, 아랍인 등 대부분이 이 골프장을 샀다가 되팔았다. 턴베리 클럽의 전 캡틴인 클라이브 더글라스는 말한다. "트럼프는 약속을 건네고 실제로 이행한 첫 번째 사람이었다오. 그는 [서부 영화의 주인공처럼] 들어와서 탕, 탕, 탕 일을 끝냈지. 자신이 하기로 한 모든 일을 해냈어."

뭐라고? 거짓말도 없고, 고소도 없고, 불화도 없었다고?

"그렇다오. 그런 건 전혀 없었다니까."

그의 유일한 실수는? 골프장에 자신의 이름을 넣은 것이다. 스코틀랜드에서 '트럼프 턴베리'는 프랑스에서의 '트럼프 베르사이유'와 미국에서의 '트럼프 러시모어'[4]와 같다. 이 작명은 스코틀

---

3   골프의 발상지인 스코틀랜드 링크스links라는 지명에서 유래된 것으로, 해안지대에 조성된 골프코스를 일컫는다. 바다의 영향으로 바람이 심하고 변덕맞은 날씨 때문에 좋은 스코어를 기대하기는 어렵다.

4   사우스다코타주의 블랙힐스 산지에 있는 산봉우리로, 워싱턴 등 미국 역사상 위대한 대통령 네 명의 거대한 얼굴이 조각되어 있다.

랜드 사람들을 화나게 했다. 허건의 말이다. "나는 그런 방식으로 말하고 싶지 않아요. 그 두 단어를 함께 입에 올리는 일은 없을 겁니다. 아무도 나에게 강요할 수 없다고요."

트럼프가 그 유명한 등대 로고를 자신의 고유 심벌로 바꾸고 그 위에 '트럼프 턴베리'라는 글자를 커다랗게 박았을 때, 골프장 프로 숍의 상품들은 먼지 내려앉은 컵케이크라도 된 양 팔리지 않았다. 마침내 누군가 트럼프에게 그의 이름이 적혀 있지 않던 옛날 방식으로 돌아갈 것을 설득했고, 이는 통했다. 지금 프로 숍에 가면 트럼프의 아이디어가 들어간 상품을 거의 볼 수 없다. 턴베리의 어느 직원은 말했다. "재고정리 세일 때 모두 동났어요. 나는 200파운드짜리 가방을 40파운드에 샀죠."

이것이 바로 턴베리에서 트럼프의 돈이 줄줄 새는 이유 중 하나다. 블룸버그에 따르면 트럼프 턴베리는 오직 1,200만 달러의 수익을 냈고 3,600만 달러를 잃었다. 부채는 전년도보다 두 배로 늘었다.

그것 참 안됐다. 턴베리는 트럼프 지휘 아래 아주 많이 좋아졌다. 등대를 보라. 이는 9홀 티박스에 마치 멜라니아처럼 우아하고 외롭게 서 있었다. 그곳에는 지금 9번 홀과 10번 홀 사이에 멋진 그늘집[5]이 있고, 2층에는 두 개의 고급 게스트 스위트룸도 있다. 나는 2018년 7월 트럼프가 영국 총리 테리사 메이와 가졌던

---

5   전반 9홀과 후반 10홀 사이에 음료수나 간단한 음식 등을 파는 쉼터를 의미한다.

혼란스러운 만남 이후 트럼프 턴베리에 도착한 날, 그 현관에 앉아 있었다. 에릭 트럼프가 주말 동안 스위트룸에 머문다는 소문도 돌았다. 포탑 위에는 저격수가 있었다. 나는 내가 아는 어떤 사람을 보기도 했다. 핵 공격을 명하는 코드가 담긴 '핵 미사일' 가방을 드는 대통령의 군 보좌관 키스 토머스였다. 그러나 그는 가방이 아니라, 레모네이드만 들고 있었다. 그는 클라이드만과 저 멀리 까물거리는 북아일랜드를 바라보며 감탄하고 있었다.

"혼자 보기 아까운 전망이지요." 나는 말했다.

그는 벌떡 일어나 거의 경례를 했다. "네, 선생님. 맞습니다! 저는 이곳에 처음 왔습니다."

나는 그에게 그의 보스가 전용 헬기 '마린 원'을 타고 오는지 물었다. 그는 답했다. "아닙니다, 선생님. 스코틀랜드에 조용히 오기 위해, 자동차 행렬로 들어올 겁니다."

글쎄, '조용히'는 보는 사람의 기준에 달렸겠지. 트럼프는 아마 프레스트윅 공항 근처에 '에어포스 원'을 착륙시켰을 것이다. 그의 리무진 '더 비스트'와 다른 경호 차량이 실린 C-17, 기자와 공직자로 가득 찬 세 번째 비행기, 거기에 군용 전투기 한두 대 등과 함께 말이다. 이곳에 도착했을 때 그들은 또한 에릭 트럼프의 헬리콥터가 **트럼프**라는 큰 글자가 새겨진 호텔 잔디밭에 멋지게 주차된 모습도 발견할 것이다.

나는 토머스에게 언제나 대통령과 함께하는 간이화장실 크기의 컨테이너에 대해 묻지 않을 수 없었다. 만약 상황이 위험해지면 그를 밀어 넣을 수 있는 작은 방탄 요새였는데, 결국 나는 참지 못하고 물었다. "그 안에 음식과 물이 있나요?"

그는 웃으면서 답했다. "흠, 저도 모릅니다, 선생님. 하지만 당신을 위해 알아봐 드리겠습니다."

그래, 좋아. 내일 아침 제일 먼저 알려달라고.

나는 그에게 다음 날 예정된 반反트럼프 시위를 어떻게 생각하는지도 물었다. 이미 그날 아침, 정문 도로에는 '당신은 여기에서 환영받지 못한다'는 문구가 걸려 있었다. 더불어 에든버러, 글래스고 그리고 물론 애버딘과 발메디를 포함해 스코틀랜드 곳곳에서 크고 작은 시위가 예정되어 있었다.

토머스는 대답했다. "제 생각에는 괜찮을 듯합니다. 스코틀랜드 사람들은 아주 친절하니까요. 심지어 시위자들도 친절하죠. 그들을 미워할 수는 없습니다."

그의 말이 맞다. 스코틀랜드에서 시위는 소풍보다 한 단계 아래다. 2016년의 언제인가, 재니 고들리라는 코미디언이 턴베리 호텔 앞에서 여성의 성기를 의미하는 속어에 빗대서 트럼프를 욕하는 푯말을 들고 꼬박 일주일간 자리를 지켰던 일이 있다. 호텔 직원은 매일 그녀에게 점심과 차를 대접했다. 한번은 춥고 비 오는 겨울, 어느 남자가 반트럼프 푯말을 들고 계속해서 골프장 앞 거리를 오갔다. 골프장 내부의 가방 보관실에 있던 어떤 이는 그를 안으로 들게 해 몸을 녹이게 하고 치즈버거도 대접했다.

그날 초저녁, 자동차 행렬이 도착했다. 곳곳에 경호가 삼엄했다. 트럼프가 단골 고객, 가족들과 함께 호텔 앞 계단에서 사진을 찍고 있던 때였다. 그린피스 시위대가 날린 패러글라이더가 10미터도 안 되는 높이에서 그를 향해 날아갔다. 도대체 어떻게 군과 비밀경호대, 보안 항공기를 통과했을까. 패러글라이더는 '기준에 한참 못 미치는Well Below Par'이라는 문구가 적힌 현수막을 달고 있었다.

그곳에 서 있던 세인트루이스 출신의 미국인 팀 사이즈는 나중에 이 일을 두고 다음과 같이 말했다. "믿을 수 없었죠. 그는 우리 바로 위에 있었어요. 나는 저격수가 그를 쏠 것이라고 생각했습니다. 폭탄이나 총 등을 가졌을 수도 있으니까요. 하지만 그들은 아무 행동도 취하지 않았죠. 그는 잠시 후 그냥 날아가 버렸어요. 우리는 한 경호원에게 쏘지 않은 이유를 물었습니다. 그는 '미국이었다면 그렇게 했겠지만, 스코틀랜드에서는 안 된다'고 답했어요."

긴 침묵이 흐른 후, 경호원들은 트럼프를 호텔 안으로 급히 들여보냈다. 그곳에 있던 복수의 관계자에 따르면 트럼프는 그의 아내에게 깃발에 적혀 있던 문장이 무엇인지 물었다.

멜라니아가 말해주자 트럼프는 기뻐하며 말했다. "아주 좋아! 나는 파 아래로 치기를 원하니까!"

그린피스 시위대는 골프를 즐겨 치지 않는다.[6]

다음 날 토머스가 예상한 대로 사방에 시위대가 있었다. 그들은 스코틀랜드 전역에 걸친 양떼 목장과 도로 그리고 모든 곳에 자리했다. 닉슨 이후 미국 대통령에게 보여주지 않았던 분노를

---

6   골프에서 'below par'는 언더파를 친다는 뜻이다.

가득 품은 채 말이다. 그들은 심지어 발메디의 모래밭으로 트럼프가 날아오기를 바라면서 메시지('푸틴의 계집')를 적어두기도 했다. 그는 발메디로 가지 않았다.

골프 라운드를 시작하려 했을 때 트럼프는 시위대를 보았다. 그들은 트럼프에게 "인종차별주의자!", "비열한 새끼!" 그리고 "얼간이!"라고 소리쳤다. 그때 그가 보인 반응은 어땠을까? 그는 마치 팬들을 대하듯, 손을 흔들었다. 힘차게 인사도 건네면서.

인정하자. 이 남자는 영리하다.

보통 때와 다름없이 트럼프는 그날도 카트를 타고 골프를 쳤다. 트럼프는 항상 카트를 탔다. 한 가지 문제는 애버딘과 턴베리에서 골프 카트를 타려면 의사 서명이 담긴 진단서가 있어야만 한다는 점이었다. 그들은 당신이 걷기를 원한다. 그리고 그곳에 카트를 탄 그가 있었다.

다른 많은 사람들과 시위대 그리고 언론 기자가 주위에 있었음에도 트럼프는 부정행위를 했다. 스코틀랜드 사진기자인 스튜어트 월리스는 말한다. "2번 홀 페어웨이에서 그를 찍고 있었어요. 그런데 경호원이 그의 공을 러프 밖으로 차는 것을 봤죠. 그는 트럼프의 꽁무니를 졸졸 쫓아다니더군요. 트럼프의 드라이브샷이 러프로 가자 그는 카트에서 나와 짧은 물체로 공을 쳤어요. 믿을 수 없었습니다."

나중에 턴베리의 캐디는 나에게 이메일을 보냈다. 그는 이전에는 트럼프의 경기를 본 적이 전혀 없었다. "트럼프는 벙커에서 탈출하기 위해 네다섯 번 공을 치다가 실패한 뒤, 손으로 그린 위에 던졌어요."

다음 날 트럼프 곡예단이 떠난 뒤 텍사스 출신의 극성 트럼프 지지자가 턴베리를 찾았다. 그는 첫 번째 티샷에 앞서 약 30미터 높이의 기둥에서 펄럭이는 깃발을 보고 코를 찡긋했다. 별들과 줄무늬가 있는 미국 성조기를 기대했으나 보이지 않았고, 그곳에는 오직 하얗고 파란 스코틀랜드 국기만 있었다.

"저기요." 그 텍사스 사람이 캐디에게 물었다. "저게 뭐 새로운 트럼프 깃발이나 그런 것인가요?"

그에게 시간을 주자.

7

★★★★★

싸구려는
싸구려처럼 군다

나는 무조건 완벽만을 추구한다.

－도널드 J. 트럼프

트럼프는 단지 정치 문외한만이 아니다. 그는 골프 문외한이다. 그가 어떻게 경기하는지는 잊어버려라. 경기의 가장 단순한 예의, 영원불멸의 에티켓을 말할 때도 트럼프는 아예 다른 행성에서 온 듯하다.

예를 들어 라운드를 끝내고 악수를 주고받을 때, 보통은 신사적으로 모자를 벗는데 그는 한 번도 그렇게 한 적이 없다. 그는 클럽하우스에서도 모자를 벗지 않는데 이는 약간 건방진 일이다. 그는 티박스 위에 있는 명패가 누구를 기리는지도 신경 쓰지 않는다. 그는 가장 먼저 티박스에 서서 친다. 그는 당신이 '아름다운 패자'라고 부를 만한 사람도 아니다.

〈로스앤젤레스 타임스〉에서 미식축구를 담당하는 기자, 샘 파머의 말이다. "전에 트럼프와 경기한 적이 있어요. 사실 내가 이 겼고 10달러를 땄죠. 그는 나에게 5달러 지폐 두 장을 건넸는데, 손을 놓지 않더군요. 그래서 거의 잡아당겼죠. 돈이 찢어지는 줄 알았다니까요. 마침내 내 손에 10달러가 들어왔을 때, 그는 떠나 면서 말했습니다. '괜찮아요. 나는 슈퍼모델 여자 친구가 있고 내 소유의 727 항공기가 있으니까요. 그러니 나는 괜찮아요.'"

트럼프가 윙드 풋에서 어느 남자에게 50달러를 잃은 유명한 이야기가 있다. 트럼프는 그때 애석하게도 현금을 가지고 있지 않다고 말했다. 그러자 남자는 대꾸했다. "괜찮아요. 수표를 받으 면 되니까요."

트럼프는 그에게 수표도 없다고 말했다. 호락호락하지 않았던 남자는 말했다. "괜찮아요. 내가 은행 어음을 가지고 올게요." 남 자는 차를 타고 가서 50달러짜리 은행 어음을 가지고 왔고, 트럼 프는 서명했다. 몇 주 뒤 그 남자를 다시 본 트럼프는 화를 냈다.

"당신, 내 수표를 현금으로 바꾸었군요!"

"물론 그랬죠."

"아무도 내 수표를 현금으로 바꾼 적이 없어요. 그들은 내 서 명이 있는 수표를 사진틀에 넣어 보관한다고요!"

바로 이 사람이 그린 위로 골프 카트를 모는 것으로 유명한 남자다. 반복한다. 그는 그린 위로 카트를 몬다. 트럼프 베드민스 터에서 그가 그렇게 하는 영상이 있다. 골프에서 이는 가장 불경 스러운 짓이다. 그린 위로 카트를 모는 일은 바티칸의 시스티나 성당에 빨래를 너는 것과 같다. 그린은 부드럽고 섬세하다. 캐디들은 그들의 골프백조차 그린 위에 올려놓지 않는다. 그린 위에서 카트를 몰면 완벽한 표면에 타이어 자국을 남기는 까닭에 상대 골퍼의 퍼트 라인을 망가뜨릴 수 있다. 당신 뒤에 있는 골퍼 100명의 퍼트는 말할 것도 없고. 나는 정치적으로 100퍼센트 트럼프를 지지하지만, 그가 그린 위에서 한 행동 때문에 다시는 표를 주지 않겠다고 맹세하는 사람들을 만났다. 한 여성은 말했다. "그것은 반칙행위예요!"

트럼프 도랄의 회원이었던 조 산틸리는 말한다. "그는 도랄에서 늘 그랬어요. 대여섯 명의 사람들과 함께 와서는 허락도 구하지 않은 채, 우리 앞을 요란하게 지나갔죠. 그리고 글쎄, 그린 바로 위로 카트를 몰았다니까요."

아마 당신은 이렇게 말할지도 모르겠다. 자기 골프장이니까 원하는 대로 할 수 있겠지. 하지만 적정선이라는 게 있다. 그린 위로 카트를 모는 행위는 국립공원 세 개를 넘어갔을 만큼의 선을 넘은 것이다. 친구가 당신을 저녁 식사에 초대한다고 해서, 그가 반쯤 열린 목욕 가운을 입고 술에 취한 채로 침실에서 나와 당신 아내의 무릎 위에 털썩 앉아도 된다는 것을 의미하지는 않으니까 말이다.

베드민스터의 내부자가 한 말이다. "그는 카트로 티박스를 지나치기도 합니다. 가능한 한 적게 걸으려고 하죠. 카트에서 내려가 약 60센티미터를 걷고, 치고, 다시 카트로 돌아오니까요."

그렇게 해서는 만 보 걷기도 힘들겠다.

셰프들은 별을 더 얻기 위해 미슐랭에 전화하지 않는다. 배우들은 오스카상을 받을 자격이 있다고 말하려 TV에 출연하지 않는다. 그리고 골프장 개발업자들은 '골프코스 톱 100 리스트'를 구걸하지 않는다.

트럼프만 빼고. 트럼프는 골프장을 평가하는 잡지들에 구걸하고, 협박하고, 못살게 군다. 자신이 받은 평가가 마음에 들지 않으면, 그는 잡지에서 그 부분을 찢어내—유성 펜으로 "부정직하다!"라고 쓰는 식으로—불쾌한 마음을 휘갈겨 편집자에게 우편으로 부칠 것이다.

1999년 첫 골프장인 웨스트팜비치의 트럼프 인터내셔널을 개장한 이후, 그는 늘 칭얼거리고, 로비를 하고, 끊임없이 거짓말을 해왔다. 골프장 순위가 높을수록 회원비와 이용 요금을 더 많이 받을 수 있기 때문이다. 하지만 골프장 순위는 '트럼프 범프'를 할 수 없고, 이런 사실이 그를 미치게 한다.

예를 들어, 그는 트럼프 로스앤젤레스가 페블비치보다 낫다고 거듭 말해왔다. 당신도 알다시피, 지금 페블비치는 세계에서 가장 아름다운 골프장 중 하나로 누구나 이 사실을 인정하고 있다. 페블비치는 수백 번이나 순위에 올랐다. 이곳은 다섯 차례 US 오픈을 개최했고 잭 니클라우스, 톰 왓슨, 타이거 우즈 등이 이 대회에서 우승했다. 많은 투어 골퍼에게 페블비치는 만약 오직 한 라운드만 허락된다면 고민할 필요 없이 선택하고 싶은 곳이다. 그러니 트럼프 로스앤젤레스가 페블비치보다 낫다고 말하는 것은 지독한 헛소리라고 할 수 있다.

물론 트럼프 로스앤젤레스는 태평양의 환상적인 경치를 품고 있다. 하지만 그뿐이다. 세계적인 코스 설계가 바비 존스 주니어는 "트럼프 로스앤젤레스는 소시지 한 접시"라고 말했다. 골프 디자인 언어에서 '소시지 한 접시'는 마치 누군가 소시지를 같은 방향으로 눕히고 접시에 담은 것처럼, 코스가 생겼다는 뜻이다. 나는 그곳에서 골프를 친 적이 있는데, 한 번으로 족했다. 열일곱 개 홀은 마치 당신이 신병 훈련소 행진에 참가한 것처럼 느낄 때까지 바다와 평행하게 앞뒤로 계속해서 이어져 있다. 오로지 1번 홀 하나만 수직으로 되어 있다. 톰 독은 말한다. "도널드 트럼프를 제외하고는, 세계에서 어느 누구도 그의 코스가 페블비치보다 낫다고 생각하지 않죠."

아주 터무니없는 일이지만, 트럼프 로스앤젤레스에서는 페블비치의 로고를 보는 것조차 좋아하지 않는다. 농담이 아니다. LA 골프 마케터 로버트 워드의 말이다. "한번은 페블비치 셔츠를 입고 그곳에 갔는데 수석 매니저가 '셔츠를 갈아입을 방법이 없는지' 내게 묻더군요. '트럼프 대통령이 그 로고를 보는 것을 정말 좋아하지 않는다'라면서요. 농담이 아니에요. 심지어 트럼프는 주변에 있지도 않았다고요."

트럼프는 와튼스쿨 토론 팀에 속했던 적이 없지만, 그의 골프장을 치켜세울 때 몇 가지 능수능란한 속임수를 쓴다. 이를테면, 거짓말을 할 때 그는 적을 자신의 편에서 공모하게 함으로써 이를 부풀린다. 그가 뉴저지 파인 힐에 있는 트럼프 필라델피아 코스에 대해 했던 말을 보자. 트럼프 필라델피아는 현재 전 세계에서 으뜸으로 꼽히는 파인 밸리에서 10분가량 떨어진 곳에 위치한 불운을 안고 있다. 이는 배우 페넬로페 크루즈의 배다른 자매가 되는 것과 같다. 그래도 트럼프는 계속해서 얘기했다. "이곳은 파인 밸리보다 더 낫지는 않더라도 비슷하게 좋습니다. 나는 정말로 그렇게 믿죠. 많은 사람들도 그렇게 말하고요. 그리고 당신이 이곳에 온다면 당신 또한 그리 말할 거예요. 누구나 그럴 거라고요."

(이 대목에서 골퍼들이 일제히 이마를 칠 수 있도록, 잠시 숨을 고르자.)

나는 트럼프 필라델피아에 갔었고, 절대, 절대, 절대로, 수백만 번 강조하지만 트럼프의 말은 사실이 아니다. 그곳은 파인 밸리와 같은 은하계에 있지도 않다. 〈골프 다이제스트〉가 골프장 코스에 순위를 매기기 시작한 이래 어떤 골프장도 파인 밸리만큼 수차례 1위를 차지한 적이 없다. 하지만 트럼프 필라델피아는 톱 200에도 든 적이 없다. 이곳은 뉴저지주에서조차 톱 15 안에 못 들었다.

"같은 흙이잖아!" 트럼프의 주장이다.

매수자: 왜 미드타운의 헬스 키친이 맨해튼의 파크 애비뉴만큼 가격을 받아야 하죠?
트럼프: 같은 흙이니까!

트럼프의 친구 톰 파지오조차 이 부분에서는 키득거린다. "그는 기자들에게 '사람들이 트럼프 로스앤젤레스가 파인 밸리보다 낫다고 한다'고 말해요. 하지만 그렇게 말한 사람들이 누구인지는 밝히지 않아요. 당신은 그들이 누군지 아나요? 바로 캐디처럼 트럼프의 곁에서 그를 위해 일하는 사람들이죠. 트럼프가 '이봐, 마리오. 이곳이 파인 밸리보다 낫다고 생각하지 않아?'라고 물으면 마리오는 '오, 네! 훨씬 낫죠!'라고 말할 거예요. 그럼 트럼프는 정말로 그 말을 믿을 거고요. 그는 자신이 하는 말을 듣고는 머지않아 완전히 그것을 믿어버리는 사람이니까요."

이렇게 생각해보자. 트럼프는 트럼프 로스앤젤레스에 계속해서 로커룸을 갖고 있다. 하지만 나와 이야기를 나눈 회원과 직원들에 따르면 2015년 이후 트럼프는 그곳을 찾은 적이 없다. 전 세계에서 1위를 차지한 골프장보다 나은 곳이라면, 언제건 다시 스윙을 하고 싶지 않을까?

다른 골프장이 그의 골프장보다 높게 순위가 매겨지거나, 그의 골프장이 순위 리스트에 들지 못할 때 트럼프의 두뇌는 요동친다. 그는 자신의 코스가 순위 리스트에 없는 이유에 대해 사람들에게 이렇게 말하곤 한다. "평가위원을 골프장에 오지 못하게 했거든요. 나는 회원들이 골프 치는 중에 방해받기를 원치 않는답니다." 하지만 순 거짓말이다. 사실 그는 리스트에 오르고 싶어 안달이 나 있다. 이것은 그가 통제할 수 없고, 날조할 수 없고, 돈으로 살 수 없는 게임이다. 그래서 그는 잠을 설친다.

2014년 3월의 어느 날 밤, 〈골프위크Golfweek〉의 편집자이자 기자인 제프 바비뉴Jeff Babineau는 그의 집으로 걸려온 전화 한 통을 받았다. 트럼프가 진행하는 골프 사업의 오른팔, 래리 글릭이었다. 그는 트럼프가 5분 후에 전화할 것이라고 전했다. "그 전화를 받아요." 글릭은 지시했다.

트럼프는 잔뜩 성이 난 채로 전화를 걸었다. 〈골프위크〉에는 두 개의 순위 리스트, 즉 '톱 100 클래식'(1960년 이전)과 '톱 100 모던'(1960년 이후)이 있다. 트럼프의 도랄이 새로운 변신을 막 마쳤을 때, 〈골프위크〉의 평가위원 700~800명도 평가를 막 끝낸 참이었다. 하지만 트럼프는 〈골프위크〉에 마감 시간을 늦춰줄 것을 애원했고, 그들은 그렇게 했다. 국내 최대 골프 개발업자 중 한 명에게 호의를 베풀고자 평가자 그룹은 급히 움직였다. 서둘러 평가에 나선 그들은 트럼프가 "플로리다에서 가장 좋은 골프장"이라고 말하는 것을 듣고 경기를 한 뒤, 함께 협의해서 '톱 100 모던' 리스트에서 99위에 도랄을 올렸다. 미국에는 1만 5,000개 이상의 골프장이 있고 톱 100 안에 든다는 것은 정말 좋다는 뜻이다. 하지만 도널드 트럼프는 좋은 것만으로 충분하지 않았다. 그는 99위라는 이야기를 듣고 부글부글 끓었다.

따르릉, 따르릉.

"여보세요?" 바비뉴는 전화를 받았다.

"도랄을 당신네 순위에서 빼주시오!" 관례적인 전화 인사말은 생략한 채 트럼프가 소리를 질렀다. "지금 당장 빼라고요."

"트럼프 씨인가요?"

"그렇소, 당장 빼시오."

"음, 우선 이미 인쇄가 끝났습니다. 다음 호에 실릴 예정이지요." 바비뉴가 설명하려 애썼다.

"도랄은 순위에서 빠질 필요가 있습니다. 빼세요." 트럼프는 주장했다.

바비뉴는 그렇게 할 수도 없고, 하지도 않을 것이라고 답했다. 그러자 트럼프는 순위를 담당하는 〈골프위크〉의 기자, 브래들리 클라인에 대해 불평하기 시작했다.

"클라인은 정말 멍청하군. 당신은 순위 담당을 바보에게 맡긴 겁니다."

트럼프는 요청보다는 명령에 가깝게 이를 주장했다. 도랄은 순위에서 빠져야만 했다. 왜냐하면… 그냥 빠져야 하니까. 그는 〈골프위크〉에서 그의 모든 광고를 뺄 수 있다는 언질을 주었다. 그리고… 또 무슨 일이 있을지 누가 알겠는가?

바비뉴는 마침내 한숨을 쉰 뒤 말했다. "그렇다면 모든 트럼프 골프장을 순위에서 빼기를 원하시는 것이죠? 맞습니까?"

"또 뭐가 있는데?"

"글쎄요, 하나만 예를 들면 트럼프 인터내셔널 스코틀랜드는 영국과 아일랜드의 모던 순위에 있습니다."

"몇 위에 올랐죠?"

"1위입니다."

잠시 침묵이 흘렀다.

"그럼, 적어도 어떤 것은 옳군요."

도랄은 그대로 99위에 머물렀다.

트럼프에게 오랫동안 고통을 받은 클라인은 이제 단련이 됐다. "그는 8~9년 전부터 나에게 전화를 걸기 시작했어요. 피닉스에서 운전 중이었는데, 도널드는 별안간 전화를 걸어 다짜고짜

소리를 치더군요. 트럼프 내셔널 베드민스터의 올드 코스 순위가 충분히 높지 않다는 게 그 이유였습니다. '최고의 골프장을 못 알아본다', '여기보다 낮고, 저기보다 낫다'는 등 쉬지 않고 고함을 질러댔어요. 어느 시점에서 그는 '내가 무엇을 해야 하는지 모르겠다. 하라는 일은 무엇이든 다 할 것이다. 당신이 원한다면, 편집자에게 전화를 걸어 광고를 줄 수도 있다'라고 했어요."

클라인은 마침내 이렇게 말하며 전화를 끊어버렸다. "트럼프 씨, 저는 더는 이 대화를 이어갈 수 없겠네요. 당신은 해고입니다 You're fired.[1]"

트럼프는 편집자로부터 원하는 것을 얻지 못할 때는 마케팅 부서 사람들을 옥박질렀다. 익명을 요구한 한 골프 잡지 판매원의 말이다. "트럼프는 말했어요. 만약 1등이 아니라면 리스트에 남을 이유가 없다고요. 그는 '트럼프 골프장은 너무 독보적이어서 순위를 매길 수 없다'라고 했습니다. 순위를 매기지 말라는 거였죠. 한번은 말했어요. '내 골프장을 1위로 만들어준다면 당신은 더는 일할 필요가 없을 텐데요.' 나는 대답했습니다. '음, 저는 내일도 출근해야 할 거예요. 전혀 가능성이 없는 일이니까요.'"

만약 트럼프 골프장을 순위 1위에 올리는 데 단순히 동의한다면, 당신은 그와 정말 잘 지낼 수 있을 것이다. 한번은 트럼프 워싱턴에 대해 이야기를 나누던 중 그는 〈골프 다이제스트〉의 데이비드 오언에게 이렇게 말했다. "우리 골프장이 콩그레셔널(두

---

1   트럼프가 리얼리티 TV 프로그램에서 자주 했던 말이다.

차례 US 오픈을 개최했던 워싱턴의 유명 골프장)을 원래 존재하지도 않았던 것처럼 날려버렸죠. 사람들은 두 골프장이 경쟁조차 되지 않는다고 말해요."

콩그레셔널은 〈골프 다이제스트〉가 미국 코스 중에서 80위로 순위를 매긴 곳이다. 트럼프 워싱턴도 괜찮긴 하지만, 순위에는 없다. 톱 200 골프장 순위에조차 없다. 버지니아주 톱 10 골프장에도 이름을 올리지 못했다. 트럼프가 맞다. 둘은 경쟁조차 되지 않는다.

한번은 트럼프가 "플로리다주에서 제일 으뜸가는 골프장"인 웨스트팜비치의 트럼프 인터내셔널에서 골프를 친다고 트윗을 올린 적이 있다.

흠, 아니지. 나는 지금껏 트럼프 인터내셔널이 플로리다주 최고의 골프장으로 꼽힐 만큼 평판이 좋았던 순위를 본 적이 없다. 플로리다주에는 훌륭한 골프코스가 아주 많아서 그들 자체의 순위도 경쟁이 치열한데, 트럼프 인터내셔널은 최고의 파5 홀조차도 갖고 있지 않다. 예를 들어 세미놀은 플로리다의 보석이고, 주 안에서 타의 추종을 불허한다. 미국 내에서는 12위에 올라 있다. 절대 잊지 못할 TPC 소그래스(스타디움)와 최초의 아일랜드 그린은 49위다. 나는 계속해서 이름을 댈 수 있다. 오랜 기간 PGA 투어 스타였던 마크 캘커베키아Mark Calcavecchia는 말했다. "나는 플로리다 남부에서만 트럼프 인터내셔널보다 나은 스물다섯 개의 골프장 이름을 댈 수 있어요. 트럼프 인터내셔널에는 아무런 문제가 없지만, 놀라운 장점 또한 없다는 게 문제죠." 〈골프 다이제스트)는 트럼프 인터내셔널을 156위에 올렸다.

확실하게 해두자면, 트럼프는 몇몇 괜찮은 골프장을 갖고 있다. 트럼프 베드민스터는 아주 좋다. 이곳은 이미 US 여자 오픈을 개최했고, 2022년에는 메이저 대회인 PGA 챔피언십을 개최할 예정이다. 스코틀랜드의 트럼프 애버딘은 비록 링크스 코스의 서자 같지만, 그럼에도 볼 때마다 깜짝 놀라게 하는 점이 있다. 턴베리는 트럼프의 소유가 된 뒤 더 좋아졌다. 최근 들어 브리티시 오픈 일정이 잡히지 않는 것이 미친 짓처럼 보일 정도다.

문제는 트럼프가 그의 골프장이 모두 굉장하다고 주장하는 데 있다. 트럼프는 "내 골프장은 모두 훌륭하다"라고 말한 적이 있다. 정말로? 왜냐하면 당신이 트럼프 허드슨 밸리를 말한다면, 이는 허드슨이라는 이름이 붙은 골프장 중에서도 최고가 아니다(허드슨 밸리는 81위다). 만약 당신이 트럼프 콜츠 넥에 대한 말한다면, 그곳은 단지 화려한 클럽하우스와 비싼 회비를 가진 퍼블릭 골프장일 뿐이다. 만약 당신이 아일랜드 둔버그를 말한다면, 당신은 아일랜드 사람들의 표현대로 "아주 멍청한 것이다."

코스 평가위원들은 인터뷰가 허락되지 않았지만, 나는 미국 내 주요 골프 잡지의 평가위원을 만나 왜 트럼프의 국내 골프장이 그들에게 인상적이지 않았는지 물어보았다.

어떤 이는 말했다. "대부분 '파지오'식의 아주 지루한 골프장이니까요. 톰 파지오건, 짐 파지오건, 혹은 조카인 토미 파지오건 상관없죠. 하지만 문제는 트럼프가 그것을 원했다는 데 있어요. 그는 과격주의자입니다. 더 커야 하고, 더 좋아야 하고, 폭포도 있어야 하니까요. 또 다른 문제점은 골프장의 위치가 흥미롭지 않다는 겁니다. 그래서 밴든 듄스나 프라이어 헤드처럼 새롭고 독특한 골프장이 생기면 평가위원들은 크고 지루한 골프장부터 목록에서 밀어내죠. 그의 코스를 본다면, 누구나 마땅히 그렇게 생각할 거예요. 도랄은 지금 오로지 투어 전용으로 쓰이죠. 트럼프 주피터는 플로리다에서 가장 좋은 그의 골프장이지만 뭔가 부족해요. 트럼프 필라델피아는 쓰레기입니다. 너무 가파르거든요. 샬럿, 워싱턴, 허드슨 밸리, 콜츠 넥에 있는 그의 골프장은 모두 하품만 나고요. 트럼프 로스앤젤레스를 위해서는 수많은 평가위원을 초청했지만 역효과만 가져왔어요. 그곳은 진짜 똥덩어리니까요. 참, 트럼프 페리 포인트는 정말 좋은 퍼블릭 골프장입니다(《골프 다이제스트》 '퍼블릭 골프장 톱 100'에서 95위). 그러나 다른 골프장은 말도 안 되죠."

여러 골프장 리스트가 있다. 우리가 봤다시피, 때때로 트럼프의 골프장은 스스로 길을 찾아낼 것이다. 베드민스터가 처음 리스트에 올랐을 때 언론 행사가 있었고, 당시 사장이던 애슐리 쿠퍼는 기자들 앞에 섰다. 멋들어진 여름 슈트를 입은 그는 자랑스러운 표정으로 잡지 〈골프Golf〉의 미국 골프장 순위에서 곧 베드민스터가 47위에 이름을 올릴 것이라고 밝혔다. 쿠퍼는 자부심으로 가득 차 있었다. 그러자 트럼프가 앞으로 나서며 투덜거렸다. "애슐리는 우리가 47위라는 사실이 기쁜 것 같네요. 하지만 내 기분은 정말 별로예요."

언젠가 트럼프는 골프장 순위를 매겨달라는 요청을 받은 적이 있다. 그가 생각하기에 미국 골프장 중 '톱 10'은 어디일까? 다음을 보자.

1. 트럼프 베드민스터
2. 윙드 풋
3. 트럼프 웨스트체스터
4. 트럼프 웨스트팜비치
5. 오거스타 내셔널
6. 사이프러스 포인트
7. 트럼프 로스앤젤레스
8. 오크몬트
9. 트럼프 필라델피아
10. 페블비치

뭐라고? 트럼프 페리 포인트는 어디 갔을까?

트럼프의 '순위를 좋게 하는 전략'에는 두 가지 측면이 있다. 1) 그의 골프장이 가진 위대함에 대해 거짓말해라. 2) 다른 이들의 골프장을 찢어발겨라.

자세히 알아보자.

오리건의 밴든 듄스는 미국에서 가장 완벽한 골프장이다. 숨막히는 절벽, 파도, 모래언덕을 배경으로 황무지에 세워진 이곳에는 사람들을 깜짝 놀라게 하는 아름다움이 있고, 야외 벽난로 근처에서 즐기는 스테이크와 위스키, 시가가 있다. 또한 카트 없이 캐디만 있다. 미국 최고의 파3 코스가 있고, 벤 크렌쇼와 빌 쿠어가 디자인한 보석 같은 13번 홀도 있다. 더불어 축구장 크기의 퍼팅 코스인 펀치볼이 있으며, 당신이 내기를 하거나 웃거나 또 환상적인 일몰을 감상할 때 칵테일을 가져다주는 긴 가운을 입은 웨이트리스가 있다.

트럼프는 밴든 듄스가 "광대한 황무지"에 있다면서 혹평했다. 애버딘과 턴베리에 비하면 이곳은 "장난감"이라고 했다. 장난감. 밴든 듄스의 네 개 코스는 모두 〈골프 다이제스트〉의 '2019~2020 미국 톱 100' 안에 들었다. 퍼시픽 듄스는 17위, 밴든 듄스는 36위, 올드 맥도널드는 50위 그리고 밴든 트레일스는 69위다. 가장 최근에 발표된 목록에서 트럼프의 골프장은 단 한 곳도 순위에 들지 못했다.

하지만 여기 흥미로운 사실이 있다. 모든 면을 종합했을 때, 트럼프는 밴든 듄스에 간 적이 한 번도 없다. 건축가 톰 독의 말이다. "그곳에 있는 수많은 친구들에게 알아봤지만, 그들 중 누구도 트럼프가 밴든 듄스에 갔다는 말을 들은 적이 없었죠." 나도 마찬가지다. 나는 1년에 한 번 밴든 듄스에 가는데 거기에서 일하는 지인들은 한 번도 트럼프를 본 적이 없다고 말했다. 밴든 듄스의 홍보국장 마이클 추프카는 "트럼프가 이곳에 왔다는 어떤 기록도 없다"라고 밝혔다.

독은 한발 더 나아갔다. "트럼프를 알고 있는 지인에게 연락해, 다음에 그를 만나면 밴든 듄스에 간 적이 있는지 물어봐달라고 부탁했죠. 얼마 후 친구에게서 연락이 왔는데, 도널드가 그곳에 간 적이 없다고 답했다더군요. 다만 그의 친구 몇몇이 갔었고, 그들은 애버딘만큼 좋은 곳은 없다고 도널드에게 말했다고 해요. 이걸로 당신의 궁금증이 해결되었으면 좋겠네요.”

트럼프는 친구들과 골프 여행을 가지 않는다. 그리고 그는 북동부나 플로리다, LA에 말고는 골프장을 거의 짓지 않는다. 국내에서 이 지역 밖에 자리한 트럼프의 골프장은 단 한 곳, 샬럿밖에 없다. 그런데 샬럿에 사는 누구라도 트럼프가 그곳에 간 적이 거의 없다고 말할 것이다. 당신은 아마 이렇게 말할지도 모른다. 2018년 여름 그곳에서 있었던 집회에서 트럼프가 그의 골프장을 두고 “현재로서는 세계에서 가장 큰 인공호수를 가지고 있다”라고 말했다는 사실을 말이다. 현시점에서 그는 틀렸다. 그의 골프장은 레이크 노먼Lake Norman에 있는데 이곳은 세계에서 가장 큰 인공호수가 아닐뿐더러, 미국에서 가장 큰 저수지 톱 10에도 들지 못한다.

트럼프는 그가 골프장을 짓는 방식으로 골프장을 좋아하는데, 누구든 그곳을 주차장으로 바꿀 수 있다. 그는 무성한 녹색 잔디와 다량의 물—파지오는 “물이 많으면 많을수록 트럼프가 좋아한다”라고 했다—그리고 약 30미터의 깃대와 함께하는 펜타곤(미국 국방부 건물)만 한 클럽하우스를 좋아한다. 다른 것은 아무것도 필요 없다.

증거물 1. 2014 US 오픈이 클래식한 파인허스트(NC) 2번 코스에서 열렸을 때 트럼프는 ‘폭풍 트윗’을 통해 혹평했다.

나는 파인허스트보다 훨씬 뛰어난 수많은 골프장을 갖고 있다.

나는 파인허스트의 끔찍한 모습이 텔레비전 시청률 하락으로 이어질 것이라고 장담한다. 골프는 이런 게 아니다!

오랫동안 〈USA투데이USA Today〉의 골프 기자였던 스티브 디메글리오는 비꼬면서 댓글을 달았다.

아마 당신 골프장의 폭포 중 하나가 필요할 수도.

하지만 문제가 있다. 트럼프는 그때 US 오픈에 가지 않았다. 그는 TV로 대회를 시청하고 있었다. TV 속 그린이 "끔찍하게 보인다"라고 말하면서, 그런 쓰레기장에서 대회를 여는 것은 경기에 해가 되는 일이라고 불평했다. 하지만 당신이 경기장에 있었다면 얼마나 훌륭한 설계였는지 알았을 것이다. 좋은 그린은 TV에 매끄럽게 보일 필요가 없다. 좋은 그린은 가장 순수한 표면을 만들어내서 가장 믿음직스러운 퍼터에게 보상을 해주는 다양한 잔디의 조합을 말한다. 녹색 그린이어도 가끔은 TV에 갈색으로 비추어질 수 있다. 비에 씻긴 물과 배고픈 양들이 벤, 자연스럽고 사실적인 링크스식 골프클럽이 그렇다. 하지만 트럼프는 이를 싫어했다. 갈색은 트럼프에게 아무런 의미가 없었다. 아무것도.

증거물 2. 그의 폭포들. 건축가 존스는 말한다. "빌어먹을 그 폭포들. 나는 자연스러운 상태에 놓인 폭포를 좋아합니다. 하지만 그가 만든 폭포는 정말 가짜죠. 너무 인공적이라서 싫어요. 라스베이거스에나 있을 법한 폭포잖아요. 마치 광대 같다고요. 하지만 그것은 트럼프의 성격을 잘 드러내죠."

만약 당신이 트럼프 웨스트체스터에 있는 약 30미터 높이의 폭포 옆에 서 있다면 퍼팅을 할 때 아주, 아주 큰 소리를 들을 수 있을 것이다.

당신: 네가 더 멀리 있는 것 같은데.
친구: 뭐라고?
당신: 네 볼이 더 멀리 있다고!!!
친구: 그래, 참 좋은 날씨야!

트럼프 로스앤젤레스가 개장했을 때 1번 홀 뒤편에 쓰나미가 몰려오는 건 아닌가 싶을 정도로 거대한 천둥소리를 내는 가짜 폭포가 있었다. 더 나쁜 것은 홀을 마치면 카트 길이 폭포에 가까워져서, 마치 '트럼프 스플래시 마운틴'[2]에서 경기하는 것처럼 지나가는 사람을 홀딱 젖게 했다는 것이다. 그렇다. 당신은 비 맞은 생쥐처럼 젖었다. 앞으로 쳐야 할 홀이 열일곱 개나 남았는데도 말이다.

트럼프는 웨스트팜비치에서도 폭포를 고집했다. 그는 포토

---

2 디즈니랜드의 대표 놀이기구로, 통나무 보트를 타고 낙차 16미터의 폭포를 다이빙한다. 온몸이 흠뻑 젖을 준비가 되었는가?

맥강과 그 근처 연못, 습지를 따라 굽이지는 트럼프 워싱턴에도 폭포 하나—그것을 제외하면 환상적인 코스다—를 갖고 있다. 그곳은 18번 홀에서 클럽하우스 쪽으로 돌아설 때까지는 정말 괜찮은 골프코스로, 오로지 당신과 독수리들과 바람만 있다. 그런데 18번 홀 그린 뒤에서 갑자기 거대한 산 같은 폭포가 밀려온다. 트럼프의 폭포 중에서도 가장 이구아수Iguazu[3]에 가깝다. 1분당 25갤런의 물을 퍼 올리는데 거대한 가짜 폭포인 탓에 그 평평한 꼭대기에 손님 200명이 결혼식을 편안하게 바라볼 수 있는 공간이 존재한다고 회원들은 말하곤 한다.

트럼프에게 많은 의견을 받으며 트럼프 워싱턴을 디자인한 파지오가 큭큭 웃어댔다. 그의 말이다. "트럼프는 폭포에 관심이 아주 많아요. 어느 날 그와 함께 현장에 있었던 날입니다. 18번 홀 그린 뒤에 계곡이 있는데, 도널드가 건설업자에게 소리쳐 말했어요. '프랭크! 프랭크! 여기에 큰 폭포가 필요해요!' 나중에 직원 중 몇몇은 나에게 말했죠. '톰, 당신이 제발 트럼프를 좀 말려봐요. 이대로는 아주 우스꽝스러운 모습이 될 거라고요.' 나는 그들에게 말했습니다. '당신들 미쳤어요? 그는 사장이에요. 돈만 받는다면 나는 아무 상관이 없다고요.'"

트럼프는 자신이 부자라는 사실을 상대에게 각인시키는 것을 좋아한다. 언젠가 그가 나에게 뉴욕에 있는 트럼프 타워 아파트를 둘러볼 기회를 주었을 때의 일이다. 270도로 사방을 둘러볼

3　브라질 국립공원에 있는 거대 폭포다.

수 있는 전망은 정말이지 놀라웠다. 하지만 피아니스트 리버라체의 욕실과 조금 닮아 있었다. 모든 장식에서 금, 크리스털, 또는 백금으로 장식된 크리스털이 뚝뚝 떨어졌다. 나는 아름다운 하얀 그랜드 피아노 앞에 앉아 연주해도 되는지 물었다. 하지만 절망적으로 음조가 맞지 않았다. 분명히, 지난 수년간 아무도 피아노를 치지 않은 듯했다. 이 일을 두고, 〈스포츠 일러스트레이티드〉의 기자 마이클 뱀버거는 이렇게 귀띔을 해준 적이 있다. "이봐, 당신이 그때 피아노 음조가 맞지 않는다고 말해서 트럼프는 정말로 화가 났다고." 뱀버거는 트럼프와 아홉 차례 골프를 친 적이 있다. "'천하의 몹쓸 놈 레일리가 내 피아노에 대해 혹평을 늘어놓았어. 그 피아노는 절대 그렇지 않다고!'라는 식으로 무섭게 쏘아붙였다니까." 트럼프의 말이 맞을지도 모르겠다. 나는 그날 한 시간 피아노를 친 게 전부니까. 내가 뭘 알겠는가?

아파트 한쪽 구석에는 금빛 망원경이 시내를 향해 놓여 있었다. 나는 망원경을 통해 시내를 내려다봤고 그 성능에 놀랐다.

"쌍둥이 빌딩이 무너지는 것도 그 망원경을 통해 지켜봤죠." 트럼프가 내 어깨너머로 말했다. 나는 망원경에서 머리를 떼고 놀란 눈으로 그를 쳐다봤다. "오, 세상에."

트럼프는 자랑스럽게 고개를 끄덕이며 말했다. "순금이죠."

트럼프 골프장의 입구에는 대부분 이탈리아 대리석으로 장식된 분수대가 있는데, 네 개의 포세이돈과 일곱 마리의 으르렁거리는 사자 그리고 1갤런의 물이 뿜어져 나오는 것이 특징이다. 마치 권투선수 마이크 타이슨의 잔디밭에 있어야 하는 것처럼 생겼다. 트럼프 워싱턴의 회원인 개리 뉴먼은 말했다. "처음에 그것을 보았을 때, 우리는 말했죠. '오, 맙소사. 어쩌면 좋지?' 그런데 지금은 쳐다보지도 않아요."

트럼프 워싱턴에서 당신이 눈길을 줄 수밖에 없는 것은 포토맥강이 내려다보이는 14번 홀 근처에 놓인 내전 기념비다. 읽어보자.

> 피의 강
> 남과 북을 포함해 많은 미국 군인이 포토맥강의 이 급류 지점에서 죽었다. 사상자가 너무 많아서 물은 빨갛게 변했고, 그래서 '피의 강'으로 알려져 있다. 포토맥강의 중요한 부분을 보전한 것은 내게 있어 큰 영광이다.
>
> ─ 도널드 J. 트럼프

한 가지 문제만 제외하면 아주 멋진 기념비다. 바로 그런 일은 일어나지 않았다는 것이다. 기념비 근처 어디에서도 전투는 벌어지지 않았다. 세 명의 다른 내전 연구 역사가가 그의 거짓말을 확인했다. 재미있는 일이 벌어진 것은 그때부터다.

〈뉴욕 타임스〉가 이를 묻자 트럼프는 답했다. "그들이 어떻게 그것을 압니까? 그들이 그곳에 있었나요?"

물론 그가 옳다. 당신은 게티즈버그에 없었다. 그런데 어떻게 링컨이 무슨 말을 했는지 알 수 있지? 〈뉴욕 타임스〉가 유명한 내전 연구 역사가 세 명의 이름을 대자 트럼프는 애매하게 반박했다. "나는 수많은 역사가에게서 들었어요."

좋다. 그들의 이름은?

오, 그는 그들의 이름을 기억할 수 없었다. 더군다나 그는 자신이 직접 들은 것이 아니라고 했다. 그의 직원이 들었다는 것이다.

좋다. 그 직원의 이름은? 그에게 직접 듣겠다.

트럼프는 거절했다. "당신이 원하는 대로 이야기를 쓰세요. 하지만 많은 사람이 그곳에서 총에 맞았다고요. 그게 말이 된다니까."

아니, 말도 안 된다. 나는 루동 카운티의 대변인인 글렌 바버에게 사실 확인을 요청했다. 그리고 그는 "그곳에 대한 어떤 역사적 의의도 알지 못한다"라는 답장을 보내왔다. 이는 부도덕한 일이다. 자, 트럼프가 다음에 한 것은 불법적인 일이었다. 그는 골프장 회원들이 포토맥강을 더 잘 볼 수 있도록 강 옆에 있던 나무 450그루를 전부 잘라냈다. 루동 카운티에서 허가 없이 나무를 잘라내는 일은 불법이고 바버에 따르면 어느 누구도 그에게 허가서를 내주지 않았다. 2010년에 나무가 잘린 것을 발견한 카운티는 간단한 점검을 했고, 트럼프에게 나무를 다 베어낸 데 따른 엄청난 벌금을 매긴 뒤 강둑을 다시 복구하기 전까지는 일을 멈추라고 명령했다. 결론은? 트럼프는 기다림 없이 그가 원하는 것을 얻어냈고, 평소처럼 그의 직원들이 그 난장판을 수습했다.

그런데 이 작은 술수는 더 큰 격변을 일으켰다. 경호원들은 나무를 제거한 일이 저격수에게 뚜렷한 시야를 확보해준 셈이 되었다고 판단했다. 그래서 그들은 대통령이 골프를 치는 동안에는 누구도 보트나 카누를 탈 수 없게 했다. 이는 어부들을 포함해서 강을 통해 상품을 운송하는 업체 그리고 지역에서 카누를 즐기는 사람들에게 큰 반발을 샀다. 화가 난 그들은 골프장을 고소하기도 했다.

하지만 거짓말은 거기서 끝나지 않았다. 잠깐만 다시 내전 기념비를 살펴보라. 기념비에서 당신은 세 마리 사자와 화살을 잡은 장갑 긴 손 아래 방패에 두 개의 견장이 있는 트럼프 일가의 문장紋章을 볼 수 있다. 좌우명은 라틴어로 쓰였는데, '절대 포기하지 말라'는 뜻을 갖고 있다. 이는 진실로 트럼프의 철학이다.

작은 문제 하나만 제외한다면, 정말 아름다운 문장이다. 트럼프는 그것을 훔쳤다.

사실상 그것은 1939년 영국 정부가 조셉 에드워드 데이비스에게 부여한 한 가문의 문장이다. 조셉 에드워드 데이비스는 트럼프가 겨울에 백악관과 함께 사용하는 사교 골프클럽인 마러라고를 지은 사교계 명사, 마조리 메리웨더 포스트의 세 번째 남편이다. 트럼프는 오로지 작은 변화만 주었다. 완전성을 의미하는 라틴어 'intégritas'를 빼고 '트럼프'라는 단어를 넣었다.

데이비스는 벨기에 대사였고 트루먼 대통령을 위해서는 특사로 일했다. 트럼프는 데이비스 가문의 문장을 좋아했고 그것을 자기 것인 양 전하기 시작했다. 지금 그는 그 문장을 트럼프 골프 타월, 트럼프 골프공부터 시작해서 골프장의 호화스러운 남자 화장실 휴지에도 사용하고 있다. 그렇다, 화장실 휴지에 그의 이름이 박혀 있다. 트럼프가 그런 데까지 생각이 미쳤는지는 모르겠지만 말이다.

트럼프는 데이비스 가문의 문장을 사용하기 위한 허가를 구하지 않았다. 허락을 받기 원했다면 그는 데이비스의 손자이자 민주당원이고 메릴랜드의 전 상원의원이었던 변호사 조셉 D. 타이딩스에게 전화를 걸었어야 했다. 그랬다면 타이딩스는 어떻게 대꾸했을까? 가져라. 타이딩스는 "트럼프를 고소하면 안 된다. 재판을 수십 년 동안 이어가야 하기 때문이다"라고 말했다. 실제로 그는 수년 전 모든 것이 난장판일 때, 그의 가족에게 트럼프를 상대로 소송을 제기하지 말 것을 권유했다. 그는 끝없는 싸움이 될 것이고 결국 소송비만 늘어날 것이라고 예상했다. 그 또한 알고 있다. "트럼프가 가문의 문장을 사용하고 있는 것을 안다면 그의 할아버지가 무덤에서 벌떡 일어날 것"이라는 사실을 말이다.

가짜 문장을 휘날리면서 트럼프는 생각했다. '스코틀랜드에 못 가져갈 게 뭐 있어.' 그래서 그는 그렇게 했다. 하지만 스코틀랜드는 가문의 문장을 가볍게 취급하지 않는다. 다른 가문의 문장을 훔치는 것을 범죄로 여기기 때문에 이런 일을 허투루 대하지 않는다. 스코틀랜드 유산 당국은 트럼프에게 문장 사용 정지 명령 혹은 형사고발을 언급했다. 2007년 트럼프는 소송을 제기했다. 5년 후 그는 졌고 마침내 포기했다. 좌우명이 '절대 포기하지 말라'였건 아니건. 그는 법이 허용하는 범위에서 문장 형태를 바꾸었는데, 사자 대신 골프공을 꽉 쥐고 있는 머리 두 개 달린 독수리(스코틀랜드와 독일의 뿌리를 상징한다)를 넣었다. 머리가 두 개인 독수리는 러시아의 공식 문장에 있는 것이기도 하다.

물론 트럼프의 유럽 유산이 모두 위풍당당한 것은 아니다. 그의 할아버지는 한때 캐나다에서 매춘업에 관여하는 호텔을 소유한 적이 있다. 이제 그것이 가문의 문장이 될 듯하다.

8

★★★★★

트럼프랜드에서의
하루

골프 카트가 가장 빠른 사람은
결코 나쁜 거짓말을 하지 않는다.

－ 미키 맨틀Mickey Mantle

정말로? 당신이 빌어먹을 미합중국 대통령과 골프를 친다고?

좋아, 마음 단단히 먹기를 바란다. 왜냐하면 사실 골프가 아닌 것을 경험하게 될 테니까. 그것은 마치 별난 모양의 클럽을 쓰는 중무장한 군인이 할 법한 경험이니까. 당신이 지도록 강요받는 애매한 규칙은 덤으로 존재하지. 그리고 이 경험은 아주 빨리 끝나서 당신의 기억 속에는 '살았다'는 느낌만 남을 테니까.

먼저 당신은 트럼프의 골프장 중 한 곳에서 골프를 치게 될 것이다. 대통령이 된 이래로 트럼프는 **오로지** 자신의 골프장에서만 골프를 쳤다. 그는 자신의 소유가 아닌 곳 중에서 유일하게 회원으로 있는, 뉴욕 매머로넥의 윙드 풋 골프클럽에서도 골프를 치지 않았다.

먼저 나라면, 차를 렌트할 것이다. 만약 당신의 차를 끌고 간다면 시위자들에게 둘러싸여서 달걀 세례를 받게 될 테니 말이다. 트럼프는 자신의 골프장을 숱하게 들락거렸고, 이는 시위자들이 그를 얼마나 혐오하는지 확인하기에 골프장보다 완벽한 장소는 없다는 사실을 일깨워주었다. 결과적으로 트럼프 골프 타운과 연관된 경찰 기록은 시리얼을 먹으면서 읽기에 좋은 기막힌 이야깃거리가 되었다. 예를 들어볼까?

- 한 여성은 트럼프 로스앤젤레스의 입구에 놓인 표지판에 립스틱으로 스페인 욕을 적었다. 그녀와 함께 있던 남성은 그 위에 오줌을 누었다.
- 활동가 약 200여 명이 트럼프 로스앤젤레스의 잔디 위에 누워 '저항RESIST'이라는 글자 형태를 만든 플래시몹 시위를 벌였다.
- 한 여성이 트럼프 베드민스터 옆의 옥수수밭을 사서 18미터 높이에 23미터 넓이로 '투표VOTE'와 '진실TRUTH'이라는 글자를 새겼다.
- 〈워싱턴 포스트〉에 올라온 한 비디오에서는 어두운 옷을 입은 최소 네 명의 사람들이 정원 도구를 이용해서 트럼프 로스앤젤레스 그린 위에 '더는 타이거도, 우즈도 없다'라는 글귀를 만들었다.
- 하와이의 성공적인 건설업자인 예순한 살의 클리프 틸로슨은 트럼프 골프장의 그린을 일종의 커다란 메시지 보드로 바

꾸는 바람에 기소되었다. 보도에 따르면 틸로슨은 트럼프 골프장 네 곳의 십여 개 그린에 화학약품을 이용해서 "만약 예수가 내일 재림한다 해도 트럼프는 복음주의자가 되지 않을 것이다", "프로페시아를 과잉 복용한 결과물이다"(트럼프가 탈모 치료제로 프로페시아를 쓰는 것에 대한 모욕) 등의 글을 썼다. 그는 《맥베스》에 나오는 독백도 적었는데, 개인적으로 세익스피어식 독백은 참을 수가 없지만 그것만은 꽤 읽을 만했다.

매주 토요일, "사람들의 자동차 행렬People's Motorcade"이라고 불리는 단체는 반트럼프 간판 등을 싣고 베드민스터 입구 바깥쪽을 돈다. 피노키오 코를 한 트럼프 초상화를 실은 트럭도 있다. 오, 그들은 헬기를 타고 도착한 트럼프가 착륙하는 곳 근처에 크게 "FU45"[1]라는 글자를 만들어놓기도 했다.

트럼프는 한때 베드민스터의 소유지에 가족 묘소를 지을 계획(그는 지금은 마러라고에 묻히기를 원한다)을 세웠는데, 이에 반발한 시위자들이 사방에서 죽은 시늉을 한 일도 있다. 하루는 정문 근처 큰 사거리에 약 30명이 모여 트럼프가 않는 질환명을 라벨로 붙인 묘비를 들고 땅에 드러눕는 시위를 진행했다. 트럼프를 반대하는 운동을 벌이는 단체 '인디클라인INDECLINE'은 '품위', '아메리칸 드림', '마지막 눈사람'의 죽음이라고 새겨진 묘비로 가득한

---

1   트럼프는 미국의 45대 대통령으로서, '썩 꺼져라, 트럼프(f**k you)'라는 뜻으로 해석할 수 있다.

정교하고 특별한 '트럼프 묘지'를 만들었다.

어쨌든 나는 당신이 뉴저지의 트럼프 베드민스터에서 골프를 치기를 원한다. 그만한 장소가 없기 때문이다. 트럼프 베드민스터 회원이 되려면 30만 달러 이상의 회비를 지불해야만 한다. 그곳은 한때 자동차 재벌인 존 드로이언이 소유한 부동산이었는데, 드로이언은 그의 친구 재클린 케네디 오나시스가 사방팔방에서 그녀의 말을 탈 수 있게 해주기도 했다. 트럼프 베드민스터는 맨해튼에서 45분 떨어진 위치에 있고, 당신이 한번 갔음 직한 아주 괜찮은 골프장 열 곳을 지나치게 된다. 이곳의 두 코스는 꽤 좋다. 서비스는 흠잡을 데 없고, 인테리어는 술탄의 꿈보다 약간 더 사치스럽다. 1.6킬로미터 가까이 이어진 차도 옆 가로수를 즐기다 보면 어느새 오거스타 내셔널과 파리 리츠가 겹쳐 보이는 장소에 이를 것이다. 그곳에는 저격수 탑도 있다.

말 그대로 사실이다. 2017년 여름 트럼프 베드민스터에서 US 여자 오픈이 끝났을 때 폭스는 카메라를 설치했던 탑을 허물려고 했다. 그때 경호원들이 다가왔다. 잠깐, 우리가 그 탑을 사겠습니다. 이제 트럼프가 베드민스터를 방문할 때마다 그 탑에는 저격수 두 명이 머문다. 한 명은 코스를 바라보고 한 명은 트럼프의 별장('고급 맨션'이라고 읽자), 이방카의 별장(마찬가지다) 그리고 여덟 채의 다른 임대 별장(역시 고급스럽다)을 바라본다. 그곳은 모두 환상적인 수영장과 라운지에 둘러싸여 있고, 한 가지 상상을 보태면 토가를 입은 채 당신의 포도 껍질을 벗겨주는 사람들이 있다.

베드민스터는 아마도 트럼프가 세계에서 가장 좋아하는 장소일 것이다. 36홀이 있고, 무엇보다도 마러라고와 달리 경기할 때 SUV 열 대, 대통령 리무진, 특수기공대swat 대원들을 떨어뜨릴 필요가 없다. 모든 것이 그의 문 앞에 있다. 이방카와 그녀의 남편 재러드 쿠슈너도 같은 이유로 그들의 별장에서 주말을 자주 보낸다. 안식일에도 그들은 운전할 필요 없이 단지 100야드(91미터)를 걸어 저녁을 먹으러 갈 뿐이다. 트럼프 베드민스터는 트럼프 타워, 마러라고와 함께 대통령의 공식적인 거주지 세 곳 중 한 곳이다. 의회는 이곳을 공식적으로 보호하기 위해 2017년 4,100만 달러를 할당했다. 2018년 8월, 그가 보낼 17일의 휴가를 위해 납세자들은 300만 달러의 비용을 감당해야 했다.

베드민스터의 발레파킹 담당자는 이렇게 말했다. "300명의 경호원, 군인, SWAT이 언제나 함께 있죠. 헬기 소리가 들리면 그가 온다는 것을 의미해요. 마린 원, 마린 투 그리고 블랙호크 세 대가 같이 오는데, 그가 그중 어디에 탔는지는 아무도 몰라요. 그들은 저곳에 내리고요." 그는 근처 헬기 착륙장을 가리켰다.

Q: 트럼프는 어째서 역대 대통령들이 여름 휴가지로 쓰는, 보안이 철저한 메릴랜드의 캠프데이비드로 가지 않는 걸까?

A: 왜냐하면 캠프데이비드는 풋내기들이 가는 곳이니까. 트럼프는 2017년 어느 유럽 언론과의 인터뷰에서 말했다. "캠프데이비드는 아주 소박한 곳이에요. 괜찮은 곳이죠. 당신도 만족할 거예요. 아마도 30분 정도는."

자, 당신은 이제 베드민스터에 도착했다. 그리고 구두를 갈아 신기 위해 로커룸으로 곧장 갈 것이다. 카트와 함께라면, 아무도 골프를 치면서 땀을 흘리지 않기 때문에 로커룸은 부자가 된 것을 느끼게 하는 일 외에는 딱히 의미가 없다. 트럼프는 당신이 더더욱 부자가 된 것처럼 느끼기를 원한다. 트럼프의 로커룸들은 굉장히 화려하다. 당신이 걸을 때 당신의 발밑에는 대리석이 펼쳐져 있다. 당신은 트럼프 커피(폐업)나 트럼프 보드카(폐업), 트럼프 물(폐업)을 마신다. 가죽 소파에 깊숙이 파묻혀서는 트럼프 땅콩(폐업)을 입에 넣는다. 그의 로커를 찾아보자. 내가 방문했던 트럼프 골프장마다 그는 때로는 풀 사이즈로, 때로는 풀 사이즈 반 정도의 크기로 로커를 갖고 있었는데 언제나 잠긴 채였다. 가끔 클럽하우스 사람들은 손님들이 트럼프의 로커 앞에서 사진을 찍는 것에 염증을 느낀 나머지, 테이프로 명판을 가려놓기도 했다.

이제 연습 레인지에서 살짝 몸을 푸는 샷을 할 차례다. 여기에서 당신은 처음으로 트럼프를 볼 수 있다. 그는 조카가 로또에 당첨된 삼촌을 맞는 것처럼 당신을 반길 것이다. 당신에게 20초 정도 말미를 준 후, 이어서 악수하기 위해 자신 쪽으로 끌어당길 것이다. 왼손은 당신의 오른쪽 어깨에 걸치겠지. 그는 당신이 마치 왕을 방문한 것처럼 느끼게 할 것이다.

트럼프는 연습을 많이 하지 않는다. 그는 몇 번 클럽을 후려치고 1번 홀로 가기를 원할 것이다. 베드민스터의 올드 코스에서 경기한다면 그곳에 있는 멋진 명판을 읽어보기를.

내가 만든 곳 중 최고의 디자인이다.

―톰 파지오

이 명판은 잘못 인용된 것임이 드러났다. 파지오는 나에게 문자 메시지를 보냈다. "내가 그렇게 이야기했다는 게 믿기지 않는군요. 그가 당신을 〈스포츠 일러스트레이티드〉의 발행인이라고 부르는 것과 비슷하다고 생각하면 될 거예요. 그게 더 낫잖아요."

부족함이 없는 골퍼를 상대하게 될 테니 당신의 최대 능력치를 갖고 필드로 오라. 트럼프는 절대 지지 않을 것이다. 만약 그 모임에 정치인이 있다면 거의 확실히 공화당원일 것이다. 2018년까지 트럼프는 민주당원이나 정부 관료들과는 단 한 차례도 같이 골프를 치지 않았다. 같은 이유로 2012년, 트위터를 통해 오바마에게 독설을 날렸는데도 말이다.

오바마는 그의 소규모 친구 그룹이 아니라, 공화당 사람들이나 반대론자들과 골프를 쳐야만 한다. 그 방법이 끔찍한 교착 상태를 끝내는 길일 테니까 말이다.

당신은 얼마나 든든한 경호에 둘러싸였는지 믿지 못할 것이다. 그곳에는 60명이나 되는 경호원과 6명의 SWAT 팀원 그리고 30개의 카트가 따라올 것이다. 또 아래의 것들도 함께하겠지.

- 핵무기 발사 코드가 담긴 핵가방
- 참모차장
- 트럼프의 약병을 가진 의사
- 홍보 관계자

- 안전한 위성 전화기
- 한 사람이 들어갈 만한 휴대용 폭탄 대피소
- 가스 마스크, 기관총 그리고 무기
- 엄청난 속도를 낼 작은 미사일

트럼프가 플로리다의 트럼프 인터내셔널에서 공을 치던 날, 1989년 오픈 챔피언십의 우승자인 마크 캘커베키아도 그와 같은 시간대에 골프를 치고 있었다. 그는 말한다. "도대체 무슨 일이 벌어진 것인지 믿을 수가 없었어요. 경기장 앞에 소방차, 구급차, 검은 SUV 열 대, 경찰차, 경찰견, 이 모든 게 있었죠. 매 홀 최소 두 명의 경호원과 카트가 있었고요. 아무튼 겨우 티오프를 했고, 트럼프는 우리보다 두세 그룹 뒤에 있었어요. 네 개 홀을 남겼을 때 그가 나타났고 우리를 지나쳐 갔습니다. 그들은 페어웨이 한가운데에서 우리를 수색했죠. 혹시 총을 가졌을 수도 있었기 때문에 옷 위로 더듬어 몸수색을 했습니다. 그 후에 우리는 저녁을 먹으러 갔어요. 그곳에서 그도 저녁을 먹고 있었죠. 나는 저녁을 먹기 위해 다시 두세 개의 검색대를 통과해야만 했어요. 그때 생각했죠. '이봐, 우리는 방금 수색을 당했다고. 도대체 다섯 홀 사이에 무슨 일이 일어났다고 생각하는 거야?'"

트럼프가 베드민스터에서 경기했을 때의 이야기도 전해진다. 어떤 사람이 정말 말문이 막히는 후크샷[2]을 쳐서 나무를 넘겼

---

2   타구가 왼쪽으로 크게 휘어 날아가는 샷.

고, 공은 78번 고속도로 근처까지 날아갔다. 공을 찾으러 간 캐디는 갑자기 그의 얼굴을 겨냥하고 있는 기관총 포신 네 개를 찾아냈다. 모두 중무장한 군인들이 들고 있었다. 혹시 궁금해할까 봐 말하는데, 주변은 봉쇄된 채였다.

물론 대통령이 경기하는 동안에 다른 그룹들도 골프를 칠 수 있다. 대통령이 그 근처에 다가와서 지나가기를 원할 때 기꺼이 물러서 있기만 하면 된다. 트럼프는 숨이 막힐 정도로 빨리 경기한다. 한 캐디는 "당신이 1.8미터 안의 모든 퍼트 공을 [홀컵에 넣지 않고] 그냥 주워 올리면 [그 속도가] 가능하다"라고 말했다. 이는 선두에 있는 경호원들이 빠르게 일해야 한다는 뜻이기도 하다. 베드민스터라면 두 명의 경호원이 탄 골프 카트가 재빨리 다가와 페어웨이에서 6번 아이언샷을 치려는 당신을 막아설 것이다. 그리고 한 경호원이 묻겠지. "선생님, 페어웨이 옆쪽으로 비켜주실 수 있겠습니까? 대통령이 곧 지나가실 겁니다."

당신: 그래요, 그는 지금 몇 번째 홀에 있나요?
경호원: 8번 홀입니다.
당신: 하지만 우리는 지금 11번 홀에 있잖아요.
경호원(목소리 크게): 맞습니다. 좀 비켜서 주시겠습니까?

당신은 오래 기다리지 않을 것이다. 머지않아 트럼프는 쏜살같이 달려올 것이고 매력적인 미소와 친근한 태도로 모두와 악수를 할 것이다. 양보해준 사람들에게 감사를 표하면서 그들의 라운드가 잘 되고 있는지 물을 것이다. 그는 더 나아가 당신과 사진도 찍어줄 것이다. "단 소셜 미디어에 올리지만 말아달라"라고 요청할 것이고, 그들은 대부분 응한다.

좋다, 이제 당신의 무릎을 두들기고 첫 번째 샷을 할 시간이다. 걱정하지 마시길. 트럼프가 당신을 재미있게 해줄 테니까. 그는 당신에게 관심을 보일 것이다. 수천 가지 질문을 쏟아낼 테니까. "사업은 잘되요? 그 퍼터를 사기 위해 얼마만큼 돈을 썼죠? 나에게 팔지 않을래요?" 그는 당신에게 조언을 해줄 것이다. "좀 더 밑에서부터 올려 쳐야 해요. 이렇게!" 당신은 그의 질문에 대답할 것이고, 가르침에 귀 기울일 것이고, 그대로 따라가려고 노력하다 보면 곧 모든 것이 엉망이 되어 있음을 눈치챌 것이다.

언젠가 빌 클린턴은 말했다. "나는 그와 골프 치는 것을 좋아해요. 트럼프는 매 홀 내 정신을 쏙 빼놓으며 나보다 더 멀리 치지만 나는 괜찮다니까요."

하지만 대통령과의 심도 있는 대화를 기대하지는 말라. 대통령과의 골프 대화는 7,000야드(6,400미터) 정도 멀리 가지만,[3] 3센티미터 깊이밖에 안 되니까 말이다. 트럼프와 그의 캐디는 한 카트에 타는데 늘 당신보다 앞서갈 것이다. 그래야 몰래 차기에도 좋고, 실수하거나, 러프 밖으로 공을 빼놓기도 좋으니까 말이다.

트럼프 웨스트체스터와 웨스트팜비치의 트럼프 인터내셔널 두 곳 모두 회원인 작가 제임스 패터슨은 이를 두고 "마치 롤러코

---

3   일반적으로 골프장 코스의 총 길이는 7,000야드 전후다.

스터를 타는 것과 같다"라고 말했다. "트럼프는 훌륭한 골퍼예요. 진정한 골퍼죠. 하지만 내가 선호하는 것보다 더 빨리 서두릅니다. 코스에서 우리는 언제나 사람들을 지나치면서 경기하고는 해요. 나는 이런 방식을 싫어하죠. '미안해요, 잠시만요, 실례해요' 같은 말을 끊임없이 해야 하니까요. 그런 식이면 골프에 집중하기 힘들어요."

에루지온은 바버라 부시의 장례식 날에—당신이 어떤 뉴스를 봤는지 모르겠으나, 한 곳은 트럼프가 초대되었다고 하고 다른 한 곳은 초대되지 않았다고 말한—트럼프와 같이 골프를 쳤다. 대통령이 그의 골프장에 어떤 유명인이 있는지 알아보기 위해 전화를 걸었을 때, 에루지온은 단지 트럼프 주피터의 프로 숍 주변에 서 있었을 뿐이었다. 트럼프는 유명인과 골프 치는 것을 좋아한다. 주피터의 프로는 에루지온의 이름을 댔고 트럼프는 말했다. "아주 좋군!"

에루지온은 신나게 즐겼다. "굉장했어요. 우리는 정말 빨리 경기했죠. 대여섯 그룹이 포섬 경기를 했어요." 나는 45년간 골프를 쳐왔지만, 한 라운드에서 두 그룹 이상과 포섬 경기를 해본 적이 없다. 그러니 그날 그들은 대략 세 배의 속도로 쳤을 것이다.

3시간 30분 정도가 지나면—때로는 더 적게—라운드는 끝날 것이고, 당신은 그나 자신이 샷을 얼마나 쳤는지는 감이 잡히지 않을 것이다. 재미는 있었겠지만 말이다. 나는 에루지온에게 트럼프와 골프를 친 그날 어땠는지를 물었다. "사실 잘 모르겠어요. 우리는 단지 몇 개 홀에서만 퍼팅을 했죠. 그는 두세 번 정도 '대통령 멀리건'을 가졌어요. 그것이 자신의 권리라고 말하면서 말이에요. 퍼팅을 하지 않고 그냥 공을 주웠죠. 그는 대통령이에요. 원하는 일은 무엇이든지 할 수 있죠. 우리는 정말 빠른 속도로 공을 쳤고 그는 떠났어요. 바버라 부시의 장례식을 봐야만 했으니까요. 그래서 그의 샷 스코어는 알 수 없었어요. 그는 네다섯 홀을 비겼고, 더블 보기를 했고, 퍼팅하지 않고 그냥 공을 주웠습니다. 그의 티샷 공은 그날 조금 변덕스러웠어요. 그렇지만 끝내 제대로 된 궤도로 오게 만들더군요. 꽤 괜찮았습니다."

이제 그는 점심 식사를 위해 당신을 식당으로 초대할 것이다. 베드민스터에서 경기한 날, 나는 트럼프와 함께 있지 않았다. 그래서 점심을 거르고 곧장 캐디실로 갔다.

오두막집 같지 않은 1번 홀 근처의 1층짜리 하얀색 건물은 오거스타의 아이젠하워 오두막집과 도플갱어 수준으로 똑같았다. 트럼프는 오거스타에 초대된 적이 한 번도 없으니, 아마도 합리적으로 복제했을 것이다. 내부에는 하얀색 캐디 복장을 입은 사내 열 명 정도가 큰 TV를 보면서 캐디 겸 요리사인 스캇이 재빠르게 만들어주는 치즈버거를 먹고 있었다.

나는 캐디들을 좋아한다. 그들은 당신에게 진실만을 말하는데, 심지어 중요한 몇몇 단어로만 그것을 이야기하니까 말이다. 내 친구 중 한 명이 하루는 아일랜드에서 아주 엉망으로 경기를 했다. 그는 온 사방으로 샷을 날렸다. 18홀이 끝나자 그는 자신의 캐디에게 "내가 빚진 게 있을까요?"라고 물었다. 캐디는 그를 향해 얼굴을 찌푸리며 답했다. "망할 사과요."

나는 베드민스터의 캐디 하우스 부엌 탁자에 앉아서 아무에게나 질문을 던졌다.

자, 트럼프를 위해 일하는 것은 어떤가요?

그들은 그 자리에 똑바로 앉았다.

"그 어떤 부정행위도 찾아볼 수 없죠!" 한 캐디가 소리치자 모두 웃었다.

어떤 이는 말했다. "트럼프 대통령은 아주 관대해요. 이곳에 올 때마다 그는 우리가 괜찮은지, 일은 잘하고 있는지 묻죠. 그리고 모두에게 100달러씩 줘요. 그때 그 자리에 없던 사람들은 그걸 놓쳤다는 사실에 언제나 억울해하죠."

냉장고 옆에 앉은 한 캐디가 코를 찡긋했다.

냉장고 옆 캐디: 잠깐만. 그가 여기 올 때마다 모두에게 100달러씩 줬다고 말하는 거야? 난 한 번도 본 적이 없는데.

첫 번째 캐디: 흠, 맞아. 매번은 아니고.

냉장고 옆 캐디: 그러니까 내 말은, 그가 얼마나 자주 왔는데?

첫 번째 캐디: 글쎄, 한 번 정도?

그들 모두는 트럼프가 핸디캡 '8 혹은 9'의 괜찮은 골퍼라는 데 동의한다. 그리고 그들은 트럼프가 전 세계에 자신의 핸디캡이 3이라고 말한다는 사실을 아주 잘 알고 있다.

그가 속이는 걸까요?

그들은 창밖의 새들에게 갑작스레 관심을 보이며 딴청을 피웠다. 한 캐디는 나를 똑바로 응시하면서 어깨를 으쓱했다. 그의 표정은 무덤덤했지만, 마치 나에게 암호에 대한 힌트를 주는 것처럼 눈을 가느다랗게 떴다.

"도널드 트럼프는 절대 속이지 않아요." 그는 천천히 확신에 찬 채로 말했다.

그가 나를 쳐다봤다. 깜빡이고, 쳐다보고, 깜빡이고.

"아! 그의 캐디가 그를 위해 부정행위를 하는 건가요?"

온 방 안에 소리가 요란했다. 다음에 이어지는 것은 그가 어떤 방식으로 부정행위를 하는지에 대한 이야기다.

- "그는 언제나 주머니에 공 네 개를 들고 다니죠. 당신은 무슨 뜻인지 알 거예요."
- "그는 모든 홀에서 실수합니다. 18홀 모든 곳에서. 장담할 수 있어요. 모든 홀입니다."
- "그는 당신이 나무 밖으로 공을 던져주거나, 러프에서 발로 차거나, 라이를 푹신하게 해주기를 원합니다. 우리 모두는 그 거래를 알고 있죠."

그들 대부분은 그런 일을 하는 데 개의치 않지만, 내기가 오 가거나 토너먼트가 이어질 때는 살짝 기분 나쁜 감정도 든다고 했다.

한 캐디의 말이다. "팜비치 트럼프 골프장에 친구가 있어요. 아주, 아주 훌륭한 골퍼죠. 그는 3오버파나 4오버파를 쳐요. 당신이 캐디를 하면서 트럼프를 위해 했던 일을 이야기하면, 그는 무너질 거예요. 정말로 힘들어할 겁니다."

트럼프의 캐디들이 그를 위해 하는 부정행위는 사실 그의 경기에 흠집을 내고는 한다. 물밑에서 범하는 도덕적 우회는 제쳐두고서, 그의 유일한 약점은 그린 주변에서의 칩샷이다. 아주 끔찍하다. 캐디들이 라이를 푹신하게 하고, 그의 볼을 벙커 밖에 갖다 놓고, 러프에서 그린 안으로 볼을 차는 이유다. 하지만 이러한 라이를 겪지 않으면 당신은 절대 그와 같은 상황에서 어떻게 쳐야 하는지 배울 수 없다. 트럼프 워싱턴 DC와 트럼프 주피터의 회원이고 그와 열 차례 이상 경기를 했던 네드 슈어러의 말이다. "캐디들 때문에 트럼프는 어려운 라이에서 연습할 기회를 전혀 갖지 못했죠. 골프는 연습이에요. 하지만 시도할 기회조차 없었으니까요."

베드민스터에서 트럼프의 캐디를 맡은 이는 언제나 친절한 어느 자메이카 신사였다. 사람들은 트럼프가 연못으로 샷을 빠뜨렸을 때를 떠올리기를 즐겼다. 그곳에 있던 모두가 물가에서 약 10미터 떨어진 곳에 공이 첨벙 소리를 내면서 빠지는 것을 목격했다. 자메이카 신사는 포어 캐디fore caddie[4]였다. 트럼프 일행이 연못에 다다랐을 때 캐디는 말했다. "보스, 당신의 볼은 바로 여기 있어요." 트럼프의 공은 잔디 위에 안전하게 놓여 있었다. 일행 중 누군가가 캐디에게 소리쳤다. "도대체 무슨 짓을 한 겁니까?"

---

4   공의 낙하 위치를 말해주는 캐디를 말한다.

캐디들은 많은 부분에서 트럼프의 부정행위와 부도덕 때문에 몸서리를 치기도 했지만, 때로는 그 천재성에 깊은 인상을 받기도 했다. 한 캐디는 말했다. "한동안 그는 카트에 빨간색 스프레이 페인트 캔을 싣고 다녔어요. 그리고 적절하다고 생각하지 않는 나무에 공을 맞힐 때마다, 페인트로 크게 'X' 자를 표시했죠. 그러면 다음 날, 그 나무는 사라져 있었어요."

"진짜예요!" 다른 누군가 소리쳤다. "마치 마피아 같았죠. 만약 빨간 표식을 받게 된다면, 당신도 죽은 목숨이나 다름없는 거예요."

베드민스터에서 캐디를 하는 것은 굉장한 일이다. 그들 중 누구도 이를 망치고 싶어 하지는 않았다. 그들은 자신의 위치를 지킬 만큼 충분히 영리했다. 그들은 크게 두 가지 규칙을 따른다.

1. 트럼프를 위해 캐디를 한다면, 지옥을 견뎌라.

캐디들은 그의 골프 카트—1번—가 다른 카트보다 두 배는 빠른 속도를 낼 수 있도록 조작한다. 트럼프를 견디거나, 혹은 식당에 이력서를 내거나. "당신은 뛰어야 해요. 아니, 육상선수가 되어야만 하죠. 특히 포어 캐디라면 더더욱 말이에요. 예전에 일했던 한 캐디는 트럼프와 18홀을 다 돌고 난 뒤 곧바로 화장실로 달려가 토했어요. 하지만 그는 언제나 끝까지 해냈죠."

2. 당신이 트럼프 상대 그룹에서 캐디를 한다면, 져라.

어느 나이 든 캐디의 말이다. "트럼프 씨는 언제나 제일 좋은 캐디를 동반했어요. 그리고 그와 대결하는 그룹에는 실력이 형편없거나 새내기 캐디를 붙이고는 했지요. 일을 시작한 지 일주일도 지나지 않은 캐디가 있었어요. 어느 날 트럼프 씨와 우리 클럽의 최고 골퍼 중 한 명이 짝을 이루어 다른 골프장에서 온 두 명과 대결을 하게 되었답니다. 손님들은 그 새로운 캐디와 함께했는데 어찌 된 일인지 풋내기가 캐디 역할을 정말 잘 해냈어요. 18번 홀 전까지 경기는 타이를 이루었죠. 트럼프 씨는 발끈하기 직전이었어요. 풋내기 캐디는 그가 잘릴 수도 있다는 생각을 전혀 하지 못했죠. 그의 목에 올가미가 씌워졌다는 사실을 눈치채지 못했어요. 하지만 결국 트럼프 씨의 파트너가 경기를 잘 이끌었고, 그들은 이겼습니다. 그 풋내기는 하마터면 정말 직장을 잃을 뻔했죠."

재밌게도 내가 들은 '최고의 트럼프 이야기'는 캐디가 아니라, 어느 클럽의 회원으로부터 흘러나왔다. 그는 내가 로커룸 벽에 걸린 토너먼트 우승자 명판을 보고 있을 때 나에게 다가왔다. 트럼프는 '슈퍼 시니어 클럽 챔피언십'의 승자로 리스트에 세 차례 이름을 올렸다. 그가 언급했던 "열여덟 차례 클럽 챔피언십 우승"에도 이 기록이 포함되어 있다. 슈퍼 시니어는 보통 60대 이상을 칭한다. 그는 한때 50대 이상부터 참가한 '시니어 클럽 챔피언십' 우승자 명단에도 이름을 올린 바 있다. 일반 '클럽 챔피언십' 명판에는 그의 이름이 없었다. 하지만 그곳에는 다른 명판이 있었다. '베드민스터 회원 대 회원' 명판이 있었고 트럼프는 세 차례나 이름을 올렸다. '회원 대 회원'은 두 남자 팀의 토너먼트였다. 그것은 보통 하루 동안 진행되는 대회였고, 가장 낮은 스코어를 기록한 팀이 우승했다.

아무튼 가슴이 떡 벌어진 사내가 나에게 다가왔다.

"도널드 트럼프가 어떻게 이름을 올렸는지 아시나요?" 그가 물었다.

아니요, 하지만 알고 싶네요.

"좋아요. 당신은 이 이야기를 좋아할 거예요. 우리가 올드 코스에서 회원 대 회원으로 경기하고 있던 어떤 해의 이야기죠. 하지만 트럼프는 거기에 없었어요. 트럼프와 그의 동료는 뉴 코스에서 골프를 치고 있었거든요. 그들은 경기를 마치고 프로 숍으로 들어와 우리가 친 경기에서 우승자가 몇 타를 쳤는지 물었어요. 넷 스코어⁵로 61타 정도 즈음이라고 말해줬지요. 그러거나 말거나. 트럼프는 말했어요. '나와 이 사람은 오늘 그것보다 더 괜찮게 쳤어요. 그러니 사실상 우리가 이긴 것이죠'라고요. 그러자 프로는 '뭐라고요?'라면서 의아해했습니다. 트럼프는 그들에게 그와 그의 동료가 우승자가 되어야만 하고, 61타를 친 남자가 아니라 바로 자신들의 이름을 대신 명판에 넣어야 한다고 말했어요. 이게 바로 그가 회원 대 회원으로 토너먼트를 한 대회에서 우승한 방법이에요. 믿어지세요?"

네, 네, 전 믿을 수 있죠.

하지만 당신은? 당신은 반드시 그와 함께 점심을 먹으러 가야 한다. 당신이 평생 경험하지 못할 최고의 버거이기 때문이다.

트럼프 워싱턴에서 점심을 먹자. 나와 대화한 종업원에 따르면 경호원들은 언제나 그를 코너에 있는 테이블로 안내한다. 그

---

5 골퍼 개개인의 핸디캡이 적용된 스코어를 일컫는다.

곳에는 경호원들이 사방에 있다. 레스토랑 주변에 흩어져서 각각의 그릴 코너에 한 명씩 있다. 오죽하면 아침 내내 요리사가 어디에서 음식 재료를 가져오고 어떻게 요리하는지 지켜보는 경호원까지 있을까. 종업원은 말했다. "트럼프 대통령은 매번 버거만 드세요. 라운드 전에는 언제나 여기에 와서 아침 먹는 것을 좋아하시죠."

트럼프는 감자튀김 한가득, 치즈버거 그리고 가끔은 핫도그 그리고 많은 다이어트 콜라를 주문할 것이다. 누구든 다가와서 옆에 앉을 수 있다. 그렇다, 당신은 똑바로 들은 것이다. 누구든 대통령의 식탁에 다가올 수 있고, 앉을 수 있고, 질문을 할 수 있고, 잡담할 수도 있다. 정말 위대한 나라 아닌가?

자, 이제 당신의 귀를 쫑긋 세워라. 트럼프가 거의 모든 것을 이야기할 테니. 대통령 재임기에 일부 베드민스터 회원들에게 백악관을 '망할 쓰레기장'으로 칭한 것도 라운드 직후에 있었던 점심 식사 때였다. 이는 〈스포츠 일러스트레이티드〉의 시니어 기자 앨런 쉬프너크Alan Shipnuck의 기사에 실리며 논쟁이 오갔고, 트럼프는 트위터를 통해 부인했다.

나는 내가 본 가장 아름다운 건물 중 하나인 백악관을 사랑한다. 하지만 가짜 뉴스는 내가 이곳을 쓰레기라고 했다고 말한다. 완전히 거짓말이다.

하지만 베드민스터의 내부 소식통이 새로운 증거를 선보였다. "그가 대통령에 당선된 직후의 일이었습니다. 점심을 먹는 동안 그는 파리(기후변화)나 힐러리를 꺾은 일 등 이런저런 사안에 대해 오만한 태도를 보였죠. 이어서 '내가 백악관에서 살아야 한다는 게 믿기지 않는다. 그 망할 쓰레기장에서 살아야 한다니!'라고 말했어요."

트럼프와 골프를 치는 날에는 언제나 제정신이 아닌 일이 따라오니 꼭 주위를 살펴라. 할리데이비슨 불매 운동이 이어졌을 때, 트럼프가 할리데이비슨을 타고 온 자신의 지지자 180명을 반갑게 맞이했던 일을 떠올려보자. 이는 트럼프 베드민스터의 클럽 하우스 바깥에서 일어났다. 트럼프의 선거캠프 책임자인 코레이 르완도우스키Corey Lewandowski가 트럼프에게 질문하려던 극우 매체 〈브레이트바트Breitbart〉의 리포터를 팔로 거칠게 잡아당긴 사건을 기억하는가? 이는 트럼프 주피터에서 일어났다. 차기 장관직 인터뷰 때문에 트럼프에게 몰려들었던 사람들을 기억하는가? 이는 트럼프 베드민스터의 첫 번째 티박스에서 조금 떨어진 곳에서 벌어졌다.

또한 당신은 트럼프 땅에 있는 한, 유명한 그림에서 눈을 뗄 수 없을 것이다.

그림은 트럼프의 것이다. 높이는 약 2미터만 하고 자선경매에서 2만 달러(LPGA의 폴라 크리머보다 비싸게 불렀다)를 주고 멜라니아가 구입했다. 속성 그림 중 하나인데, 6분 만에 그렸고 아마도 당신은 그림이 엉망이거나 좌우를 뒤집어놨다고 생각할지도 모른다. 하지만 이는 지미 헨드릭스의 그림이다! 이 외에도 마이클 이스라엘이 2016년 9월에 그린 그림도 트럼프의 소유물이다.

문제는 트럼프가 트럼프 재단을 통해 10만 달러의 그림값을 지불했다는 점이다. 뉴욕 법무부에 따르면 이는 아주 불법적인 일이다. 당신이 자선단체 돈으로 그림을 샀다면 병원 벽에 건다는 등의 공익적인 목적으로 사용되어야만 한다. 하지만 멜라니아는 그림을 사서 도랄에 있는 트럼프 골프장에 걸었다.

절대 그려진 적 없지만 아직도 입방아에 오르는 유명한 '트럼프 그림'도 있다. 트럼프가 선거에서 승리한 뒤—그가 1969년부터 회원으로 있는—윙드 풋의 회원 세 명은 벽에 큰 그림을 걸어 그들과 같은 회원인 대통령을 기리기를 원했다. 윙드 풋의 토마스 레슬리 회장은 "천 명에 가까운 회원들 중 오직 세 명이었다. 그들은 대통령이 된 트럼프의 그림을 클럽에 걸면 좋을 것 같다고 나에게 편지를 썼다"라고 말했다. 하지만 레슬리는 이를 거절했다. "정치적인 관점을 배제하고 우리는 단지 메이저 챔피언십 우승자나 이곳에서 프로였던 사람들의 사진만 건다"는 이유에서였다. 윙드 풋에서 곧 2020 US 오픈이 열리고, 그렇다면 트럼프 반대론자들에게 괜한 언쟁거리를 남기지 않는 편이 더 낫다는 것은 굳이 말하지 않아도 될 테고.

그래, 이제 작별 인사를 건넬 시간이다. 하지만 떠나기 전에 거의 모든 트럼프 골프장이 가지고 있는 미국 서비스 협회American Academy of Hospitality Science의 다이아몬드 별 다섯 개가 박힌 유명한 명판을 둘러보길 추천한다. 나는 아마도 다른 다섯 개 트럼프 골프장에서 이것들을 본 듯하니까.

이런 명판들은 꽤 보기 드문 영광이다. 트럼프는 한 차례 마러라고 회원들에게 보낸 이메일을 통해 "눈부신 업적"이라는 표현을 쓴 적이 있다. 하지만 미국 서비스 협회는 사실 명칭과는 달리 아카데미도 아니고 과학과도 관련이 없다. 이는 그저 조이 ('노 삭스No Socks'[6]) 친케Joe Cinque라는 사람과 그의 비서이자 여자 친구가 뉴욕에 있는 그들의 아파트에서 운영하는 단체일 뿐이다.

조이 '노 삭스'는 개성이 있다. 매거진 〈뉴욕〉은 그가 마피아에 피격당했다가 살아남았고, 마피아 두목인 존 고티와 친구였다고 전했다. 뉴욕 경찰은 훔친 그림과 석상을 팔려던 그를 붙잡았고, 그는 유죄를 인정했으나 감옥에 가지는 않았다. 자백 후 조이는 이 아카데미를 고안해낼 때까지 머리를 굴려서 상을 만들기 시작했다. (하, 이것 봐라.) 그는 트럼프와 친분을 쌓았다. 〈시카고 트리뷴〉에 따르면 트럼프의 직원 세 명과 트럼프의 두 아들 그리고 조이의 여자 친구, 노조 위원장인 에드 말로이는 트럼프와 함께 협회의 신탁 관리자로 명명됐다. 그들은 얼마든지 다이아몬드별 다섯 개의 상을 받을 수 있었다.

조이 노 삭스: 좋아요. 이 회의는 순서대로 진행될 겁니다. 첫 번째 안건입니다. 누가 미국 서비스 협회의 상을 받아야만 할까요? 의장은 도널드 트럼프를 추천합니다.
트럼프: 저 또한 도널드 트럼프를 추천합니다!
도널드 주니어: 저도 동의합니다!

---

6 그의 별명이다.

조이 노 삭스: 결정이군요!

2017년 11월을 기준으로, 전 백악관 언론 비서관인 앤서니 스카라무치Anthony Scaramucci와 트럼프 베드민스터의 매니저인 데이비드 슈젠호퍼가 신탁 관리자로 명단에 올라 있다.

조이 '노 삭스'는 마러라고에서 2017년 섣달 그믐날에 열린 선거 승리 파티 때 트럼프 바로 옆에 서기까지 했다. 트럼프는 2009년에는 이런 말을 했다. "그와 같은 사람은 어디에도 없습니다. 아주 특별한 사람이죠."

유죄를 인정한 폭력배와 어울리는 이유를 물었을 때 트럼프는 답했다. "이보시오, 한 남자가 당신에게 상을 준다고 하면 그냥 받으면 됩니다. 그의 인생 이야기를 전부 살펴볼 이유는 없지 않나요?"

맞다. 왜 대통령이 그렇게 하기를 원하겠는가?

아무튼 이제 정말로 집에 가야 할 시간이다. 당신이 오늘 그 어떤 것도 훔치지 않았기를 소망한다. 백미러에 비치는 것은 조이 '노 삭스'일 테니까.

9

★★★★★

트럼프,
갈수록 태산

나는 친구를 만드는 것을 좋아한다.
하지만 적을 만드는 게 더 좋다.
—도널드 J. 트럼프

로스앤젤레스에서 남쪽으로 한 시간 남짓한 거리에 나른하게 조용한 작은 마을이 한때 있었다. 랜초 팰로스 버디스라 불리는 곳으로, 푸른 태평양이 내려다보이는 가파른 절벽에 자리 잡고 있었다. 낮잠을 자기에도 좋은 곳이었다. 술집 대부분은 11시 30분에 문을 닫았다. 저녁이 아니라, 아침 11시 30분. 부유한 노인들—대부분 은퇴한 공화당원—이 그곳에 살았다. 랜초 팰로스 버디스는 캘리포니아 남쪽에서는 찾아보기 어려울 정도로 아주 평화로운 도시였다. 도널드 트럼프가 나타나기 전까지는 말이다.

모든 일은 우레와 같은 굉음으로 시작되었다. 그곳에 사는 가수 톰 설리반은 당시를 이렇게 회상한다. "엄청나게 큰 소리가 들렸어요. 땅이 우리 밑에서 흔들거렸죠."

지진은 아니었다. 골프 홀이 바다 쪽으로 무너져 내리는 소리였다. 피트 다이가 야단법석을 떨면서 디자인한 '오션 트레일스 골프클럽'이 개장을 6주 앞둔, 1999년 6월 2일의 일이다. 496야드(454미터) 홀 대부분이 절벽 끝에 있었는데, 18번 홀은 그냥… 사라졌다. 주커먼 형제—켄과 밥—가 진행한 프로젝트도 공식적으로 파탄이 났다.

결국 그들은 파산했다. 몇 년 후 새로운 구매자가 나타났다. 도널드 J. 트럼프였다.

마을 사람들은 기뻐했다. 때는 2002년이었고, 아직 트럼프가 TV 스타가 되기 전이었다. 그들이 트럼프에 대해 아는 사실은 727기에 자신의 이름을 새기고 다니고, 곱슬곱슬한 붉은 머리를 가졌으며, 보통은 가장 최근의 아내를 데리고 다니는 동쪽 해안의 재벌이라는 점이었다. 그들은 또한 그가 아주 두꺼운 수표책을 갖고 있고, 골프를 사랑하며, 골프장을 호화롭게 다시 지을 것이라는 사실도 알았다. 그들은 이 아름다운 관계가 시작되는 것을 축하하기 위해 트럼프를 마을에 초청했다. 랜초 펠로스 버디스는 허풍쟁이와 함께 링에 올랐다는 사실을 전혀 눈치채지 못했다.

어렸을 때도 도널드 트럼프는 싸움을 즐겼고, 싸움꾼을 찾아다녔으며, 그들을 잘 다루었다. 그는 아주 질 나쁜 조합을 갖고 있었다. 덩치도 큰데, 욱하는 성질까지 있었다. 그는 여자아이들의 머리를 잡아당겼다. 그라운드 위에서는 야구 방망이를 땅에 찍고는 했다. 그는 힘없는 아이들을 괴롭히는 데 능했다. 트럼프는 자신의 책 《거래의 기술》¹에서 2학년 때 이미 선생님의 눈을 가격한 사실을 밝혔다. "선생님이 음악에 대해 아무것도 모른다고 생각했다. 나는 거의 퇴학당할 뻔했다." 그는 많은 시간을 격리학습 detention 상태로 보냈고, 그와 관련된 별명까지 얻었다. 더 심각한 것은 그가 어떤 문제를 일으키건 언제나 그 여파는 두 배로 나빠져 돌아왔다는 점이다.

열세 살 때 그의 부모는 트럼프를 뉴욕 군사학교에 보냈다. 그곳이 그를 온순하게 보듬어주길 기대하면서. 하지만 그렇지 않았다. 도널드는 군사학교에서 주먹을 쥐고 나왔다. 싸움에 대한 그의 갈증은 해갈될 수 없었다. 트럼프는 한때 이렇게 말한 적이 있다. "내 원칙은 공격받으면, 열 배 더 강하게 반격한다는 것이죠." 그리고 그는 사건 직후는 물론이거니와, 이후로도 영원히 그 일에 대해 떠들어댈 것이다.

트럼프는 거칠게 말하기를 좋아한다. 트위터에서 조 바이든을 신랄하게 까대는 것도 좋아한다. NFL(미국프로풋볼)이 선수들을 보호하기 위해 금지한 규칙을 '경기를 망치는 행위'로 무시하는 것도 좋아한다. 아이스하키 영웅인 마이크 에루지온에게 "NHL(북미아이스하키리그)은 헬멧을 안 쓰고 경기할 때가 더 낫다"라고 떠벌리는 것 또한 좋아한다. (에루지온은 "헬멧 없이는, 당신이 지켜본 많은 선수가 오늘 밤 병원에 있을 것이다"라고 답했다.)

골프장에서 주먹다짐이 벌어지는 일은 드물지만, 트럼프는 윙드 풋에서 자신이 한 남자를 가격했다는 무용담을 늘어놓고 다

---

1   도널드 트럼프 지음, 이재호 옮김, 2016, 살림, 448쪽.

닌다. "덩치도 크고 잘생긴 개자식이었죠! 완전히 얼간이처럼 굴더라고요. 그래서 9번 홀에서 경기의 승부를 결정짓는 퍼팅을 성공시킨 뒤, 곧장 돌아서서 그를 때려눕혔습니다. 그러자 그린 위로 나가떨어지더군요! 우리는 둘 다 출입금지를 당했습니다. 2주 후에 나는 돌아왔지만, 그는 돌아오지 않았어요."

여기서 몇 가지 질문이 있다. 1) 어떻게 9번 홀에서 승부를 결정지을 수 있었을까? 2) 트럼프가 갑자기 주먹을 휘둘렀는데 그 남자는 가만히 있었다고? 3) 그리고 그는 왜 영원히 돌아오지 않았을까?

게다가 윙드 풋의 몇몇 사람들은 그렇게 말하지 않는다. 수년간 트럼프를 알고 지냈고 그의 의붓아버지 또한 그를 아는 골프장 회원, 빌 푸가지의 말이다. "먼저 윙드 풋 회원들은 트럼프를 별로 좋아하지 않아요. 나쁜 뉴스만 달고 다니는 이상한 사람이니까요. 그와 경기하는 것도 보통 힘든 일이 아니죠. 그래서 사건이 벌어졌을 때도 그는 혼자 경기하고 있었습니다. 아, 그 일은 9번 홀이 아니라 10번 홀을 마쳤을 때 일어났어요. 트럼프는 곧장 바bar로 가서 빠르게 소다를 마셨고, 11번 홀로 이동했죠. 하지만 다른 사람들이 막 티샷을 하고 있던 참이었어요. 그들 중 한 명이 '지금 뭐 하는 거예요?'라고 물었고, 트럼프는 '먼저 치려고요'라고 대답했죠. 그러자 다른 이가 '뭐라고요? 보통은 허락을 받아야 하잖아요? 그건 무례한 짓이죠'라고 말했고요. 하여간 여러 말이 오고 갔습니다. 트럼프가 '내 길에서 썩 꺼져라'라는 말을 내뱉은 순간, 그는 '당신 지금 누구한테 말한 것이냐'라고 따졌죠. 트럼프는 그를 밀치고 골프장을 떠났습니다. 이후 골프장에서 출입금지를 당했고요. 그 남자는 아니었어요. 왜 그가 출입금지를 당했겠어요? 아무것도 하지 않았는데."

그래서 그 어떤 주먹질도 없었다고?

푸가지는 말했다. "그가 누구를 때리겠어요? 그렇게 작은 스펀지 주먹으로는 아무도 때리지 못하죠."

어느새 나이가 들고, 사람들을 때리기에는 너무 많은 돈을 벌기 시작하면서 트럼프는 차선책으로 그들을 고소하기로 결심했다. 그것은 싸우고 이길 수 있는 또 다른 기회였다. 심지어 더 좋은 점은 만약 재판에서 지더라도 그는 언제나 그것이 조작되었거나, 판사가 비뚤어진 성향이거나, 혹은 히스패닉이라고 말할 수 있었다. 아니면 합의를 볼 수도 있고. 하여간 졌다고 인정할 필요가 없어진 것이다.

트럼프는 자신의 빨간 넥타이를 사랑하듯, 고소를 사랑한다. 그는 무엇이든 고소할 것이다. 깃대, 나무, 울타리, 담장, 덤불, 이웃집 마당, 도로, 거리, 인도, 세금, 벌금, 비행기 소음, 헬리콥터 발착장, 부동산, 입학 사기, 물, 배수, 미지급 청구서, 반값 청구서, 너무 많은 임대료, 충분하지 않은 임대료, 도난 예금, 지역제, 환경, 그가 지은 골프장, 그가 짓지 않은 골프장, 그가 한 거래, 그가 하지 않은 거래, 자신에 대한 그림, 기부, 학교, 발표된 순 자산과 실제 순 자산 등. 그는 친구, 적, 파트너, 경쟁자를 고소한다. 트럼프는 고소를 밥 먹듯이 해왔고, 거의 모든 이들을 상대로 고소장을 접수했다. 〈USA투데이〉에 따르면 2016년 중반까지 트럼프는

3,500건 이상의 형사고소에 직면해 있었다. 이는 태어난 직후부터 매년 거의 50차례 고소한 수치에 해당한다.

스포츠 억만장자 대부분이 그렇게 많은 소송에 얽히고는 하지 않느냐고? 마크 큐반은 말했다. "나는 아니에요. 인생을 통틀어서, 내 생각에 고소는 두 차례 정도밖에 없었으니까요."

가여운 랜초 팰로스 버디스는 트럼프가 이 새롭고 불완전한 마을과 골프장의 연합을 축하하기 위해 주민들로 꽉 찬 마을회관에 나타났을 때, 그 어떤 것도 알지 못했다. 트럼프는 연단으로 가서 환호를 보냈고, 즉시 시민들에게 엿 같은 힌트를 건넸다.

그는 자신이 다시 세운 뉴욕의 트럼프 웨스트체스터를 언급하는 것으로 연설을 시작했다. "당신이 만약 브라이어클리프 매너 시장에게 5년 전에 전화를 걸어서 나에 대해 어떻게 생각하는지 물었다면, 그의 답은 그리 좋지 않았을 겁니다. 우리는 정말 힘들게 싸웠으니까요. 하지만 지금, 당신이 그에게 전화를 건다면 그는 그 어느 때보다 좋은 관계를 유지하고 있다고 답할 거예요. 그 지역의 모든 이들이 나를 사랑하죠."

당시 시장이었던 빌 베시오에게 이는 뉴스가 되지 않았을 것이다. 트럼프가 마을 사람들 3만 8,000명을 고소하는 일을 멈추지 않았고, 트위터를 통해 끊임없이 그를 모욕했으며, 골프장 부지를 산 이후 빌 베시오에게 투표하지 말라고 계속해서 독려했다는 점을 고려하면 말이다. 내가 이 글을 쓰고 있을 무렵, 트럼프는 다시 시를 고소했다. 이번에는 세금 문제였다.

랜초 팰로스 버디스에서 트럼프가 연단에 오른 그 순간, 16년간 이어질 혼돈의 역사가 시작되었다. 여기 트럼프와 랜초 팰로스 버디스의 기나긴 다툼이 있다. 10라운드 녹아웃 대결이다.

1라운드: 트럼프 VS 학교들

놀랍게도 트럼프가 골프코스 전체를 사지 않았다는 사실이 밝혀졌다. 골프장 중 일부—기본적으로 15홀—는 여전히 랜초 팰로스 버디스(RPV) 학군에 속했다. 그곳이 없이는, 트럼프는 후반 8홀만 가져야 했다.

트럼프는 이성을 잃었다. 그는 교육감인 이라 토빈에게 전화를 걸기 시작했다. 이게 얼마나 공정하지 않은 일이며, 어떻게 이런 정보를 숨겼는지 모르겠다고 말한 그는 앞으로 어떻게 고소를 진행할 것이며, 그들이 이 문제를 어떻게 바로잡을 것인지 물었다. 그는 토빈이 집에 있건, 일터에 있건 어디로든 전화를 걸었다. 매우 과묵한 남자이자, 이 책이 출간을 앞둔 즈음 다시 RPV 교육감이 된 토빈의 말이다. "트럼프 씨에게 여섯 차례 개인 전화를 받았습니다. 그는 관련 서류를 읽은 적이 없었어요. 이는 매우 수익성 있는 거래였는데도 한 번도 서류를 보지 않았죠. 우리가 누구인지를 전혀 몰랐어요. 그는 계속해서 나와 협상하기를 원했죠. 하지만 나는 거듭 말했습니다. '트럼프 씨, 나는 협상하지 않을 겁니다. 우리 변호사가 이 문제를 다룰 거예요.'"

이제 변호사, 밀란 스미스가 트럼프에게 고통을 받기 시작했다. 그는 학군 문제와 관련해서는 매우 단호한 입장을 취했는데 트럼프를 공개적으로 "거만하고", "무례하다"고 평했다. 스미스는 작은 언론사인 〈더 이지 리더The Easy Reader〉와의 인터뷰에서 이렇게 말했다. "나는 자기밖에 모르고 자아도취에 빠진 그 어떤 인간과도 계약을 한 적이 없습니다. 그는 마치 큰 바람주머니 같다니까요."

한번은 트럼프가 RPV 모임에서 스미스를 "아주 지독한 몹쓸 놈"이라고 부른 적이 있다. 자그맣고 조용한 마을에서는 절대 들을 수 없는 말이었다. 하지만 이 발언은 트럼프에게 매우 안 좋은 일로 되돌아왔다. "아주 지독한 몹쓸 놈"은 지금 트럼프의 첫 번째 '무슬림 국가 여행 금지' 행정명령을 뒤집은 샌프란시스코 제9연방항소법원의 판사로 있다.

트럼프의 불만은 스미스가 해당 구역에 대해 너무 많은 돈—500만 달러—을 요구한다는 점이었다. 그는 100만 달러만 지급하기를 원했다. 스미스는 이스터섬의 석상처럼 요지부동이었다. 그래서 트럼프는 다시 토빈을 찾았다.

"그는 나에게 여러 가지 욕을 섞어서 소리를 지르고는 했어요. (토빈은 욕을 하지 않으니, 당신이 상상력으로 빈 부분을 채워야 한다.) '이 _____ 사람들은 나에게서 돈을 뜯어낼 궁리만 하고 있다. 그곳은 500만 달러어치의 가치가 _____ 없다고! 뉴욕으로 와라, _____ 협상해줄 테니!' 같은 식이었죠. 나는 그에게 계속해서 말했어요. '도널드, 이 돈은 아이들의 교육을 위한 투자에 쓰일 거예요. 주 정부도 금액을 더 보탤 거고요. 그래서 우리 아이들을 위해 총 1,000만 달러가 쓰일 겁니다. 기부한다고 생각해봐요.'"

스미스는 "트럼프에게는 굉장히 적은 돈이었다"라고 말했다. 어느 누구도 가운데가 뚫린 도넛 같은 모양의 골프코스를 운영할 수는 없다. 결국 트럼프는 500만 달러를 냈다. 하지만 결코 잊지는 않았다.

2라운드: 트럼프 VS 애국심

아이들에게 뻣뻣하게 군 일은 작은 마을에서 고약한 홍보방식이었지만, 그는 썩 괜찮은 아이디어로 이를 만회했다. 애국심이었다. 트럼프는 그의 애국심으로 사람 뒤통수를 치는 데 아주 탁월하다. (NFL을 보라.) 그는 즉시 클럽하우스 앞에 약 20미터 높이의 깃대를 세웠다. 깃발은 러시모어산을 덮고도 남을 크기였다. 거대한 깃대는 트럼프가 그의 골프장에서 쓰는 기본적인 속임수였다. 마러라고에서 이를 처음으로 시도했을 때, 그는 더 거대한 깃대를 가졌어야 했다고 불평했다. 그의 변호사가 작은 깃대는 도널드 트럼프의 애국심을 표현하기에 적당하지 않다고 말했기 때문이다. 당신이 보다시피 트럼프의 애국심은 정확히 30미터 높이다. 34미터? 아니다.

랜초 팰로스 버디스는 대부분 공화당 당원들로 가득했지만, 이 거대한 깃대는 너무 나갔다. 도시가 제한을 둔 크기보다도 컸으니 말이다. 시는 깃대를 8미터로 낮출 것을 권고했고, 그렇지 않을 경우 제거할 것이라고 알렸다. 트럼프는 거절했다. 이 사안은 시의회 회의로 넘어갔다.

방금 당신이 들은 소리는 문이 거칠게 '쾅' 닫힌 소리다. 트럼프는 걷지 않고, 달려들어서는 도시가 그의 애국심을 침해했다고 불평하는 서류를 제출했다. "세상에 어떤 나라가 한 국민이 깃발을 꽂을 때 불쾌한 기분이 들게 하죠?" 그리고 도널드 트럼프보다 애국심이 투철한 사람이 없다는 것은 사실이다. 한참 징병이 있을 때를 제외하고는.[2] 도시 분위기는 점점 안 좋아졌다. 마을은 두 동강으로 쪼개졌다. 큰 깃대를 옹호하는 시민들이 깃대를 우스워하는 시민들보다 더 많아졌다. 그들은 트럼프의 깃대를 지지했고 깃발은 지금도 그대로 걸려 있다.

RPV 시의회 의장이자 평생을 공화당원으로 산 스티브 울로윅즈는 무슨 일이 일어났는지 알아챘다. "차라리 우리 모두 축배를 들까요? 적어도 부동산 개발업자가 어떻게 홍보를 하는지는 알게 됐으니까요."

3라운드: 트럼프 VS 빨래

이 일은 타이거 우즈로부터 시작되었다. 2007년 배우 마이클 더글러스는 트럼프 로스앤젤레스에서 연례행사인 셀러브리티 프로암 대회 겸 자선 모임을 개최했고, 이날 타이거 우즈가 참석할 것이라고 말했다. 그 말을 들은 트럼프의 눈에 연습장 티샷 박스에서 360야드(329미터) 떨어진 곳에 있는 집들이 들어왔고, 그는 그것들이 보기 싫다는 생각이 들었다. 트럼프는 3미터 높이의 벤자민고무나무를 길게 줄지어 심어서 타이거건, 더글러스건, 캐서

---

2 트럼프는 베트남 전쟁 때 학업을 핑계로 입대를 계속해서 미루었고, 결국에는 족저근막염으로 군 면제를 받았다.

린 제타 존스—더글러스의 아내—건 누구건 간에 아무도 연습용 샷을 치면서 집을 볼 수 없게 했다. 문제는 나무들 때문에 비싼 집값을 지불한 집주인들도 바다를 볼 수 없게 된 데 있었다. 트럼프의 직원들은 대회가 끝날 때까지만 잠깐 참아달라고 말했다. 하지만 대회가 끝난 뒤에도 나무들은 여전했다.

도시는 불만으로 들끓었다. 의회는 이 문제를 상의하기 위해 트럼프와 그 "보기 싫은" 주택에서 만나기로 결정했다. 그렇다, 트럼프는 그 집 안으로 들어갈 것이다.

시끄러운 무리는 트럼프 로스앤젤레스 드라이빙 라운지에서 출발해 눈에 거슬리는 주택과 시야를 가리는 나무 앞까지 걸어왔다. 그 과정에서 트럼프는 매우 고급스럽고, 눈앞에 바다까지 둔 이 주택들을 "끔찍하고", "보기 싫고", "지독한" 곳으로 표현했다. 그러고 나서 그는 제시카 리즈라는 사람이 사는 집 뒷마당으로 걸어 들어갔다. 리즈는 최근에 해변으로 여행을 다녀온 터라 발코니 한쪽에 수건들을 걸어 놓았다. 트럼프는 그 옆에 서 있는 리즈에게 "네 집은 똥 같다"라고 말했다. 또한 "이 집은 너무 보기 싫다. 내 고객들이 이 끔찍한 집을 봐서는 안 된다"라고도 했다. 이 책을 읽는 당신은 어떤지 모르겠지만, 만약 내가 누군가의 집에 들어가 그와 같은 말을 퍼부었다면 우리 엄마는 내 머리를 프라이팬으로 내려쳤을지도 모른다. 그러나 어느 누구도 트럼프를 말리지 않았고, 어느 누구도 트럼프를 비난하지 않았으며, 어느 누구도 그가 사과하도록 이끌지 않았다. 예의 바르고 온화한 랜초 팰로스 버디스에서 너무 이상한 상황이었다.

의회에서 열린 다음 회의 때 그들은 더 많은 이야기를 나누었다. 한 남성이 일어나 발언했다. "골프장을 매입한 뒤 트럼프 그룹은 그들이 무엇을 원하건, 어떤 식으로 원하건 시 당국을 완전히 무시한 채 자신들이 원하는 때에 그 일을 다 해왔습니다."

의회는 만장일치로 트럼프에게 나무들을 다시 제거하라고 명했다. 트럼프는 변호사 한 트럭을 동원했지만 소용이 없었다. 그는 패했고 으레 그랬듯이 전형적인 행동 패턴대로 대응했다. "우리는 매우 불공평한 대우를 받았어요."

나무를 갖고 치는 장난은 '트럼프의 골프 세계'에서 흔히 볼 수 있는 일이다. 도랄 리조트에서는 2,500명 이상의 거주민들이 트럼프가 큰 나무를 심은 탓에 시야를 가린다고 불평하는 일이 있었다. 몇몇은 너무 화가 나서 밤에 나무들을 잘라내기도 했다. 트럼프는 골프장 근처에 사는 중산층 다섯 가구에 각각 1만 5,000달러를 청구하는 소송을 내기도 했다.

트럼프 대변인의 말이다. "도널드 트럼프가 만들고자 하는 세계적인 수준의 골프장과는 격이 맞지 않는 사람들이 뒷마당에서 벌인 끔찍한 행동이었습니다." 도랄 사람들은 놀라지 않을 수 없었다. 세계적인 수준의 골프장 일부에 속했다고는 생각한 적이 없었던 까닭이다. 잘 봐라, 그들은 아니다. 그들은 골프장과 전혀 상관이 없었다. 그들 중 대부분은 골프를 치지도 않았다. 대체 그들이 벌인 끔찍한 행동은 뭐였을까? "음악을 듣고, 술을 마시고 그리고 빨랫줄에 속옷을 너는 일"이었다.

감히 어떻게!

4라운드: 트럼프 VS 죽은 사람

트럼프가 보는 방식은 이랬다. 만약 당신이 '도널드 트럼프 내셔널 드라이브'를 통하지 않으면 당신은 '트럼프 내셔널 골프 클럽'에서 멋진 경기를 할 수 없고, '트럼프 생수'도 마실 수 없으며, '트럼프 골프공'을 살 수도 없다. 그래서 그는 '오션 트레일스 드라이브'에서 그의 골프장으로 들어오는 도로명을 새로 짓기를 원했다. 하지만 시는 도로명을 정하는 데 규칙이 있었다. 누군가의 이름을 딴 도로명을 얻기 위해서는 그가 죽은 사람이어야만 했는데, 어찌 되었든 트럼프는 살아 있었다. 방법은 하나, 트럼프는 고소했다. 그 도로에 자신의 이름을 너무나도 넣고 싶었으니까.

길 위에서 생긴 소소한 다툼은 전혀 다른 문제의 구덩이로 옮겨갔다.

5라운드: 트럼프 VS 집

트럼프는 골프장 인근에 많은 집을 짓고 싶었지만, 이는 애초에 거래의 일부가 아니었다. 시는 그 제안을 거절했다. 트럼프는 사기와 적법 절차 위반이라고 주장하며 시의회를 상대로 1억 달러의 소송을 걸었다. 트럼프의 방식에 지치고 지친 의회는 새로운 전략을 짜기로 했다. 그의 요구를 절반만 들어주고, 정말 중요한 절반은 지키는 전략이었다. 아마도 어떤 면에서 트럼프는 자신이 이겼다고 생각할 수도 있었다. 이번에 그는 정말로 이겼다. 그는 자신의 이름을 딴 도로를 얻은 반면, 주택은 잃었다.

6라운드: 트럼프 VS 시간

어떤 트럼프 골프장을 방문하건, 그곳에서 당신은 트럼프가 표지로 실린 기사와 사진을 보관하는 엄청난 크기의 액자를 보게 될 것이다. 하지만 트럼프 로스앤젤레스가 개장한 지 얼마 지나지 않아 〈워싱턴 포스트〉 기자는 한 가지 이상한 점을 발견했다. 트럼프가 '올해의 인물'로 커버를 장식한 〈타임〉이 그곳에 놓여 있었는데, 그 잡지는 가짜였다. 발행일은 2009년 3월 1일로 적혀 있었지만, 확인한 결과 해당 날짜에는 잡지가 발행된 적이 없었다. 그나마 해당 날짜와 가까운 발행일의 표지 주인공은 배우 케이트 윈슬렛이 차지했다. 트럼프는 '올해의 인물'로 뽑힌 적이 한 번도 없었다. 이는 매우 불공평해 보였다. 그는 트윗에 이런 글을 올렸다.

〈타임〉이 선정하는 가장 영향력 있는 인물 100인의 목록은 〈뉴스위크〉처럼 곧 사라질 잡지의 농담이자 허세다. 나쁜 목록이지.

가짜 '올해의 인물' 표지가 트럼프 로스앤젤레스에서 발견되자 사람들은 다른 골프장에서도 이를 찾기 시작했다. 스코틀랜드와 아일랜드 클럽을 포함해 그의 골프장 다섯 군데가 포함됐다. 직원들은 그것들을 서둘러 치웠다. 그런데 왜지? 가짜 클럽 챔피언십에서 열여덟 차례 우승하면, 자동으로 가짜 '올해의 인물'이 되는 것 아닌가?

7라운드: 트럼프 VS 세금

어떤 사람들은 로켓 발사를 보기 위해 [케네디 우주센터가 있는] 케이프 커내버럴로 찾아가고는 한다. 나는 트럼프가 사람들에게 그의 골프장이 어떻게 만들어졌는지 이야기하는 모습을 지켜보고는 한다. 이는 전통적인 '트럼프 범프'다.

보통은 1억 달러에서 시작한다. "저는 이 골프장에 1억 달러를 쏟아부었습니다. 아마 세계에서 가장 비싼 골프장이 되겠죠." 이제 부풀려질 차례다. 곧 "1억 5,000만 달러"가 될 것이고, 다음에는 "2억 달러" 그리고 결국 "2억 5,000만 달러"까지 오를 것이다. 그는 트럼프 애버딘에 "3억 2,500만 달러를 썼다"라고 말한 적도 있다. 만약 당신이 모든 페어웨이를 금으로 포장하고 다이아몬드 컵으로 선을 그린다 해도 골프장에 3억 2,500만 달러를 쓸 수는 없을 것이다.

트럼프 로스앤젤레스에서 트럼프는 그의 방식대로 "2억 6,400만 달러"를 썼다고 밝혔다. 이는 뜨거운 공기를 가득 불어넣어 [1967년부터 롱비치에 정박해 있는] 퀸메리호를 띄울 수 있을 정도의 허풍이다. 내가 이 이야기를 전달하자 골프장 감정사인 래리 허시는 웃음을 터뜨렸다. "내 생각에, 무슨 일이건 가능하기는 해요. 하지만 누군가 골프장에 2억 6,400만 달러를 쓴다면 이건 아주, 아주 큰 모험이죠." 골프장을 짓는 데 2억 6,400만 달러를 썼다고 말하는 것은 냉장고 문을 열고 꺼낸 재료로 50만 달러짜리 샌드위치를 만들었다고 이야기하는 것과 같다. 우리는 이것이 거짓말이라는 사실을 안다. 트럼프가 2억 6,400만 달러짜리 골프장을 언급하고 얼마 지나지 않아 그의 변호사들은 그 골프장을 평가한 LA 카운티 검사실에 소송을 걸었다. 그들은 골프장이 오직 1,000만 달러의 가치가 있다고 평가한 바 있다. 트럼프는 2억 5,400만 달러를 잃었다.

8라운드: 트럼프 VS 다이

트럼프 로스앤젤레스는 그 자체로 쓰레기다. 굉장히 단조로운 배치를 자랑한다. 앞과 뒤, 뒤와 앞. 한 홀을 제외하고 나머지 홀은 전부 바닷가와 평행하게 놓였는데, 모든 공이 바다 쪽으로 튕겨 나간다. 나중에는 당신까지 바다 쪽으로 점프하고 싶어질지도 모른다. 세 개의 끔찍한 폭포는 별개다. 한번 경기해보면 왜 LPGA가 1년만 경기를 하고 도망쳤는지 알게 될 것이다.

밴든 듄스를 디자인한 스코틀랜드의 골프장 설계가, 데이비드 맥레이 키드의 말이다. "나는 14홀까지만 공을 쳤어요. 너무 지루하더라고요. 그래서 그냥 클럽하우스 안으로 들어갔죠. 그곳도 좁고 답답하고 억지로 꾸민 것처럼 인위적이었어요. 트럼프의 해결책은 언제나 이거죠. 더 많은 돈을 쓰고, 더 많이 짓고, 더 많은 카트 길과 폭포를 만드는 것. 그에게 가끔 필요한 건 자제일 거예요."

바로 이것이 원 설계가인 피트 다이가 골프장에서 자신의 이름을 빼달라고 한 이유겠다. 피트의 아들, 페리 다이는 말한다. "트럼프를 만나서 그의 브랜딩과 오션 트레일스의 재설계에 관해 논의했어요. 우리는 (지금의 트럼프 대통령을 상대로는 매우 힘든 일이지만) '동의하지 않기로' 동의했지요. 그는 우리가 느끼기에는…

불필요한 폭포를 원했어요. 18홀 모든 곳에서 태평양과 카탈리나 섬을 볼 수 있는데 말이에요."

트럼프 로스앤젤레스의 한 라운드당 요금이 300달러인 것도 그리 도움이 되지 못했다.

하지만 트럼프가 옳았다. 태평양이 보이는 경치는 믿을 수 없을 만큼 아름답다. 운이 좋게도 캘리포니아 해안위원회는 트럼프에게 골프장 안팎의 하이킹 코스를 계속 열어두도록 압력을 넣었다. 그래서 당신은 환상적인 태평양 전망을 전부 무료로 볼 수 있다.

9라운드: 트럼프 VS 자선단체

트럼프 로스앤젤레스 공식 웹사이트에는 한때 이런 페이지가 있었다. 개장 이후 트럼프 로스앤젤레스가 자선단체에 500만 달러 이상을 기부해온 경위를 알려주는 페이지였다. 그곳에는 200여 개의 기부 목록이 적혀 있었는데, '이봐, 트럼프 로스앤젤레스처럼 우리의 마음과 지갑을 연다면 세상이 좀 더 나아지지 않을까?' 하는 문구도 함께였다.

한 가지 문제는 그들이 500만 달러에 가까운 금액을 어디에도 기부한 적이 없다는 사실이다. 오랜 조사에 착수한 미국 공영라디오 방송(NPR)은 80만 달러의 기부금만 확인할 수 있었고, 그 대부분은 무료 라운딩과 무료 브런치였다.

사실 목록에 오른 단체 200곳 중에서 17곳은 그들이 기부받은 것에 대한 기록을 찾을 수 없다고 말했고, 26곳은 어떤 식으로든 증명할 수 없다고 밝혔다. 그들 중 대부분은 로스앤젤레스시

경찰청(LAPD)처럼 자선단체가 아니기도 했다.

무료 지문인식 키트가 여기 있어요. 우리와 함께하자고요!

몇몇 단체는 아예 존재하지도 않았다. 누군가 자선단체 명단을 부풀렸다.

트럼프 그룹은 이 사안에 대해 NPR이나 나에게 회신하지 않았고, 그저 해당 기구의 목록을 지워버렸다.

10라운드: 트럼프 VS 여성들

그의 골프장이나 클럽하우스가 그러하듯, 트럼프는 모든 것이 10점 만점에 10점이기를 원한다. 랜초 팰로스 버디스에서 일했던 여성들이 제기한 소송에 따르면, 자신이 고용한 여성들에게서도 그는 같은 것을 원했다.

트럼프는 식당 안내원이나 종업원들로 "예쁜 외모의 여성들"을 고집했다. 2008년까지 랜초 팰로스 버디스에서 레스토랑 책임자로 있었던 헤일리 스트로지에의 말이다. "도널드 트럼프가 골프장을 방문할 때마다 매니저들에게 '레스토랑 안내원들이 충분히 예쁘지 않다'고 수차례 말하는 모습을 목격했어요. 그럼 그들은 머지않아 해고되었고, 곧바로 다른 매력적인 여성으로 교체되었죠." 레스토랑 매니저인 수 콰이코스키의 증언도 이 주장을 뒷받침한다. "그는 한번은 저를 옆으로 데려가 말했어요. 예쁜 안내원들을 구해서 이곳에 데려다 놓으라고요. 레스토랑에 들어온 손님들은 그곳에 예쁜 사람들이 있어야 좋아한다는 게 그 이유였죠."

트럼프가 그곳에 있을 때마다 일정에서 배제되고는 했던 옛

안내원 루시 메세르슈미트의 증언에 따르면, 그는 젊은 여성을 선호했다. 또한 스타시아 소티스는 젊고 예쁜 종업원들이 능력과는 별개로 트럼프의 식탁을 담당하는 일을 맡았다고 증언했다. 한 남성 종업원은 트럼프가 한 번도 남성 웨이터의 접대를 받은 적이 없다고 말했다. 한 여성 관리자는 트럼프가 "뚱뚱한 여성을 해고하라"라고 한 명령을 거부했다. 트럼프는 47만 5,000달러에 이 난장판을 정리했으나, 잘못을 인정하지는 않았다.

15년이 지난 **지금**, 온갖 형편없는 소송과 지긋지긋한 두통에 시달려온 공화당 텃밭의 랜초 팰로스 버디스는 도널드 트럼프를 어떻게 생각하고 있을까?

글쎄, 랜초 팰로스 버디스는 2008년에는 공화당의 존 매케인에게 투표했고, 2012년에는 공화당의 밋 롬니를 밀었다. 그리고 2016년에는 민주당의 힐러리 클린턴에게 압도적으로 표를 몰아주었다.

10

★★★★★

결정적
한 방

내 인생은 오로지 승리에 관한 것이었다.

나는 지지 않는다.

－도널드 J. 트럼프

지난 수십 년간 골프 세계는 트럼프에 대해 알아왔고, 나머지 세계는 이제 점점 알아가고 있다. 맞다. 트럼프는 큰 거래를 성사시킨다. 하지만 그는 더 큰 거래를 파투 놓기도 한다. 그가 언론에 무슨 말을 흘렸건, 어떤 종이에 서명을 했건, 누구와 악수를 했건 아무런 상관이 없다. 돈을 지불할 시간이 오면, 그는 풍향계처럼 마음을 획 뒤집는다.

그 순간이 당신에게는 호된 시련의 장이 될 것이다. 흔들리거나 아니면 배짱 좋게 맞서거나. 당신이 독일 총리건, 벽지 배달부건 트럼프와 함께하는 그 순간은 당신의 회사, 경력, 삶을 일으킬 수도 있고 반대로 무너뜨릴 수도 있을 것이다. 이는 골프 세계에서는 이미 수백 번도 더 일어났다. 어떤 사람들은 일어섰고, 어떤 사람들은 파묻혔다.

트럼프 웨스트체스터에서 약 1,500평 크기의 클럽하우스를 디자인한 앤드류 테소로Andrew Tesoro에게도 그런 일이 있었다. 그의 인생에 아주 큰 흠집을 남길 수도 있는 사건이었다.

테소로는 뉴욕시 콜럼버스 서클에 사는 50대 건축가였고, 입양한 아들을 키우는 싱글 대디였다. 그는 처음에는 트럼프를 위해 일하는 것이, 꽤 멋지다고 생각했다. 테소로의 말이다. "하루는 이런 일이 있었어요. 골프장으로 제 아들, 빅터를 데려갔죠. 아마 다섯 살 무렵이었을 거예요. 도널드는 빅터에게 골프 레슨을 해줄 만큼 친절했어요. 그는 손에 작은 아이용 클럽—당신도 알다시피, 일반 클럽을 아이들 용으로 자른 것을 말한다—을 들고, 빅터에게 어떻게 스윙을 해야 하는지 보여주었죠. 아이는 아주 신이 났어요. 하지만 트럼프는 그의 클럽을 도로 빼앗았고 빅터는 울기 시작했어요. 다시 클럽을 휘두르고 싶었거든요. 저는 빅터에게 '아들, 이 클럽은 잠깐 빌린 것일 뿐이야'라고 말했어요. 하지만 다섯 살 아이가 이해하기에 '빌린다'는 개념은 좀 버거웠죠. 빅터는 계속 울어댔고, 트럼프는 짜증을 냈어요. 그는 우리에게 등을 돌리고 그 클럽을 종업원 중 한 명에게 건네준 뒤 가버렸죠. 저는 그때 그가 아이를 못 견딘다는 사실을 알게 되었어요."

얼마 지나지 않아 테소로는 트럼프가 청구서도 못 견딘다는 사실을 알게 되었다. 트럼프는 1만 달러 송장을 계속해서 6,000달러 수표로 지불했다. 테소로는 단지 그가 이해하지 못하는 일종의 회계 시스템이라고 생각한 채, 묵묵히 일했다. 테로소의 말이다. "사람들은 말했죠. 트럼프가 저에게 사기를 치려고 계산서를 조작하고 있다고요. 하지만 저는 공평하고 정직한 사람이기 때문에 그렇게 하지 않아요. 제가 사업하는 방식은 사람들을 예의 바르게 대하는 것이고, 그들 또한 나를 그렇게 대하리라고 믿는 것이죠."

큰 실수였다.

일을 끝냈을 때도 트럼프는 여전히 10만 달러 이상을 지불하지 않은 상태였다. 테소로는 프로젝트의 핵심 인물을 찾아가서 불만을 터뜨렸다. 그 남자는 다음 날 클럽하우스로 오면, 두 명의 매니저가 일을 해결해줄 것이라고 말했다. "그들은 비용을 깎으려고 하겠지만, 어쨌든 해결은 해줄 거예요."

다음 날, 테소로는 그가 디자인한 클럽하우스로 걸어 들어갔다. 하지만 매니저를 만나려고 하는 사람은 테소로만이 아니었다. 로비에는 수많은 사람들이 모여 있었다. 타일공부터 전기 기사, 굴삭기 기사까지 모든 하청업자가 그곳에 있었다. "그리고 우리가 만나려던 매니저는 두 명이 아니었어요. 거기에는 열 명이 넘는 관리인과 변호사가 있었고, 그들은 집단으로 힘없는 남자들을 공격해댔죠."

테소로는 클립보드에 이름을 써넣고 기다렸다. 마침내 누군가 그의 이름을 불렀고, 그는 커다란 회의실로 이동했다. 그곳에는 큰 탁자에 둘러앉아 서른 개의 눈썹을 찌푸린 정장 입은 사람들이 있었다. 테소로가 의자에 앉자 그들은 두꺼운 서류를 꺼내 그의 청구서를 하나씩 살펴보았다. "그중 한 화장실에 대해 2,147

달러의 비용을 청구한 게 있었어요. 한 남성이 이를 살펴보더니 말하더군요. '글쎄요, 그 금액만큼 트럼프를 기쁘게 한 것 같지는 않은데요.'"

이봐, 비자 카드. 왜 우리 남편한테 2,147달러를 청구했지? 그는 그만큼 기뻐하지 않았는데 말이야.

결국 트럼프의 사람들은 1달러당 40센트의 비용─그러니까 14만 1,000달러를 5만 6,000달러로 깎았다─을 제안했다. 돈을 받거나, 이대로 떠나거나. 그들은 또한 테소로에게 고소하고 싶으면 그렇게 하라고 했다. 하지만 그럴 경우 법정에서 7~8년이라는 긴 시간 동안 싸우게 될 것이고, 돈도 받지 못할 수 있다고 덧붙였다. 자, '트럼프랜드'에 온 것을 환영한다. 테소로는 생각할 시간을 달라고 했다. 그는 집에 돌아가 고심했다. 만약 도널드 J. 트럼프와 향후 7년간 법정 다툼을 벌인다면 그의 사업을 잘 유지할 수 있을지 걱정이었다.

"나는 싸우고 싶지 않았어요. 그저 건축가로 남고 싶었죠." 며칠 뒤 그는 트럼프에게 5만 달러가 적힌 청구서를 보냈다. 하지만 여전히 지불되지 않았다.

이번에는 곧장 트럼프에게로 갔다. 트럼프는 자신의 트럼프 타워 사무실에서 마치 귀환한 우주 비행사를 맞이하듯, 그를 반겼다. 트럼프는 웃으면서 말했다. 물론 악수가 먼저였다. "세계 최고의 건축가가 어쩐 일로! 자리에 앉아요!"

마침내 테소로는 단도직입적으로 물었다. "왜 저에게 돈을 지불하지 않으시죠?"

트럼프는 그에게 프로젝트 비용이 초과되었고, 공사 기간도 오래 걸렸다고 설명했다. 테소로는 그것이 어떻게 자신의 책임이 되는지 물었다. 트럼프는 일어서서 악수를 제안한 뒤 그에게 2만 5,000달러를 줄 수 있다고 말했다. 그렇지 않으면 복도를 따라 나가서 그의 변호사 버니와 이야기해야만 한다고 덧붙였다.

결국 테소로가 받은 금액은 2만 5,000달러였다. 그가 애초에 받을 비용에서 18퍼센트밖에 되지 않는 금액이었다.

"속은 거죠." 테소로의 말이다. "저는 꽤 경험이 풍부하지만, 사기를 당했고 꼬임에 넘어갔습니다. (상원의원) 린지 그레이엄과 의회에 있는 나리들이 나라를 위해 옳지 않은 일이라는 걸 알면서도 트럼프에게 아부를 떨 때, 저는 그들을 비난하지 않았어요. 트럼프는 사람들을 바보로 만들죠. 저는 그가 얼마나 설득력 있는 사람인지 압니다."

여기까지는 아직 다리 아래 고인 악취 가득한 구정물에 불과했다. 어느 날 테소로가 빅터를 학교에 데려다주었을 때 만난 한 학부모가 "이 이야기를 공개해야 한다"라고 말하기 전까지는. 테소로는 그럴 생각이 없었지만, 그녀는 계속해서 옆구리를 찔렀다. 결국 그는 동의했다. 그리고 당신이 알다시피, '힐러리 클린턴을 대통령으로' 광고에 출연했다. 공화당 대통령 후보에게 돈을 떼먹힌 건축가로서 말이다.

"수천 명이 저에게 이메일을 보냈고, 페이스북 댓글을 달았어요. 낯선 사람이 전화를 걸기도 했죠. 대부분 저를 지지했고, 또 동정했습니다. 10퍼센트 정도는 '오, 당신은 그를 떨어뜨리려고

하는군요' 하는 식이었지만요. 맞아요. 몇몇 사람들은 그렇게 생각했어요. 그래도 여전히 트럼프를 찍을 것이라고 말했으니까요. 또다른 사람들은 트럼프를 찍지 않을 것이라고 했어요. 하지만 저는 그 일로 돈 한 푼 받지 않았고, 게다가 일을 얻지도 못했어요."

트럼프는 그에게서 빅터가 가고 싶은 학교—예일 혹은 프린스턴—에 보내줄 돈뿐만 아니라 시간도 빼앗았다. 테소로는 조금 후회스러운 목소리로 말했다. "이 모든 일을 겪다 보니, 빅터에게 관심을 기울이지 못하는 날이 많았습니다. 트럼프와 싸우면서 너무 많은 시간을 허비했죠. 빅터가 고등학교 졸업을 앞둔 무렵은 사업적으로도 끔찍한 한 해였고요. 하지만 빅터는 다 이해하더군요. 언젠가 이런 말을 했어요. '아빠, 그거 알아요? 트럼프 같은 사람은 히틀러 부류예요.' 저는 대답했죠. '아니, 그건 너무 나갔구나.' 하지만 이제 와서 깨달은 것이지만, 저보다는 제 아들의 생각이 더 진실에 가깝게 느껴지네요."

그리고 브래드 에드워즈Brad Edwards라는 젊은 변호사가 있었다. 포트 로더데일의 고급스러운 지역에 자리 잡은 작은 사무실에서 그는 두 눈을 비비게 하는 사건을 넘겨받았다. 트럼프 주피터 골프장이 연관되어 있었는데, 에드워즈가 생각하기에 사실이라고 하기에는 너무나도 괜찮은 일 같았다.

사건은 트럼프가 빚더미에 앉은 리츠칼튼 주피터 골프 리조트를 사서, 트럼프 내셔널 주피터 골프클럽으로 이름을 바꾸었을 때 시작되었다. 이는 최고로 훌륭한 구매였다. 500만 달러에 잭 니클라우스가 설계한 코스와 미국에서 제일가는 우아한 주소록에 적힌 회원 400명을 거느린 클럽하우스를 갖게 되었으니까.

하지만 한 가지 까다로운 부분이 있었다. 트럼프는 회원들이 각각 지분(주식) 회원으로 20만 달러까지 입회비로 냈던, 보증금 같은 이상한 종류의 부채 5,100만 달러까지 떠맡았다. (주식 클럽은 회원이 이를 소유한다는 뜻이다. 비주식 클럽은 개발업자가 소유한다.) 이는 그들이 회원을 탈퇴하면 언제건 돈을 돌려받을 수 있다는 것을 의미한다. 늘 그러하였듯, 그들의 자리를 대신할 구매자가 있을 것이다. 어쨌든 주피터니까. 5,100만 달러는 주식 클럽의 새 주인이 절대로 건드릴 수 없는 것이다. 양도성 예금 증서에 넣으면 1~2퍼센트의 이자를 얻을 수는 있지만, 그것으로 투기를 하거나 제멋대로 사용하거나 빌려주거나 소비하거나 콘도를 위해 사용하거나 제트기에 넣는 일은 도덕적으로 허용될 수 없다.

트럼프월드를 제외하고.

타운홀에서 개최한 주피터 회원들과의 첫 만남에서 트럼프는 한껏 매력적인 모습으로 화로에 기름을 들이부었다. 그는 플로리다의 "가장 아름다운 장소"에 "미국에서 최고의 클럽"을 만들 것이고, 조만간 당신이 "가장 인기 있는 곳"에 있게 될 것이라고 말했다. "오, 한 가지 더 있어요. 당신은 입회비를 돌려받지 못할 것이고, 나는 5,100만 달러를 코스에 전부 쏟아부을 거예요."

마지막 문장은 회원들을 의자에서 벌떡 일어나게 했다. 그곳에는 이미 자신들의 회원권을 팔려고 매매자 목록에 이름을 올린 150명이 있었다. 그들은 팔겠다는 계약서에 사인까지 했다. 그런데 지금 이 억만장자가 자신의 5,100만 달러를 손에 쥐고 그냥 떠나려고 한다고?

상황은 점점 나빠졌다. 트럼프는 모두에게 편지를 썼다. "만약 당신이 매매자 목록에 남는 것을 고집한다면, (클럽에서) 쫓겨나고 말 겁니다." 쫓겨날 뿐만 아니라—이것은 당신이 클럽에서 골프를 치거나, 먹거나, 마시거나, 그라운드를 밟거나, 울타리 너머를 볼 수조차 없다는 것을 의미한다—멤버십이 교체될 때까지 매달 꼬박꼬박 이용료를 내야만 할 것이다. 대부분의 회원제 골프장은 해마다 25~30명의 새로운 회원을 받는데, 매매자 목록 마지막에 이름을 올린 사람은 그의 입회비를 돌려받을 때까지 5년간 기다리면서 월마다 회비를 내야만 한다는 뜻이다. 그렇다. 당신은 회비는 내지만 골프장에서 아무것도 할 수 없다.

법정에서는 통할 리 없는 공허한 협박이었다. 그들은 서면계약을 했고, 매매자 목록에 이름을 올렸다고 해서 쫓아낼 골프장은 어디에도 없다. 도대체 누가 이 협박에 겁을 먹었을까?

정답이 여기 있다. 대부분.

도널드 트럼프와 그의 변호사 부대를 상대로 소송을 한다는 것은 오줌을 지릴 정도로 두려운 일이다. 대부분은 트럼프의 갈취에 동조했다. 그들은 마지못해 막대한 입회료를 내고 '허리케인 트럼프'에 휘말렸다.

남은 65명은 집단 소송 형태로 변호사를 구했다. 에드워즈는 이때 등장한다. 그는 트럼프와 맞서야 한다는 사실에 움찔하면서 입술을 핥았다. 에드워즈는 말했다. "저는 많은 사건을 맡아왔어요. 정말 어려운 사건이 많았죠. 하지만 그렇게 슬램덩크를 할 수 있는 사건은 아주 드물어요. 지는 게 불가능해 보일 정도였죠.”

트럼프의 변호사 집단은 통상적인 지연 전략, 서류 위협, 시간 낭비 행동을 취했다. 그중 어떤 것도 효과가 없었다. 회원들 65명은 도망가거나 숨지 않아도 될 만큼 돈이 충분했다. 이 사건은 법정 심리로 갔다. 에드워즈는 뉴욕으로 날아가서 전임 사장인 트럼프를 면직시켰다. 트럼프는 기본적으로 다음과 같은 입장을 고수했다. “아니, 나는 계약서를 다르게 봤어요. 입회비가 환불 불가인 것으로 읽었다고요.” 이는 마치 소를 보고 “아니, 나는 닭을 봤어”라고 말하는 것과 같다. 계약서를 똑바로 읽고 그들이 계약서에 적힌 대로 돈을 돌려받았다면, 어째서 재판을 했겠는가?

에드워즈는 말했다. “저는 정말 이해를 못 하겠어요.”

에드워즈는 트럼프 그룹의 이름만 사장인 에릭 트럼프 또한 면직시켰다. 에릭은 말했다. “아니, 아니, 아니에요. 그들의 회원권은 폐지되지 않았고, 여전히 클럽을 사용할 수 있다니까요.” 하지만 이는 사실이 아니다. 그들은 골프장 시설을 이용할 수 없다는 이메일을 클럽으로부터 받았다. 그들의 출입증도 거부됐다. 클럽의 헤드 프로는 그들이 골프장에서 경기할 수 없다고 했다. 그들이 여전히 클럽 회원이라고 짐작할 수 있게끔 하는 유일한 단서는 꼬박꼬박 날아오는 월 회비 청구서였다. 게다가 에릭의 아버지는 이미 증언을 통해 회원들의 출입이 금지되었다고 몇 번이고 밝혔다. 그는 그들을 “화가 난 사람들”로 묘사했다.

트럼프는 이들이 “아주 괜찮은 클럽 회원이 될 수 없고 행복

하지도 않을 것"이기 때문에 곁에 있어서는 안 된다는 이유를 댔다. 확실히 당신 돈 20만 달러를 들고 돌아다니는 누군가를 본다면 기분이 썩 유쾌하지는 않을 것이다.

모든 이메일과 편지가 증거가 되면서 트럼프는 사지에 몰렸다. 하지만 그는 계속 싸웠다. 왜 그랬을까? 고작 600만 달러 때문에? 이미 한 모임에서 4,500만 달러를 주머니에 넣었는데도? 아주 괜찮은 거래였잖아, 그렇지 않은가?

아니다. '괜찮은'은 트럼프에게 충분하지 않다.

에드워즈는 그를 한 번만 꺾은 게 아니다. 두 번 꺾었다. 판사는 2017년 2월 그리고 2018년 1월 항소심에서 트럼프가 회원들에게 입회비 470만 달러는 물론이고 이자와 변호사 비용을 더해 총 540만 달러를 빚졌다고 판결했다. 이는 합의가 아니었다. 에드워즈는 승소했다. 포트 로더데일의 타코 가판대 옆에 자리한 작은 로펌의 젊은 변호사가 미국 대통령으로부터 540만 달러를 받아냈다.

지난날을 돌이키며 에드워즈가 한 말이다. "장기적으로는 트럼프가 이겼어요. 그는 굉장한 골프장을 500만 달러에 샀고 손가락만 튕겨서 4,500만 달러의 빚을 자산으로 바꿨으니까요. 얼마나 훌륭한 비즈니스인가요? 하지만 그는 멈추지 않았어요. 이 사건은 옳은 사람들―분명히 옳은 사람들―이 있을 때조차도 트럼프는 아주 쓰라린 최후를 맞이할 때까지 싸운다는 사실을 가르쳐 주었어요. 그를 그냥 이겨서는 안 됩니다. 서너 번 무너뜨려야 하죠. 그가 그라운드에 쓰러져도 계속 싸워야만 해요. 왜냐하면 그는 다시 일어나서 더 강하게 싸울 거거든요. 트럼프는 절대 멈추지 않아요."

후안 카를로스 엔리케스Juan Carlos Enriquez를 만나보자.

마이애미의 도랄 골프 리조트를 재정비하는 데 필요했던 대부분의 페인팅 작업은 엔리케스와 그의 가족이 운영하는 '페인트 스폿'이라는 작은 업체가 맡았다. 그로서는 수십만 달러에 이르는 대규모 작업이었다.

그가 일을 마쳤을 때, 트럼프는 마지막 대금인 3만 달러를 지급하지 않았다. 그 상태로 계속해서 시간이 흘렀다. 엔리케스는 우편함을 열어 수표를 기다렸으나 오지 않았다. 2년이 지나도 3만 달러는 감감무소식이었다. 트럼프가 '잊힌 사람'에 대해 이야기했을 때, 이는 엔리케스를 의미하는 것이었을까?[1]

어쩌면 트럼프는 자신의 757기에서 쿠션 밑에 놓인 3만 달러를 발견할 수 있을지도 모른다. 하지만 엔리케스에게 3만 달러는 그의 연간 수입 중 큰 액수를 차지했다. 8개월 치 작업에 해당했고 따라서 그는 돈을 받아야만 했다. 쿠바 이민자의 아들인 엔리케스는 말했다. "저에게는 아내와 세 명의 딸, 열 명의 직원 그리고 동생이 있어요. 저는 제 돈을 받아야만 합니다."

하지만 트럼프는 역시나 꿈쩍도 하지 않았다. "나는 충분히

---

1   트럼프는 대통령에 당선되었을 때 "잊힌 사람들을 위해 변화를 이루어내겠다"라고 말한 바 있다. 여기에서 '잊힌 사람들'은 비기득권층을 의미한다.

지불했어요."

친애하는 퍼스트 내셔널 은행 여러분, 저에게 차 융자금 청구서를 그만 보내세요. 충분히 지불했으니까요.

엔리케스는 2만 6,000달러에 합의하자고 제안했다. 트럼프는? "합의하지 않겠어요."

그래서 페인트공은 침을 크게 꿀꺽 삼키며 도널드 J. 트럼프, 곧 미국 대통령이 되는 사람을 고소했다. "이길 것이라는 확신이 95퍼센트 있었어요. 하지만 소송은 끊임없이 진행되었죠. 소송비는 분쟁 비용의 열 배로 뛰었습니다. 만약 패소한다면 가게를 닫아야만 할 판이었죠. 40만 달러가 넘는 소송비를 제가 어떻게 감당할 수 있겠어요?"

마침내 2017년, 3년 여의 긴 싸움 끝에 엔리케스는 승소했다. 당연히 트럼프의 변호인단은 항소했다. 잠 못 이루는 몇 달이 더 흘렀다. 결국 트럼프는 항소에서도 졌고, 엔리케스는 30만 달러가 넘는 돈을 손에 쥐었다. 그 돈은 대부분 그의 변호사에게로 갔다.

하지만 그거 아는가? 재판 사이에 엔리케스는 사실 트럼프에게 표를 던졌다. "이봐요, 사업과 정치는 별개의 문제니까요. 저는 그가 하겠다고 말한 것은 반드시 해낼 사람이라고 생각해요."

페인트공은 도랄에서 된서리를 맞은 유일한 사람이 아니었다. 유월절 행사에서 일했던 종업원 48명이 있었고, 이들은 추가근무 수당으로 각각 800달러에서 3,000달러 사이의 액수를 지급받지 못했다. "절대 합의하지 않는" 트럼프는 합의했다.

팜비치 카운트 위원, 셸리 바나의 말이다. "새로울 건 전혀 없어요. 우리는 그에게 돈을 받지 못했다는 이들의 이야기를 너무 많이 들었어요. 모두가 그런 말을 하죠. '조심해! 트럼프는 돈을 지불하지 않을 거야. 주의하라고.'"

트럼프는 100만 달러짜리 홀인원을 달성한 사내에게 돈을 주지 않으려고도 했다. 트럼프 웨스트체스터에서 열린 자선 행사에서 마티 그린버그라는 월 스트리트 재벌은 '홀인원을 할 경우 100만 달러를 준다'는 광고가 적힌 홀의 티박스에 섰다. 그린버그는 홀인원을 성공시켰지만, 트럼프의 보험 회사는 이렇게 말하며 지급을 거절했다. "안 돼요. 홀인원 홀은 최소 150야드(137미터)가 되어야 하니까요. 해당 홀은 단지 139야드(127미터)에 불과해요." 트럼프도 마찬가지였다. 그린버그는 소송을 제기했다. 트럼프는 15만 8,000달러에 합의했다.

상황은 점점 나빠졌다. 트럼프는 여전히 돈 지급을 거절했다. 대신에 그는 도널드 J. 트럼프 재단 계좌에 돈을 넣었다. 트럼프 재단이 이 일과 관련해 무슨 일을 하느냐고? 물론 아무것도 하지 않는다. 이는 사적 금융 거래였고 불법이었기 때문에 트럼프는 15만 8,000달러에 더해 지방 벌금까지 부과받았다. 이는 몇 년 후 트럼프 재단이 뉴욕 법무장관실에 의해 영원히 문을 닫게 된 이유 중 하나가 됐다.

골프장이나 부동산 재벌들은 대부분 돈을 지불하지 않고 끊임없이 소송을 제기하는 것일까? 많은 계약 업체와 함께?

"절대 아니죠." 트럼프와 같은 급인 골프장 개발업자, 데이비드 사우스워스는 말했다. "저는 단 한 번도 그런 일이 없었어요."

단 한 번도 없다고? 얼마나 오랜 시간 동안?

"27년 동안이요. 우리는 누군가의 돈을 떼어먹은 적이 없어요. 확실하게 사람들과 의견을 교환했고, 절대 아무런 이유 없이 돈을 감추지 않았어요."

다른 개발업자가 그런 일을 했다는 것을 들어본 적이 있는가?

"없어요. 하지만 오랫동안 도널드에 대해 들어왔죠. 아마 그렇게 하는 데에는 분명 무언가 이점이 있었을 거예요. 그에 대해서는 익히 들어왔으니까요."

마이크 멜드먼Mike Meldman은 트럼프와 동급이다. 그는 재미있고, 특이하고, 유행을 따라가는 골프코스 스무 개 이상이 속한 환상적인 컬렉션을 보유 중인 디스커버리 랜드 컴퍼니의 소유주다. 이들 골프장에서는 록 음악이 흘러나오고, 스낵 바는 다리 달린 서핑 보드에 차려져 있으며, 18번 티샷 전에 테킬라 샷이 나온다. 아이다호의 고저 랜치(웨인 그레츠키가 회원이다), 캘리포니아 라 퀸타의 매디슨 클럽(존 얼웨이) 그리고 카보 산 루카스의 엘 도라도(조지 클루니와 신디 크로포드)와 같은 골프장이다. 그는 언제나 돈을 지불하는 것은 물론이고, 때로는 지불을 **멈추는** 일을 잊기도 한다. 그가 골프 건축가에게 주는 보너스는 즐거운 전설이 되어 있다. 톰 파지오는 오래전에 트럼프와 일하는 것을 그만두었지만, 멜드먼을 등진 적은 없다. 멜드먼은 그에게 골프장 두 곳을 맡겼다. 미국 내 설계를 위해 150만 달러, 미국 외 설계를 위해 300만 달러 그리고 보스의 어떤 간섭도 없을 것이라는 계약이었다. 소란도 없었고, 논쟁도 없었으며, 주말 일거리 또한 없었다.

(멜드먼이 트럼프를 처음 만났을 때 파지오가 그를 소개했다. 트럼프는 막 골프장 개발 사업을 시작한 참이었다. 파지오는 말했다. "도널드, 이분이 골프계의 도널드 트럼프인 마이크 멜드먼입니다. 당신이 생각하는 사람이고, 당신이 되고 싶어 하는 사람이지요. 하지만 절대 그가 될 수는 없답니다.")

그래서 마이크 멜드먼, 30년 이상 골프 리조트를 건설하면서 누군가에게 돈을 지급하지 않은 적은 없었나요?

"아니, 한 번도 없어요. 절대로."

고소하거나 고소당한 적은?

"아마도… 두 번?"

사우스워스는 말한다. "이봐요, 도널드는 도널드라니까요. 그는 언제나 이렇게 하죠. 전에도 그렇게 했고 지금도 그렇게 해요. 마치 막대기를 든 아이와 개미농장 같다니까요. 그는 아이, 우리는 개미농장이죠."

마지막으로 앤디 배트킨Andy Batkin이라는 '외로운 늑대' 같은 작은 기업가가 있다.

2006년 배트킨은 '100만 달러 골프 챌린지'라는 아이디어를 갖고 있었다. 아직 PGA 투어 가입을 못 한 100명의 골프 유망주에게 1만 5,000달러의 참가비를 내게 하고, 100만 달러를 딸 기회를 주자는 의도였다.

근사한 아이디어였지만, 배트킨은 더욱 확실하게 사람들의 이목을 끌 유명인의 이름이 필요했다. 그래서 그는 트럼프 타워에 있는 '거래의 왕'을 찾아갔다. 배트킨은 트럼프가 할 일은 오로지 그의 화려한 이름을 행사명에 올리는 것뿐이고, 몇몇 인터뷰와 ESPN의 특별한 행사로 모든 것이 진행되는 것을 지켜보면서 썩 괜찮은 수수료를 받으면 된다고 했다.

배트킨은 트럼프에게 말했다. "생각해보세요. 언젠가 조니 밀러(NBC 골프 애널리스트)가 이렇게 말하는 순간을요! '이 사람은 도널드 트럼프의 100만 달러 챌린지에서 첫 발걸음을 뗐습니다!'"

이는 트럼프를 들뜨게 했다. "정말? 조니 밀러가 그렇게 말할 거라고요?"

"물론이죠!"

게다가 트럼프의 사람들은 다른 아이디어도 가지고 있었다. 만약 배트킨이 카리브해에 있는 트럼프 소유의 골프장에서 대회를 여는 데 동의한다면, 일석이조의 효과를 얻을 수 있었다. 한때 트럼프 골프 사업을 운영했던 애슐리 쿠퍼의 말이다. "트럼프는 그 골프장으로 갈 필요가 있었어요. 운영권을 얻기 위해 딱 한 번만 갔다 오고 그 뒤로는 간 적이 없었거든요. 그러니 모든 면에서 윈-윈이었습니다."

계약은 성립되었다. 트럼프는 계약서에 그의 지진계 같은 사인을 휘갈겼고 둘은 함께 사업을 하게 되었다.

빨리 감기 버튼. 몇 달 후, 트럼프의 사무실에서 벌어진 일이다. 이 큰 도전에 대한 기자회견이 열리기 10분 전이었다. 기자회견은 트럼프 타워의 거대한 금박을 입힌 로비에서 진행될 예정이었다.

뉴욕의 모든 지역 TV 방송국에서 취재를 왔고, 거기에 50여

명이 넘는 취재기자와 사진기자로 들썩였다. 트럼프와 배트킨은 위층에서 대기 중이었다. 계획은 이러했다. 트럼프가 멋진 금으로 장식된 에스컬레이터를 타고 내려가, 손을 흔들고, 웃으면서, 마이크에 손을 가져다 댄다. 그러고서는 TV 카메라 앞에 서서, 그간 골프 세계에서는 본 적이 없었던 "굉장하고, 화려하고, 놀라운" 100만 달러 이벤트에 대해 말하는 것이었다.

그때까지 그가 사무실에 앉아 있었다는 사실만 제외하면. 트럼프는 조끼 주머니에 폭탄을 넣고 막 불을 붙이려 하고 있었다.

그는 자신의 직원에게 몸을 돌리면서 말했다. "내가 왜 이딴 일을 해야 하는지 말해봐."

배트킨의 심장은 잠시 멈춘 듯했다. 뭐라고? 인터뷰 9분 전에?

직원은 배트킨이 끼어들기 전까지 말을 더듬으며 대답했다. "글쎄요, 이것은 정말 좋은 일이니까요. 그리고 수수료를 받을 거고요. 어쨌든 얼른 기자회견장으로 내려가야 하지 않을까요?"

"수수료가 얼마나 되는데?" 트럼프는 으르렁댔다.

배트킨은 '트럼프호號'가 아니었다는 점을 명심해야 한다. 조각배 같은 그는 탁 트인 바다 위에 둥둥 떠서 아래위로 깐닥거리고 있었다. 그는 트럼프에게 3일간의 행사가 잘 진행될 것임을 보장하기 위해 150만 달러의 개인 대출을 받았다. 미니 투어를 즐기는 골퍼들이 모이게 하기 위해서는 트럼프의 기자회견이 간절히 필요했다. 골퍼들은 100만 달러를 향한 기회를 얻기 위해, 기꺼이 1만 5,000달러를 모을 것이다. "그들 중 대다수는 삼촌이나 형제들에게 돈을 빌리겠죠. 하지만 실제로는 어떻게 될지 잘 모르겠습니다. 나는 내가 가진 모든 것을 걸었어요."

트럼프 없이는, 그는 죽은 목숨이나 다름없었다.

배트킨은 숨을 골랐다.

그는 트럼프에게 모든 게 순조롭게 진행된다면 총수입이 수십만 달러에 이를 수 있다고 말했다. 그러면 각각의 역할을 한 사람들에게 돈을 지불할 것이라고 덧붙였다. 그의 이마에 작은 땀방울이 맺혔다.

트럼프는 그 말들을 아스피린 정처럼 곱씹었다.

"집어치우라고! 나는 이익의 절반을 갖기 전까지는 기자회견장으로 가지 않을 거니까."

배트킨은 트럼프를 응시했다.

나중에 이때를 회상하며 그는 이렇게 말했다. "어두운 색깔의 양복을 입고 있어서 안도했죠. 까딱하면 더럽힐 수도 있을 것 같았거든요."

트럼프의 '골프 맨', 쿠퍼가 개입해 불을 끄려고 시도했다. "아니에요, 우리는 다 괜찮을 거예요. 트럼프에게 당신의 장기적인 계획을 말해봐요."

배트킨은 100만 달러 챌린지가 골프에서 멈추지 않을 것이라고 했다. 테니스에도, 요트에도, 볼링에도, 그 외 많은 것에도 적용할 수 있었다. 배트킨은 말했다. "그리고 당신은 그 모든 일에 관여하게 될 거예요."

트럼프는 더욱 날뛰었다. "절반, 그렇지 않으면 엿이나 드시오."

배트킨은 이런 일이 벌어진 것을 믿을 수 없었다. 정말로 토할 것만 같았다. 그는 시간을 확인했다. 7분 남았다. 그는 마른침을 삼키고 세계에서 가장 유명한 재벌을 빤히 바라보았다.

배트킨은 단호하게 물었다. "도널드, 왜 내가 계약을 바꿔야만 하죠? 우리에게는 사인한 계약서가 있어요."

트럼프는 얼굴을 찡그리며 자신의 신발을 내려다봤다. 배트킨은 누군가 그의 이빨 하나하나에서 스웨터를 짜는 듯한 느낌을 받았다. 트럼프월드에서는 지금이 약자가 손가락 관절을 아래로 구부리는 순간이다. 트럼프는 돈, 변호사 그리고 당신을 무너뜨릴 포커페이스를 가진 사람이었다. 이는 언제나 통했다.

이번만은 예외였다.

"그래, 좋아요." 배트킨은 일어서며 말했다.

"아니, 뭐 하려고?" 트럼프가 대꾸했다.

"아래층으로 내려가려고요. 그들이 당신은 어디에 있는지 물으면 이렇게 말해야죠. '5분 전, 그는 위층에서 계약 내용을 어겼습니다. 내 회사 절반을 내놓으라고 했다고요.' 그러고 나서 오른손에 있는 계약서를 펼치고 그들에게 당신의 사인을 보여줄 겁니다."

트럼프는 부글거렸지만, 그 자리에 가만히 있었다. 배트킨은 엘리베이터로 갔다. 트럼프의 비서, 캐롤라인 캡처가 다급스레 뛰어왔다.

"앤디, 당신은 그렇게 할 수 없어요! 우리 모두에게 나쁜 일이라고요. 제발 그러지 마세요."

배트킨은 서류들을 들어 보여주면서 말했다. "캐롤라인, 우리는 계약서에 사인을 했어요."

그들은 엘리베이터에 올랐고, 캐롤라인은 계속해서 설득하려고 애썼다. 하지만 배트킨은 꿈쩍도 하지 않았다. 이것은 그가 택한 엄청난 모험이었다.

배트킨의 말이다. "고등학교 시절, 나는 키가 149.8센티미터에 불과했어요. 온갖 괴롭힘을 당했죠. 아버지는 나에게 권투하는 법을 가르쳐주셨습니다. 이렇게 말씀하시면서요. '그들의 코에 결정적인 펀치 한 방을 날려라. 상황은 더 나빠질 테지만 다시 너에게 오지는 않을 테니까.' 그리고 저는 그 순간, 바로 이 이야기를 떠올렸습니다. 이 남자는 그저 또 다른 불량배일 뿐이라고요. 당연히 두렵기도 했어요. 내 말은, 트럼프잖아요. 하지만 받아들일 수 없었습니다. 그랬다면 나는 침몰했을 거예요."

엘리베이터가 열렸고 그들은 금박을 입힌 로비로 걸어갔다. 2분 남았다. 기자회견이 막 시작될 시간이었다. 배트킨은 정전이 되기를 기도하고 있었다.

30초가 남았을 때, 그는 트럼프의 윤이 나는 신발이 마치 올림포스의 신처럼 에스컬레이터를 타고 내려오는 것을 봤다. 트럼프는 아무 일도 없었던 것처럼 반쯤 이를 드러내고 로비에 꽉 찬 사람들에게 손을 흔들어 보였다.

배트킨은 그제야 숨을 들이마셨다.

트럼프는 연단에 올라 배트킨과 악수했다. 그들은 사진을 찍기 위해 웃으면서 돌아섰다. 배트킨의 말이다. "내 생애 그렇게 많은 플래시 세례를 받아본 적이 없어요."

트럼프는 웃는 얼굴로 작게 웅얼거렸다. "내가 아니었다면,

누가 여기에 왔겠어요?"

배트킨도 웃으며 소곤거렸다. "당신이 내 100만 달러 수표를 쥐고 있지 않았다면, 누가 여기에 왔을까요?"

11

★★★★★

트럼프 VS 오바마

오바마는 골프장 밖으로 나와야만 한다.

―도널드 J. 트럼프

내게는 한 친구가 있다. 그는 아내에게 골프 치는 사실을 숨긴다. 그의 아내는 그가 골프를 너무 많이 친다고 생각하기에―실제로 그렇다―그는 골프 스코어도 기록하지 않는다. 라운드에 대해 이야기할 수도 없다. 그는 아내가 전화를 걸었을 때 왜 회사 책상에 앉아 있지 않았는지 변명거리를 만들어내야만 한다.

트럼프도 같은 문제를 안고 있다. 다만, 그의 아내가 아니라 나라를 대상으로 말이다. 트럼프골프카운트닷컴에 따르면 대통령으로서 첫 22개월 동안 그는 149차례, 혹은 나흘에 한 번꼴로 라운드를 가졌다. 골프를 너무 많이 친다는 따가운 여론 탓인지 그는 이 사실을 감추려고 한다. 그런데 내 친구와 달리 트럼프는 감추는 데 능숙하지 않았다.

예를 들어, 3월 어느 날 그는 마러라고에서 온종일 일할 예정이라고 밝혔다. 하지만 그날 그의 친구 크리스 루디는 트럼프가 누군가와 악수하는 사진을 SNS에 올렸다. 트럼프는 왼손에 골프 장갑을 낀 채였다.

들통났군.

2018년 어느 여름날, 트럼프는 베드민스터로 열흘간 떠날 준비를 하면서 그곳에서 보내는 모든 시간은 업무와 회의에 쓰일 것이라고 발표했다. "골프 여행이 아니랍니다!" 유일한 문제는 그가 백악관을 떠날 때 풋조이 골프화를 신고 있었다는 점이다.

이상한 것은 그가 대통령이 되기 전, 그런 행동을 절대로 하지 않겠다고 강조했다는 점이다. 2016년 2월 뉴햄프셔주 포츠머스에서 열린 선거 유세 현장이었다. "저는 골프를 사랑합니다. 하지만 만약 백악관에 들어간다면, 다시는 턴베리를 볼 수 없으리라고 생각해요. 도랄도 마찬가지겠죠. 제가 보유한 수많은 골프장이 그럴 겁니다. 그저 백악관에 머물며 엉덩이를 붙이고 앉아 일할 거고, 큰 결정을 내릴 거예요. 누가 백악관을 떠날 수 있겠어요?"

누구냐고? 바로 그다. NBC 뉴스에 따르면 백악관에서 첫 579일을 지내는 동안 트럼프는 그가 소유한 골프장에서 정확히 3분의 1을 보냈다.

트럼프는 오바마가 골프에 마음을 빼앗겨 자신의 의무를 소홀히 한다는 점을 두고 비난을 퍼붓고는 했다. 오바마가 대통령임에도 너무 많은 시간을 골프장에서 보낸다고 말하며 27차례나 트위터를 통해 비판했다. 물론 오바마가 골프를 많이 치기는 했다. 사실 8년이라는 재임 기간의 중반부까지 오바마는 250차례 라운드를 가졌다. 이 수치는 트럼프를 깜짝 놀라게 했고 그는 엄지손가락이 거의 부러질 듯이 트윗을 올렸다.

250라운드라, PGA 투어에서 뛰는 선수들보다 더 많군!

음, 아니다. PGA 투어 선수들은 1년에 250라운드를 갖는다. 7년 정도면 250라운드가 아니라 1,750라운드에 이를 것이다. 하지만 이 사례를 보자. 2018년 추수감사절 전후로 트럼프는 팜비치에서 5일 연속으로 골프를 쳤다. 그 주만 놓고 보면 그 어떤 PGA 투어 선수보다 더 많은 라운드였다.

미국이 마주한 온갖 문제와 어려움을 뒤로하고, 오바마 대통령이 골프를 치면서 나날을 보내고 있다는 사실을 믿을 수 있겠는가. 카터보다 더하다.

음, 카터는 골프를 치지 않았다. 오바마는 임기 첫해에 트럼프(111일)와 비교해, 3분의 1 정도밖에 휴가를 쓰지 않았다. 사실 미국의 현대 대통령 중 어느 누구도 트럼프만큼 임기 첫해에 휴가를 많이 즐긴 이는 없다. 트럼프의 휴가 대풍년에 근접한 이는 부시(43대)였다. 부시는 70일가량의 휴가를 대부분 자신의 텍사스 목장에서 보냈다. [골프장보다] 큰 덤불 속에 있었으나, 비용은 훨씬 적게 들었다.

우리가 오바마의 여행 경비를 대는 덕분에, 그는 수백만 달러를 모금할 수 있었다. 민주당은 거짓 위에서 운영된다. 우리는 오바마의 골프를 위해 돈을 내고 있다.

맞다. 사실 어떤 골프는 다른 골프보다 훨씬 비싸다. 오바마는 그의 라운드 가운데 61퍼센트 정도를 백악관에서 35분 거리에 떨어진 앤드루스 공군 기지 같은 군 골프장에서 가졌다. 트럼프는 군이나 퍼블릭 골프장에서 골프를 친 적이 없다. 그가 경기하는 유일한 지역 내 골프장은 버지니아주 스털링에 있는 트럼프 위싱턴이다. 그는 대개 에어포스 원을 타고 웨스트팜비치의 트럼프 인터내셔널로 날아가 골프를 치는 일을 즐기는데, 그때 드는 비용은 360만 달러에 이른다. 이 관점으로 오바마의 사례를 살펴보자. 사법감시단Judicial Watch에 따르면 그가 휴양지 마서스 비니어드에서 보낸 연례 휴가에 든 비용은 45만 달러였다.

트럼프는 큰 사건이 벌어진 날, 만약 오바마가 골프채를 쥐고 있었다면 그 순간을 절대 놓치지 않았다. 수니파 무장단체 이슬람국가ISIS가 미국인 사진기자 제임스 폴리를 참수했을 때, 오바마는 마서스 비니어드에서 골프를 치고 있었다. 트럼프는 심지어 그가 골프 카트에서 웃는 모습과 참수 장면을 섞은 영상을 인스타그램에 올리기까지 했다. 얼음같이 싸늘한 질책과 함께 그는 다음 문장을 적었다.

내게는 어림도 없는 일이다.

대통령이 된 뒤 트럼프는 백악관 농구 골대보다 그의 골프채를 더 많이 봤을 것이다. 그럴 시간이 있었냐고? 그는 일주일에 7일은 나라에 산재한 문제를 해결하느라 바빠야 했다. 하지만 반대의 일이 벌어졌다. 트럼프는 오바마보다 세 배는 빠른 속도로 골프를 치고 있다. 오바마는 백악관에 있던 2,920일 동안 306라운드를 기록했다. 그러니까 9.5일에 한 번꼴로 골프를 쳤는데, 트럼프는 지금 추세라면 오바마의 8년간 기록을 지우는 759라운드를 갖게 된다. 아마 그가 앓는 족저근막염이 아주 잘 낫고 있음을 보여주는 수치가 아닐까.

759라운드는 역대 대통령으로는 세 번째로 많은 수치일 것이다. 우드로 윌슨이 대략 1,600라운드를 가졌고, 아이젠하워가 [트럼프와] 근소한 차이로 800라운드를 쳤다. 사실 아이젠하워는 다음의 스티커 문구로 유명하다. "벤 호건[1]을 대통령으로. 골퍼를 [대통령으로] 뽑으려면 [실력이 형편없는 아이젠하워가 아니라] 뛰어난 사람으로 하자."[2]

타이거 우즈를 범퍼 스티커에 붙이고 싶은 사람, 어디 없나요?

트럼프를 비판하는 이들이 아주 중요하게 생각하는 것은 그가 골프를 칠 때마다 너무나 많은 돈이 소모된다는 점이다. 2018

---

1   1930~1971년에 활약한 미국의 유명 프로 골퍼.
2   골프를 좋아했지만 실력이 좋지는 않았던 아이젠하워를 두고 상대 진영이 대선 기간에 뿌린 스티커 문구다.

년 9월까지—19개월간의 대통령 재임 기간—트럼프는 멀리 떨어진 곳으로 골프 여행을 갔고, 이는 미국 납세자들에게 대략 7,700만 달러의 부담을 안겨주었다. 연예매체 TMZ가 입수한 서류에 따르면 트럼프를 보호하기 위해 경호 요원들이 카트를 빌린 값만으로도 30만 달러가 들었다.

바로 이것이 펜실베이니아의 어느 공화당 지지자, 케이시 렌츠가 국세청 연방 세금 고지서를 돌려보내면서 다음과 같이 낙서를 한 이유일 것이다. "트럼프 골프 여행을 위해서는 낼 수 없다!"

이는 단지 비용이 아니라, 인식의 문제다. 2018년 5월 11일 트럼프의 변호사, 루돌프 줄리아니는 트럼프가 너무 바빠서 FBI 특별 조사관 로버트 뮬러를 만날 수 없다고 밝혔다. 하지만 다음 날 트럼프는 골프를 쳤다.

2월의 어느 날, 트럼프는 마틴 루터 킹 데이Martin Luther King Jr. day를 기념하며 사람들에게 다정한 말을 건넸다. "오늘은 공원을 산책하거나 바비큐 그릴을 꺼내는 날이 아닙니다. 다른 누군가를 도와주는 날이죠. 우리는 아주 간단하게 친절을 베풀 수 있습니다. 걷기 힘겨운 노인들을 위해 신문을 집어서 가져다줄 수도 있겠군요." 그러고 나서 그는 트럼프 인터내셔널에서 골프를 쳤다. 아마도 그곳에서 신문을 찾고 있었을지도 모르겠다.

2018년 2월 스톤맨 더글러스 고등학교에서 총기 난사 사건이 벌어지고 며칠 후, 총기 규제 강화를 주장하며 전국에서 80만 명이 거리 행진을 한 일이 있다. 그날 트럼프는 골프를 쳤다.

트럼프가 2017년 11월 우즈, 존슨, 팍슨 등 프로 선수들과 골프를 쳤던 날을 기억하는가? 그들이 한창 골프를 치던 그때, 보좌관이 다가가 무장단체가 이집트 모스크에 총을 쏘고 폭탄을 터뜨려 311명이 숨졌다고 보고했다. 대통령이라면 즉시 성명서를 발표해야 하지 않을까?

팩슨은 미디엄닷컴Medium.com에서 다음과 같이 그때를 회상했다. "저는 당시 트럼프와 함께 골프 카트에 있었어요. 곧 그가 마러라고로 돌아가 성명서를 발표할 거라고 생각했죠. 너무 많은 사람이 목숨을 잃었으니까요."

하지만 트럼프는 골프를 중단하지 않았다. 그 대신 함께 골프를 치던 프로 골퍼들에게 이렇게 말했다. "대중의 인식으로는 나쁘게 보일 겁니다. 나는 골프코스에 있고, 재난은 발생했으니까요. 미디어도 이렇게 보도하겠죠. '상관없어, 트럼프는 유명 골퍼들과 즐거운 시간을 보내고 있거든.' 사실상 내가 백악관에 있건, 마러라고에 있건, 혹은 골프코스에 있건 내 성명서는 바뀌지 않을 거예요."

참고로 오바마는 그날 골프 카트에서 '안녕' 하는 트럼프와 피흘리는 모스크 피해자의 모습을 합성한 가짜 영상을 인스타그램에 올리지 않았다.

하지만 아마도 트럼프의 '골프 실록'에서 가장 귀가 번쩍 뜨이는 순간은 그가 트윗을 올릴 때일 것이다.

바버라 부시의 장례식을 보기 위해 남부 백악관으로 향하는 중. 퍼스트레이디 멜라니아는 경의를 표하기 위해 휴스턴에 막 도착했다. 아름다운 날이 되기를!

비탄과 애도로 가득한 날에? 36홀을 돌자!

슬프게도 그는 18홀만 돌았다.

만약 오바마와 트럼프가 서로를 상대로 골프를 치면 어떨까?

한번 보고 싶다고?

아마도 한동안은 절대로 일어나지 않을 일일 테지만, 트럼프는 이를 원했었다. 그는 〈뉴욕 포스트〉와의 인터뷰에서 말했다. "그의 스윙은 아름다워요. 게임을 더 좋아 보이게 하죠. 대통령직을 위해 그와 함께 골프를 치고 싶네요." 트럼프가 2009년 버지니아의 로우스섬 골프장을 샀을 때(이후 트럼프 워싱턴 DC로 바뀌었다), 그는 이곳이 타이거 우즈의 연례 PGA 투어 행사의 홈 코스로 대체되기를 희망(결국 되지 못했다)했고, 오바마와 함께 골프 치기를 고대(이 또한 이루어지지 않았다)했다.

그는 그럴 수도 있었다. 2014년의 어느 날 오바마는 웨스트체스터에 있었고, 그의 수행원들에게 트럼프 웨스트체스터에서 골프를 칠 수 있는지 물었다. 정확히 어떤 일이 있었는지 모르지만, 몇몇은 트럼프가 그것을 허락하지 않았다고 말했다. 그렇게 될 경우 그날 일정 시간 동안 그의 회원들이 [경호 문제로] 해당 코스를 사용할 수 없다는 것을 의미했기 때문이다. 그는 트위터를 통해 오바마의 뒤통수를 후려쳤다.

오바마가 지금 당장 물러난다면, 나라를 위한 훌륭한 서비스가 될 것이다. 그렇다면 나는 그에게 평생 나의 골프장 중 아무 곳에서나 마음껏 골프를 칠 수 있도록 해주겠다.

자, 골프의 신이 있고 오바마와 트럼프의 18홀 골프 대결을 성사시킨 뒤 진 사람은 꽉 끼는 수영복 차림으로 상대의 리무진을 세차하게 하자.

과연 누가 이길까?

잠깐, 당신이 돈을 걸기 전에 고려해야 할 것이 있다.

● 부정행위

만약 트럼프가 골프를 친다면, 그는 부정행위를 할 것이다. 오바마는 근거리 퍼트에서 'OK'를 받는 것을 제외하고는 속임수를 쓰지 않는다. 트럼프는 그가 쳤건 안 쳤건 언제나 70대 스코어를 쳤다고 말한다. 그의 스코어는 사실상 80대다. 도널드에게 골프는 실력 향상을 바라거나, 운동 수단이거나, 하루를 즐기는 취미가 아니다. 그저 무슨 수를 써서라도 당신을 이겨야만 하는 행위다. 오바마는 그가 베개 밑에 USGA 규칙집을 놓고 잠들 듯이 골프를 친다. 모든 것을 책에 따른다.

NBA 골든스테이트 워리어스의 선수 스테판 커리는 이메일을 통해 이렇게 말했다. "골프코스 위에서 오바마의 도덕성에 대해 말하라면, 내 44번 유니폼을 걸 수 있어요. 그는 게임을 즐기는 방법을 알고 있고, 확실히 정직한 방식으로 하죠. 1달러 내기 골프를 칠 때는 예외였지만요. 그건 뭐 그리 큰 부담도 아니었어요."

잠깐만. 멀리건도 없고, 발이 미끄러지는 것도 없고, 칩인 'OK'도 없다고?

"없다니까요." 스테판 커리는 말했다.

그러니 만약 다섯 명의 USGA 규칙 위원을 두고 사방에서 카메라가 따라붙는 상황에서 골프를 친다면, 트럼프는 부정행위를 하지 못할 것이다. 이는 그가 압박이 많은 경기에서 절대 괜찮지 않을 것임을 의미한다.

오바마 우위.

● 퍼팅

트럼프는 퍼팅에서 6피트(1.8미터) 안에 있는 공은 무조건 들어 올렸다. 당신이 위협적이지 않다면 당신 것도 마찬가지다. 트럼프의 '우정 구역'은 너무 넓어서, 그 사이에 트레일러를 주차할 수 있을 정도다. 그는 많은 퍼트에 'OK'를 주는데 이는 상대를 조금은 무기력하게 만들 수 있다.

2010년 매거진 〈골프〉와의 인터뷰에서 트럼프는 이렇게 말했다. "한 달 전에 나는 3미터 거리도 'OK'를 주었어요. 상대에게 'OK'를 주고 난 다음에 다시 주지 않는 게 더 모욕적일 수 있거든요. 상대가 당신에게 미안한 감정을 느끼게 하고 싶지는 않을 거예요. 그렇게 하는 게 아주 적정선이죠."

당신은 똑바로 들었다. 트럼프는 3미터 퍼팅에도 'OK'를 주었다. 만약 농구라면 이런 식으로 말한 것이겠지. "3점 슛을 넣은 것으로 해라. 넌 절대 안 놓칠 테니까."

그래도 트럼프의 퍼팅은 아주 훌륭하다. 오바마는 그렇지 않다.

트럼프 우위.

● 핸디캡

오바마는 대통령이 되었을 때 핸디캡 17이었고, 퇴임할 때는 13이었다. '정직하게' 13이었다. 오바마와 자주 골프를 치는 ESPN 스포츠 캐스터 마이클 윌본에 따르면, 지금 오바마의 핸디캡은 11이다. 핸디캡 2.8이라는 트럼프의 주장은 클린턴이 "나는 저 여성과 섹스를 하지 않았다"라고 말한 것보다 더한 거짓말이다. 하지만 트럼프는 자신의 핸디캡에 자부심이 있으니까 오바마에게 샷 여덟 개의 호의를 베풀 수 있을 것이다. 이는 까다로운 여덟 개 홀에서 오바마가 내기 목적으로는 실제 친 샷보다 한 개를 감할 수 있다는 뜻이다. 따라서 이 여덟 개 홀에서 트럼프가 오바마를 꺾기 위해서는 두 샷을 앞서야만 한다.[3]

오바마 (엄청난) 우위.

하지만 그들이 어떤 샷 양보도 없이, 즉 핸디캡 없이 정직하게 경기할 때를 보자.

트럼프 우위.

그렇다면 누가 이길까?

트럼프는 사우스캐롤라이나의 블러프턴에서 열린 집회에서

---

3 파4 홀인 경우, 오바마가 4타(파)로 마무리하면 트럼프는 2타(이글)를 쳐야만 이길 수 있다는 이야기다.

한번은 이렇게 말한 적이 있다. "내가 이겨요. 아니, 정말 진지하게 내가 이긴다고요."

그들이 만약 카트를 타지 않고 걸으면서 경기해야 한다면? 오바마가 20타나 앞설 것이다.

하지만 그들이 다투게 놔두자. 오바마가 트럼프의 부정행위를 잡아내 그의 앞에 서고, 트럼프가 윙드 풋에서 했던 것처럼 그에게 발차기를 한다면? 누가 그 싸움에서 이길까?

글쎄, 백악관 주치의가 어떻게 말했든 그들의 키는 얼추 비슷하다. 몸무게는 트럼프가 오바마보다 34킬로그램 더 나간다. 하지만 트럼프보다 열다섯 살 젊은 오바마는 매일 운동을 한다. 트럼프는 〈뉴욕 타임스〉와의 인터뷰에서 단상 위에 한 시간 서 있는 것이 "운동"이라고 말한 바 있다.

오바마 우위.

덧붙여서 오바마는 왼손잡이다. 그가 트럼프의 첫 강타를 피한다면 강한 왼손 타격으로 거구의 사내를 놀라게 해 그를 쓰러뜨릴 수도 있을 것이다. 그리고 어느 시점에 이르면 트럼프 위로 몸을 숙이고 이렇게 말할지도 모른다. "내게는 어림도 없지."

12

★★★★★

프로 해충

그는 우리가 생각했던 것만큼 영리하지는 않다.

－아놀드 파머

프로 골프의 세계는 카벨라스Cabela's[1]의 개업식 현장보다 한층 더 공화당 성향을 띤다. 골프닷컴의 조사에 따르면, "멕시코인과 이민자들을 두고 트럼프가 선동적으로 발언한 데 대한 항의 표시로, USGA와 PGA가 개최 장소를 옮겨야 할까"라는 질문에 선수 중 88퍼센트가 "아니다"라고 답했다. 오로지 4퍼센트만이 "그렇다"라고 답했다. 또한 그들 중 20퍼센트가 트럼프에게 투표하지 않을 것이라고 답한 반면, 42퍼센트는 다시 그에게 투표할 것이라고 답했다. 필라델피아 이글스(NHL)와 골든스테이트 워리어스

---

1   전문 아웃도어 용품을 판매하는 곳으로, 총기·사냥용품도 취급한다. 총기를 판매하는 만큼 극우적 성향, 그러니까 공화당 지지자가 많이 찾는 편이다.

(NBA)는 백악관 초대를 거부했다. 하지만 투어 프로Tour players 가운데 90퍼센트는 그날 아침 가장 빨리 출발하는 비행기를 타고 백악관으로 향할 것이다.

캐디들은? 글쎄.

2017년 10월, 뉴저지의 리버티 내셔널 골프클럽에서 트럼프는 처음으로 프레지던트 컵President's Cup에 참석한 현역 대통령이 되었다. 프레지던트 컵은 라이더 컵Ryder Cup이 되고 싶은 대회로, 열두 명의 연륜 있는 미국 선수와 유럽을 제외한 열두 명의 세계 최고 선수(인터내셔널팀)가 참가한다.[2] 그러니까 미국 선수 대 호주-남아프리카공화국-피지-아시아-라틴아메리카-그리고 몇몇 국가의 연합팀 선수들이 맞붙는다. 그해에는 미국팀이 인터내셔널팀을 압도하며 19 대 11로 승리했다. 트로피를 수여하는 시간이 되자 트럼프와 그의 경호를 위한 대규모 수행원, SWAT, 기자, 보좌관들이 화려한 관중석 박스에서 나와 18번 홀 그린으로 밀려들어 갔다. 이 와중에 미국팀의 한 캐디가 인파 속에서 허우적대며 길을 잃었다. 그는 두 명의 경호원에게 저지를 당했고, 그들은 그의 양쪽 어깨를 붙잡았다.

"선생님, 어디로 가십니까?"

"그저 걷고 있는데요. 걸으면 안 되나요?"

"선생님, 이쪽으로 가는 사람은 오로지 당신뿐입니다. 어디로

---

2 라이더컵은 유럽에서 2년 주기로 개최되는데, 골프의 고향인 스코틀랜드를 포함한 유럽과 미국의 남자 선수들이 자존심을 겨루는 장이다.

가십니까?"

그들은 그의 어깨를 더욱 꽉 움켜쥐었다. 그들은 눈도 깜빡거리지 않았다.

캐디는 그들을 바라본 뒤 한숨을 쉬었다. "이보세요, 저는 당신들이 해야 할 일을 한다는 데 감사함을 느끼고 있고 다른 어떤 의도도 없어요. 다만 여러분이 보좌하는 저 개자식 근처에 있고 싶지 않을 뿐이라고요."

경호원들은 슬쩍 미소를 지은 뒤 그가 갈 수 있도록 놓아주었다. 몇 분 뒤, 트럼프는 지구 최고의 골퍼들을 불러 모아 트로피를 높게 쳐들고는 이를 아주 의외의 사람들에게 바쳤다.

"텍사스 사람들과 최근 허리케인으로 고통받은 푸에르토리코, 플로리다 사람들을 대신해서 이 말을 전합니다. 나는 그저 그 모든 일을 기억하고 싶기에, 이 트로피를 많은 일을 겪은 그들에게 바칠 것입니다."

아주 기이한 선택이 아닐 수 없었다. 당시 푸에르토리코는 미국에 전력과 수도 시설의 복구를 위한 도움을 간청했지만, 많은 협조를 받지 못하고 있었다. 그 가운데 몬태나주 화이트피쉬의 작은 기업이 푸에르토리코의 전력망 복구를 맡는 대가로 3억 달러 규모의 계약을 체결했는데, 그곳은 트럼프 정부 내무장관인 라이언 징키Ryan Zinke의 고향이었다. 또한 징키의 아들이 그 기업에서 일하고 있기도 했다. 수천 명이 전기도 들어오지 않고 물도 나오지 않는 집 안에 갇혀 있는 상황—사망자는 계속 늘어나 3,000명에 육박했다—에서 골프 트로피는 그들에게 아무런 도움이 될 것 같지 않았다.

바로 그때, 어떤 사람이 고함을 쳤다. "당신은 푸에르토리코에 전혀 관심이 없잖아!"

골프는 넉넉한 시간, 돈더미 그리고 깔끔하게 손질된 큰 땅이 필요하기에, 대체로 부유한 사람들에게 의지하고는 한다. TV 골프를 시청하는 가구는 통계학적으로 다른 스포츠 시청자보다 잘사는 편이다. 바로 이것이 어떤 사람들의 집값보다 훨씬 비싼 고급 자동차를 파는 회사나 월 스트리트 기업이나 시계 회사가 골프 경기를 후원하는 이유다. 해당 기업 이사회도 선수들과 마찬가지로 정치적으로 기울어져 있지만, 그와 별개로 그들은 부유한 민주당 팬도 필요했다. 그러니 트럼프는 그들이 바라보기에 우리에서 나온 한 마리 사자였다.

예를 들어, 캐딜락Cadillac을 보자.

캐딜락과 트럼프의 문제는 그가 대통령이 되기 전 팜비치 카운티의 의원들에게 한 공허한 약속 때문에 시작되었다. 당시 그는 트럼프 인터내셔널(웨스트팜비치)을 짓기 위해 마러라고 근처에 있는 땅을 얻으려 하고 있었다. 그는 그들에게 말했다. "당신들이 나에게 저 땅을 임대한다면 투어 대회를 유치할 것을 약속합니다." 팀 핀첨Tim Finchem이라는 이름의 PGA 투어 커미셔너는 아주 조용한 남자였고, 협회의 입지를 흔들기보다는 혼자 조용히 담낭 수술을 하는 편이 낫다고 생각하는 사람이었다. 그는 트럼프가 협회를 흔들 수 있다는 사실을 알았고 사업 파트너로서 그를 받아들이고 싶지 않았다. 그래서 트럼프는 어떤 투어 대회도 유치하지 못했다. 방법이 없었다. 그의 아이디어는 죽은 것이나 마찬가지였다. 그러나 트럼프는 무언가 하고자 마음을 먹으면, 바다를 사막으로도 바꿀 사람이었다. 그는 무슨 짓을 하더라도 투어 대회를 원했고, 다행히 한 가지 방법이 있기는 했다. 이미 투어 대회를 가진 코스를 사는 것이었다.

도랄 이야기를 해보자.

마이애미에 있는 도랄의 블루 몬스터 코스는 1962년부터 PGA 플로리다 투어가 열린 전통 있는 골프장으로, 잭 니클라우스와 닉 팔도가 우승을 한 곳이다. 오직 마스터스와 페블비치 그리고 콜로니얼만이 도랄보다 오랜 기간 투어 대회를 유치했다. 2012년에 트럼프는 파산한 도랄 리조트 전체를 1억 5,000만 달러에 매입했다. 이는 그때까지 그가 구입한 골프장 중 최고가로, 네 개의 골프코스와 호텔을 모조리 손에 넣었다. 그는 즉시 간판을 바꾸었고, 트럼프 내셔널 도랄로 명명했다. 트럼프는 도랄 투어를 '메이저 대회'로 선언했고, 언론에는 그가 "플로리다에서 가장 빼어난 곳"을 갖게 되었다고 말했다. 사실 도랄 투어는 메이저 대회와는 거리가 멀었고, 도랄 또한 플로리다에서 가장 빼어난 곳이 절대 아니었다. 그래도 트럼프는 소원을 이루었다. 핀첨과 PGA 투어는 이제 그와 그의 코스로 올 것이었고, 그는 새로운 골프의 신으로서 일주일 동안 중심에 설 수 있었다. 문제는 그때부터 시작되었다.

도랄 투어의 스폰서는 캐딜락이었다. 캐딜락은 느닷없이 트럼프와 그의 킹콩 같은 성격과 갤러리 앞에서 갖는 기자회견과 한쪽에 'TRUMP'라는 거대한 글자를 새긴 채 웨스트팜에서 날아오는 그의 헬리콥터와 자리싸움을 벌이게 되었다. 그리고 TV 카메라는 이 모든 장면을 선뜻 주워 담았다. 트럼프 행사에는 오로지 한 명의 스타만 있었다. 도널드 트럼프다.

대회 후원사에 속해 있던 한 사람은 "트럼프가 캐딜락보다 상업 광고 시간을 더 많이 가져갔다"라고 말했다. 또 다른 사람의 말이다. "그는 골프코스 중간에 망할 헬리콥터를 착륙시켰죠. 대회 운영비는 캐딜락이 다 냈는데, 순식간에 그 모든 대회가 트럼프에 관한 것이 되어버렸다니까요. 캐딜락은 점점 더 쪼그라들었습니다. 트럼프가 그곳에 있으면 그들이 투자한 만큼 효과를 얻을 방법이 없었어요."

트럼프는 관심받는 것을 좋아했다. 한층 업그레이드된 자신의 카트를 타고 골퍼들 뒤로 운전해서 이동했고(큰일 날 소리), 연습 라운드에 있는 선수들을 방해했으며(멋지지 않은 행동) 그리고 언제, 어디서나 눈에 띄려고 했다(당신이 예상했듯이).

어느 미국인 선수의 캐디는 이렇게 말했다. "당신이 그를 봤어야 해요. 그는 연습 레인지에 있는 선수들 한 명 한 명에게 똑같은 방식으로 다가갑니다. 먼저 첫 번째 선수에게 가서 '와, 당신 정말 멋진데요!'라고 말해요. 그러고는 옆에서 공을 치는 선수를 가리키면서 '하지만 이 선수를 꺾을 수 있을지는 모르겠네요'라고 말합니다. 그런 다음 다른 선수에게 다가가서 똑같이 말하죠. '와, 당신 정말 멋진데요! 하지만 이 선수를 꺾을 수 있을지는 모르겠네요.' 계속 그런 식으로 행동해요. 저는 정말 토할 것만 같았죠."

캐딜락은 트럼프에게 제발 경기 때는 헬리콥터 비행을 멈출 수 없겠느냐고도 물었다. "경기가 시작되기 전에만 헬리콥터를 탈 수 있는지"에 대한 문의였다. 그는 도랄에 호텔을 소유했고, 경기가 진행되는 나흘간은 그곳에 머물 수 있지 않을까 싶었다. 트럼프는 고려해보겠다고 했지만, 결국 경기 내내 계속해서 헬기에 올랐다. TV 프로듀서에게는 장면 전환으로 최고의 광경이었다. "그가 저기 오고 있네요!"

더 나쁜 것은, 선수들도 코스에 대해 불만을 터뜨리기 시작했다는 점이다. 골프장을 사고 얼마 지나지 않아 트럼프는 건축가 길 핸스에게 블루 몬스터의 리모델링을 맡겼다. 핸스는 리모델링 전반에 관여한 트럼프와 함께 어떤 면에서는 도랄에 매혹적인 우회로를 선사했다. 그 덕분에 길이와 난도는 추가되었지만 그 자체의 매력은 잃고 말았다. 도랄은 오로지 장타자만 초청되는 대회처럼 변했다. 리 트레비노, 톰 카이트, 벤 크렌쇼 등 단타자도 우승할 수 있었던 이 대회는 이제 타이거 우즈나 더스틴 존슨(두 차례) 등 장타자만 우승컵을 거머쥐게 되었다. 로커룸에서는 투덜거리는 불평 소리가 넘쳐났다. 첫 대회를 마치고 한 기자가 네 개 메이저 대회 우승자인 로리 맥길로이Rory McIlroy에게 새롭게 단장한 도랄에서 그의 전략은 무엇이었는지 물었다.

맥길로이는 답했다. "전략이요? 아마 제 스케줄을 좀 다시 조정해야겠네요."

건축가 바비 존스는 "그들이 코스를 너무 길게 만들었다"라고 말했다. 다음은 그의 캐디가 전한 말이다. "코스의 원 디자이너인 딕 윌슨은 이미 훌륭한 코스를 만들어놓았어요. 하지만 핸스는 그저 트럼프가 말하는 대로만 했죠. 도랄은 지금 재난 수준입니다. 너무 길어요. 그냥 엉망진창이죠. 오로지 열다섯 명만 이길 수 있을 거예요. 열다섯 명의 장타자만이 말이죠."

물론 이와 같은 사실은 트럼프를 기쁘게 했다. 그는 세계 최고의 선수들이 자신의 괴물 골프장에서 78타를 치는 모습을 보는 것을 좋아했다. 이는 어떤 면에서 그의 골프 실력에 대한 반사 작용이기도 했다. 투어 스타인 리키 파울러Rickie Fowler는 웃으면서 말했다. "그는 그런 사람이에요. 우리가 자신의 골프장에서 무너지기를 바란다니까요."

이 모든 일은 캐딜락이 감당하기에 너무 버거웠다. 그들은 결국 손을 뗐다. 대통령 선거를 두 달 앞두고, 투어 대회는 도랄에서 멕시코로 개최지를 옮겼다. 지난 55년간 도랄에서 치러졌지만 투어에 안달이 난 트럼프 때문에 멕시코로 이주한 것이다. 맥길로이는 빙그레 웃으며 말했다. "도랄에서 멕시코로 가게 된 건 꽤 아이러니한 일이죠. 우리는 벽을 뛰어넘었어요."[3]

오늘날 도랄은 예전의 모습을 찾아볼 수 없다. 2018년 5월에 나는 도랄을 방문했고, 그곳이 텅 비어 있음을 목격했다. 브레이커 호텔에서 매니저로 일하는 데이비드 버크의 말이다. "도랄은 컨퍼런스 리조트로 쓰이고 있어요. 기업이 대규모 행사를 열고는

---

3   트럼프가 난민 입국 금지를 밀어붙이며 세운 '멕시코 장벽'에 빗댄 표현이다.

하죠. 하지만 트럼프는 지금 논란의 중심에 있습니다. 기업들은 이름에 '트럼프'가 들어간 장소에 머물면서 고객을 화나게 하는 위험을 감수하고 싶어 하지 않아요. 내 친구가 지금 그곳을 운영 중인데, 골프장이 텅텅 비었다고 하더군요."

이는 〈포브스〉도 확인한 사실이다. 트럼프가 백악관에 들어간 이래, 도랄에서는 객실 10만 개의 예약이 취소되었다. 끝이 아니다. 〈포브스〉는 2017년 트럼프의 골프 자산 매출이 대략 9퍼센트포인트 하락했다고 밝혔다. 트럼프가 모든 현대 대통령이 했던 전통을 깨고 사업을 매각하거나 자산을 백지 위임하는 것을 거부했을 때, 그는 자신의 방식으로 훨씬 더 많은 부를 축적할 수 있으리라 생각했을 것이다. 하지만 정반대의 일이 벌어졌다. 많은 경제 전문가는 그가 모든 자산을 매각했거나, 미국의 강세 시장에 맡겼다면 지금보다 5억 달러를 더 벌었을 것이라고 말한다.

이 또한 도랄에 방문했을 때의 일이다. 마치 누군가 그곳의 화재 경보 버튼을 누른 듯했다. 나는 프로 숍 바깥의 여섯 개 골프 홀이 보이는 지점에 서 있었는데, 눈에 들어온 것은 그저 단 하나의 골프 카트였다. 50명 수용이 가능한 연습 레인지에는 두 사람만이 서 있을 뿐이었다. 테니스 레슨을 받는 한 아이도 있었다. 거대한 기둥과 대리석, 호화로운 카펫, 표준 크기의 베네치아 분수대도 있었지만 아무도 쳐다보지 않았다.

너무 공허하게 비어 있던 그곳에서 이상하게도 뜻밖의 일이 일어났다. 내가 체크아웃을 한 지 열두 시간이 지난 후 총을 든 남성이 골프장 메인 로비로 들어왔다. 그는 프런트 데스크에 거대한 성조기를 걸쳐놓았고, 트럼프를 만나고 싶다고 소리를 지르며 기관총을 쏘아대기 시작했다. 그러고는 금칠이 된 거울, 거대한 샹들리에 그리고 큰 유리창 등 사방에 총질을 해댔다. 결국 마이애미 경찰이 쏜 총알을 다리에 맞고 그는 그 자리에서 체포되었다. 하지만 좋은 점도 있었다. 너무 텅 비어 있었기에 사상자가 한 명도 나오지 않았으니까. 사망 0명, 부상 0명.

이는 트럼프에게 아주 드문 일이었다. 승리로 돌릴 수조차 없는 패배였으니 말이다. 하지만 그는 다행히 꽤 괜찮은 대사를 생각해냈다. "그들이 납치 보험에라도 들었기를 바랍니다."

그러니까 누군가 "트럼프가 사람들에게 잘한 일 한 가지만 대보라"고 한다면, 그가 그날 많은 생명을 살렸다고 콕 집어서 말하길.

(역설적인 사실 하나: 트럼프 도랄은 프로 투어 행사를 다시 유치했다. 하지만 이는 PGA의 라틴아메리카 투어였다. 그들이 기관총 관련 보험에 들었기를 희망한다.)

트럼프가 프로 골프를 망친 것은 도랄 투어가 처음이 아니다. 36년간 존재했던 PGA 그랜드슬램이라는 유치한 시즌 이벤트가 있었다. 대체로 네 개 메이저 대회 우승자들이 뚜렷한 이유 없이 이국적인 장소에서 대결하는 것으로 설계된 대회였다. 2015년에는 랜초 팰로스 버디스의 트럼프 로스앤젤레스에서 열리기로 되어 있었다. 하지만 당시는 트럼프가 멕시코 이민자들이 미국에 "마약을 갖고 왔고, 범죄를 끌어왔고, 대부분 성폭행범이고, 아마 몇

몇만 좋은 사람들일 것이다"라고 선언하면서 대선 캠프를 막 열었던 시기다.

골프계는 머리를 파묻고 신음 소리를 내고 있었으나 트럼프는 사과하지 않았다. 일파만파로 일은 커졌다. 그는 골프 채널에서 자신이 골프계의 "엄청난 지지"를 받고 있다고 말했다. "골퍼들은 내가 옳다는 것을 모두 알고 있죠."

너무 나간 일이었다. PGA 투어, LPGA 투어, USGA, 미국 PGA 등은 "사실이 아니"라고 외치며 벌떡 일어섰다. 그들은 아래와 같은 성명서를 발표했다.

최근 멕시코 이민자에 대한 트럼프 대통령의 발언과 관련해, 우리는 조직의 견해를 반영하지 않았다는 점을 분명히 밝힌다. 트럼프 대통령의 발언은 포용적이고 따뜻한 환경을 만들겠다는 우리의 강한 의지와 부합하지 않는다.

고루한 골프계는 정치적인 사안에 입장을 취하는 데 아주 소극적이다. 하지만 이번에는 달랐다. 단지 말하는 것뿐만이 아니라, 행동으로 보여줄 만큼 충분히 화가 나 있었다. 미국 PGA는 트럼프 골프장에서 경기하기를 거부했고, 이로 인해 그랜드슬램 대회 자체가 취소되었다. 이후 지금까지 해당 대회는 열리지 않고 있다. 어떻게 생각하는가? 골프에 미친 대통령 후보가 2년 동안 프로 골프 투어 두 개를 사라지게 했다.

프로 골프가 이런 방식으로 그에게 거부감을 드러내자 트럼프는 내상을 깊게 입었다. 그는 맹인이 그의 방을 알듯이 프로 골프를 알았다. 그는 골프계 사람들, 심지어 골프 기자들까지 다 알았다.

선거운동 기간에 트럼프 베드민스터 소속의 프로 골퍼 짐 허먼이 2016 휴스턴 오픈에서 우승한 적이 있다. 트럼프는 그의 프로 출발을 힘껏 도왔고, 허먼의 우승은 큰 이변이었다. 〈USA투데이〉에서 일하는 관록의 골프 기자인 스티브 디메글리오는 트럼프로부터 허먼에 관한 코멘트를 들을까 싶어, 선거 사무실로 전화를 걸었다. 가능성은 희박했다. 당시 트럼프는 밀워키에 있었고 캠프 열기는 뜨거웠다. 모든 정치부 기자들이 트럼프가 예비선거를 휩쓸던 현상에 매달려 있었다.

놀랍게도 디메글리오는 트럼프와 통화할 수 있었고, 그는 허먼을 위해 자신이 무엇을 했는지, 허먼이 얼마나 위대한 선수인지에 대해 끊임없이 떠들어댔다. "나는 언제나 그를 믿었다"라거나 "그가 참 자랑스럽다"라고 말하면서 이야기는 끝없이 이어졌다. 마침내 수화기 너머로 누군가 고함을 지르는 소리가 들렸다. "누가 저 망할 전화 좀 끊게 할 수 있나요? 그가 연단에 서야 할 시간이라고요! 그나저나 지금 누구와 통화 중인 거예요?" 그때 디메글리오는 들었다. "〈USA투데이〉의 어떤 골프 기자요."

디메글리오는 웃으면서 그날을 회상한다. "그 일이 있고 한동안 우리 정치부 기자들이 나를 붙잡았어요. 어떻게 하면 트럼프와 다시 통화할 수 있겠느냐고 말이에요."

이제 그는 대통령이 되었고, 미국에서 가장 유명한 팀 경기의 프로 선수와 골프를 칠 수 있다. 트럼프골프카운트닷컴에 따르면 그는 포섬 경기의 45퍼센트를 프로 스포츠 선수와 했다. 안 될 것도 없었다. 트럼프는 괜찮은 골퍼였고 선수들도 일반적으로 골프를 잘 쳤다. 그들은 트럼프가 좋아하는 방식인 3시간 30여 분 동안 사람들을 끌고 다니면서 경기하는 데 이의가 없다. 그와 함께한 수십 명의 선수 중에는 페이튼 매닝Peyton Manning, 톰 브래디Tom Brady, 커크 커즌스Kirk Cousins, 존 얼웨이John Elway 등이 포함되어 있다.

그는 잭 니클라우스, 아놀드 파머, 게리 플레이어, 그렉 노먼 등 세계에서 가장 유명한 골퍼들과도 경기를 해왔다. 대통령이 되어도 변함이 없었다. 타이거 우즈, 로리 맥길로이, 더스틴 존슨(두 차례), 리키 파울러 등과도 티샷을 했다. 브라이슨 디섐보Bryson DeChambeau는 그에게 골프백을 주기도 했다. 트럼프가 대통령이 된 뒤로 가장 자주 골프를 친 이는 데이비드 프로스트(네 차례)였다. 세상을 떠난 방송인이 아니라 남아프리카공화국 출신의 골퍼 말이다.

그들은 모두 같은 말을 한다. 트럼프는 참 재미있는 사람이지만, 그의 골프 실력에 관해서는 잘 모르겠다는 것이다. 로리 맥길로이만이 이렇게 추측했다. "아마 80 언저리로 쳤던 듯해요. 70대 나이치고는 괜찮은 골퍼죠. 가끔 퍼트할 때 스스로 '오케이'를 주었지만, 뭐 어때요. 그는 대통령이고 그런 사치를 누릴 만하죠."

우즈의 말이다. "우리는 여러 가지 사안에 관해 이야기를 나누었죠. 재미있었어요. 서로 농담을 주고받고 말다툼도 하고 비웃기도 하며 즐거운 시간을 보냈답니다. 우리는 시합을 하지 않았고 그냥 재미있게 놀았어요." (4장에서 알 수 있었듯이, 브래드 팩슨은 이것이 거짓말임을 나에게 천진난만하게 폭로했다.)

저스틴 토마스는 말했다. "내 인생에서 한 홀에 그렇게 많은 카트를 본 적이 없어요."

일본의 골프 스타 마쓰야마 히데키는 어느 날 트럼프뿐만 아니라 수상 아베 신조와도 함께 골프를 친 적이 있었다. 통역을 통해, 그는 나에게 말했다. "트럼프의 골프에 대해서는 그다지 할 말이 없습니다. 저는 그를 언론을 통해서만 알았는데, 실제로 만나보니 전혀 다르더라고요. 아주 재미있는 사람이었고, 우리는 종일 수다를 떨었어요. 그는 제게 많은 것을 물어봤죠. 일본에 대해, 제가 미국을 좋아하는지에 대해. 그는 도움이 필요할 때면 언제든지 말하라고 했어요. 정말 긴장을 많이 했지만, 제 첫 드라이브 샷은 똑바로 날아갔죠."

두 지도자는 속임수를 썼는가?

"흠, 우리는 내기를 하지 않았어요. 걸려 있는 게 아무것도 없었죠. 그들은 프로 골퍼도 아니고요. 그저 즐기려고 했고, 그래서 아주 편안하고 즐거운 날이었어요."

(다른 말로 표현하자면 이렇다. "그렇죠.")

잭 니클라우스는 트럼프를 좋아하고, 비판가들을 상대로 그를 옹호했다. 트럼프는 그에게 특별히 브롱크스에 있는 트럼프 페리 포인트 골프장의 일을 주기도 했다.

트럼프는 고인이 된 아놀드 파머와도 가까웠다고 사람들에게 말하고는 했다. 골프 기자인 제임스 도슨이 파머와의 인터뷰를 앞두고, 그보다 먼저 트럼프와 인터뷰를 한 적이 있다. 그는 인터뷰를 마치기 전 트럼프가 한 손가락을 다른 손가락으로 꼬면서 "아놀드와 내 사이는 이와 같다"라고 말했다고 밝혔다. "그리고 저는 다음 날 저녁 아놀드를 찾아가 이 이야기를 전했어요. 그는 웃으며 말하더군요. '정말로? 그보다는 이것에 더 가깝죠.' 그러면서 양손을 교차시켜 자기 목에 갖다 댔습니다."

파머의 딸, 페그는 최근 〈스포팅 뉴스Sporting News〉의 기자 토마스 하우저에게 자세한 이야기를 전했다. "기억 속에 떠오르는 순간이 있습니다. 아버지와 내가 라트로브에 있는 집에 머무를 때였어요. 아버지는 2016년 9월에 돌아가셨으니까, 이건 대선 전의 일이네요. TV가 켜져 있었고 화면에는 트럼프가 잡혔어요. 아버지는 당신이 지지하는 정당의 대통령 후보였던 그 남자의 오만함과 조잡함을 믿을 수 없었는지 '으악'이나 '웩'처럼 싫은 소리를 냈죠. 이어서 '트럼프는 우리가 생각했던 것만큼 영리하지는 않다니까'라고 말하고는 방을 나가셨어요. 아버지는 지금의 도널드 트럼프를 어떻게 여기실까요? 아마 아주 민망해서 고개를 저으실 거예요."

트럼프는 종종 타이거 우즈를 "좋은 친구"라고 칭하지만, 이는 일방적인 짝사랑처럼 보인다. 우즈는 트럼프가 운영은 하지만 소유주는 아닌 트럼프 월드 두바이의 디자인을 맡았다. 트럼프의 아들, 에릭은 이를 두고 그들이 "엄청 친한 형제 같은 사이"라는 또 다른 증거로 생각한다. 에릭은 말했다. "아버지와 타이거는 하늘이 맺어준 것 같아요. 아주 기막힌 조합이죠."

하지만 우리가 트럼프에 대해 물어볼 때마다, 타이거는 마치 멀리 떨어져 사는 삼촌에 대한 질문을 받은 듯한 반응을 보였다. "글쎄요, 그는 미국 대통령이죠. 우리는 백악관을 존경해야 해요. 그곳에 누가 있건, 당신이 그의 성격이나 정치관을 어떻게 생각하건 상관없이 우리는 모두 백악관을 존중해야만 하죠." 이게 사실이라면, 우즈의 대변인 글렌 그린스판은 왜 둘 사이에 오헤어 공항 활주로만 한 선을 그으려고 할까? "타이거는 트럼프 대통령이나 그의 회사와 파트너 관계가 아니에요. '타이거 우즈 디자인'의 계약과 채권은 부동산 개발회사인 다막 프로퍼티스와 맺은 것이죠. 우리의 제휴는 거기에서 끝났어요. 타이거 우즈 디자인이 트럼프 대통령과 합의하지 않았다는 것을 이보다 명확하게 말할 수는 없겠네요."

트럼프가 '다카DACA'⁴ 제도의 폐지를 결정하며 80만 명에 육박하는 '드리머Dreamer'에 대한 보호를 없앴을 때, 즉 미국 태생의 젊은이들이 그들이 본 적 없는 나라로 추방될 위험에 처하게 되었을 때 우즈는 곤경에 빠졌다. 타이거 우즈 재단은 소외된 이민자 가정의 아이들을 위한 모금에 아주 깊게 관여하고 있었다. 이민자 가정의 아이들은 트럼프의 결정이 믿기지 않았다. 재단의 지원을 받던 아이들은 겁에 질렸다. 타이거 우즈 재단은 트윗을

---

4 2012년 버락 오바마가 도입한 행정명령으로 불법 입국한 부모를 따라 미국에 들어온 15~30세 청년들의 추방을 유예하는 제도다.

올렸다.

> 우리는 DACA 학생과 졸업생들을 전적으로 지원하고 지지합니다. '드림액트DREAMAct'[5] 법안의 통과를 촉구하는 서명에 참여해주세요.

모든 의심은 타이거가 TV 프로그램인 〈레이트 쇼 위드 스티븐 콜베어〉에 출연하면서 풀렸다. 콜베어는 그에게 그간 함께 골프를 쳤던 대통령들에 관해 물었다. 타이거는 부시(41대)에 대해서는 "우리는 두 시간 안에 경기를 끝냈어요"라고, 클린턴에 대해서는 "컷이 많은데, 즉 우측으로 밀리는 샷이 많이 났어요"라고, 오바마에 대해서는 "아주 경쟁심이 강한 분이죠"라고 말했다.

이어서 콜베어는 물었다. "트럼프는 어떤가요?"

우즈는 만면에 미소를 보이면서 대꾸했다. "당신이 '대통령들'이라고 했잖아요." 관중석에서 큰 웃음이 터져 나왔다.

트럼프는 마러라고에서 20분 떨어진 팜비치가든스에 사는 골퍼, 더스틴 존슨과는 친구처럼 잘 지내는 것으로 보인다. 존슨의 할아버지, 아트 휘스넌트(한때 로스앤젤레스 레이커스에 드래프트되었던)도 웨스트팜비치에 산다. 트럼프는 존슨에게 추수감사절 저녁을 함께하자고 제안하기도 했다. 휘스넌트의 증언이다. "둘은 아주 친해요." 어찌나 친밀한 사이인지, 존슨은 2018년에는 뉴

---

5   그동안 DACA 제도의 혜택을 받고 있던 청소년들을 보호할 수 있는 대체 법안이다.

욕주 시네콕 힐스에서 열리는 US 오픈을 이틀 앞두고 브롱크스에 위치한 트럼프 페리 포인트의 새로운 클럽하우스 개장식에 차를 몰고 가서 참석했다. 그 장소가 [브롱크스보다 가까운] 퀸즈였다고 해도 타이거는 US 오픈을 이틀 앞두고 그곳에 가지는 않았을 것이다.

하지만 트럼프와 골프를 치는 일은 가끔 심각한 반발을 야기할 수 있다. 로리 맥길로이에게 일어났던 일을 보자. 그는 트럼프와 친 골프 때문에 조롱을 받았다. 〈아이리시 인디펜던트The Irish Independent〉의 기자 이완 맥케나는 다음과 같이 썼다. "역사는 (맥길로이의) 골프 친구 트럼프를 잔인하게 평가할 것이다. 하지만 지금 당장은 로리를 심판해야 한다."

매우 흥분한 맥길로이는 트위터에서 분통을 터트렸다.

나는 내 친구나 가족이 하는 모든 말과 행동에 동의하지 않지만, 여전히 그들과 골프를 친다. 내가 누군가의 회사에서 시간을 보냈기 때문에 파시스트나 편협한 사람으로 불리는 것은 너무나도 우스꽝스러운 일이다. 이제 트럼프의 초대에 응하기로 한 내 결정이 어느 정도 이해됐기를 바란다.

그는 또한 트럼프와 골프를 치는 것에 대해서는 "두 번" 생각해보겠다고 했다.

트럼프와 진짜 가까운 사람은 그가 "위대한 친구"라고 부르는 '장타자' 존 댈리John Daly와 대통령 당선 뒤 석 달이 채 지나지 않은 시점에서 백악관으로 초청된 세라 페일린, 키드 락, 테드 뉴전트다.[6] 뒤에 언급한 세 명은 백악관에서 힐러리 클린턴 사진을 앞에 두고 조롱 섞인 포즈를 취하기도 했다. 댈리는 트럼프가 처음 초대한 유명인 중 한 명으로 썩 적합해 보인다. 트럼프와 댈리는 모두 합해 일곱 명의 다른 여성과 결혼했고, 여덟 명의 자녀를 보았다.[7]

이어지는 이야기는 투어 선수들과 관계자들이 백악관에 초대되었던 시끌벅적한 밤의 일이다. 투어 선수 중에는 디섐보, 제이슨 본Jason Bohn, 케빈 스트릴먼Kevin Streelman 그리고 빌리 헐리Billy Hurley 등이 있었다. 투어 커미셔너인 제이 모나한Jay Monahan도 무리 중 한 명이었다.

스트릴먼은 그날을 이렇게 회상한다. "우리는 밤 여덟 시쯤 집무실에 걸어 들어갔어요. 그는 양복을 입은 채로 책상에 앉아 있었죠. 그러더니 벌떡 일어나 다가오며 '내 골프 선수들!'이라고 말했어요. 아주 즐거워 보였고, 그보다 더 친절할 수가 없더군요. 그는 우리가 사진을 찍도록 허락했고, 집무실을 구경시켜 주면서 물었어요. '링컨의 침실'[8]을 보고 싶지 않나요?' 우리는 곧장 링컨의 침실로 이동했고, 그는 '나와 함께 가자고요'라고 말했어요. 곧

---

6   세라 페일린은 알래스카 주지사를 지낸 극우파 정치인이며, 다음에 이어지는 두 사람은 록 가수다.

7   정리하자면 이렇다. 트럼프는 세 번의 결혼에서 다섯 명의 자녀를 보았고, 댈리는 네 번의 결혼에서 세 명의 자녀를 보았다.

8   백악관 2층에 자리한 귀빈용 객실을 말한다.

이어 사적인 공간으로 안내되었죠! 그는 문 하나를 두드리면서 꽤 큰 목소리로 '멜라니아? 괜찮아요? 여기 당신에게 소개할 사람들이 있어요'라고 말했고, 우리는 잠시 후 그녀 또한 만났습니다! 정말 굉장했죠. 우리는 그의 골프 친구들이었고, 그는 그저 집구경을 시켜주었어요! 마치 평범한 사람처럼 말이죠!"

(트럼프는 방문객들과 약간의 장난도 즐긴다. 그는 책상 아래에 있는 버튼을 보여준다. 버튼은 꽤 중요한 것처럼 보인다. 그는 "이것을 눌러볼까요?"라고 말하고, 당신이 "아니요!"라고 소리치기 전에 잽싸게 버튼을 누른다. 그러면 곧 집사가 또 다른 다이어트 콜라를 갖고 온다.)

트럼프는 골프 투어 슈퍼스타인 필 미켈슨Phil Mickelson도 "좋은 친구"라고 부른다. 그들은 여러 번 함께 골프를 쳤고, 미켈슨은 트럼프가 인도네시아 발리에서 운영할 예정인 골프장을 디자인하기로 되어 있었다. 하지만 선거 이후 미켈슨은 그에 대해 냉담한 침묵을 유지 중이다. 그는 내가 트럼프와의 우정을 물었을 때, 10초 동안 가만히 내 눈을 응시하더니 이내 미소를 띤 채 그냥 가버렸다.

그리고 시니어 투어를 주름잡는 독일인 골퍼 베른하르트 랑거Bernhard Langer가 있다. 트럼프는 랑거를 "친구"라고 부르는데, 심지어 힐러리 클린턴의 당선을 위해 "300만에서 500만 명의 사람들이 불법투표를 했다"는 자신의 터무니없는 거짓말에 그를 끌어들이기도 했다. 트럼프는 플로리다 거주자인 랑거가 평소 투표하던 곳에서 투표할 수 없었고, 반면 "유권자처럼 보이지 않는" 몇몇 사람들이 대신 투표를 했다고 주장했다.

한 가지 아주 작은 사실을 제외하면 꽤 괜찮은 이야기다. 랑거는 독일 시민권자다. 그는 미국에서 투표할 수 없다.

골프 사업에 뛰어들었을 때 트럼프의 목표 중 하나는 언젠가 그의 골프장 가운데 한 곳에서 메이저 대회가 열리는 모습을 보는 것이었다. 그중에서 마스터스는 오거스타 내셔널 골프클럽에서 고정적으로 열리기 때문에, 그에게는 세 가지 옵션만 남았다. US 오픈, 디 오픈 챔피언십(주로 브리티시 오픈이라 불린다) 그리고 PGA 챔피언십. 메이저 대회를 향한 그의 구애는 20년 가까이 걸렸고, 곧 그 꿈은 현실로 이루어질 것이다. 2022년, 104번째 PGA 챔피언십이 트럼프 베드민스터에서 개최될 예정이다.

PGA는 트럼프 자신조차 대통령이 되리라고 생각하기 몇 년 전에 장소를 결정했다. 트럼프가 후보가 되고 무슬림부터 매케인에 이르기까지 모두를 모욕하기 시작하자, PGA 임원들의 속은 급격히 메스꺼워졌다. 한 PGA 임원은 이렇게 자조했다. "우리가 무엇을 할 수 있겠어요? 이미 계약을 했고 되돌릴 수는 없으니까요." 만약 트럼프가 2020년 재선에 성공한다면, PGA 챔피언십은 그의 대통령 임기 5년 차 중반에 열릴 것이다.

US 오픈 개최는 말이 안 되는 일일 수도 있다. 심지어 트럼프는 US 오픈 개최를 위해 트럼프 베드민스터에서 '트럼프'라는 이름을 떼어낼 수도 있다고 말했는데, 사실상 그것은 사업을 위해 가장 중요한 조건이다. 그의 말이다. "내 골프장은 모두 호황을 누리고 있죠. 내 이름 없이는 어려운 일입니다." 그의 골프장들은 세계 최고의 회원들과 함께하며, 세계 최고의 시설을 갖춘 세계 최고의 코스라고 강조하는 사람이 하는 말치고는 이상하지 않은가? 왜 그의 이름이 필요하지?

US 오픈은 2027년까지의 개최지 목록을 사이트에 올려두었지만, 그곳 어디에도 트럼프의 이름은 없다. 향후 예정된 아홉 개 개최지 중 여덟 곳은 트럼프가 골프장을 가진 주에 있고, 그들 중 대부분은 트럼프가 "매우 과대평가되었다"라고 말하는 페블비치 골프장 두 곳을 포함해 그의 골프장보다 못하다고 꼬집은 곳이다. 빌어먹을 [페블비치] 셔츠를 누가 사겠어.

유럽에서 열린 오픈 챔피언십을 개최한 트럼프의 해외 골프장에 대해 말하자면, 메이저 대회 유치가 거의 가능했지만 곧 아무것도 아닌 게 됐다. 그의 애버딘 골프장은 여러 곳에서 무시를 당했다. 소문에 따르면 2019년부터 3년간 스코틀랜드 오픈을 개최할 예정이었지만 결국 트럼프 골프장에서 두 시간 떨어진, 미국인 톰 독이 디자인한 라이벌 골프장 르네상스 클럽에서 열리게 될 것이다. 만약 골프장 이름에 '트럼프'가 없었다면 트럼프 턴베리는 틀림없이 오픈 챔피언십 개최권을 따낼 수 있었을 것이다. 트럼프가 매입한 이래로 너무나도 좋아졌기에 오픈 챔피언십이 열리지 않는 일 자체가 이상할 정도니까 말이다. 하지만 영국왕립골프협회(R&A)가 발표한 2022년까지의 일정을 보면, 트럼프 턴베리는 개최지에 포함되어 있지 않다.

스코틀랜드 골프 기자 존 허건의 말이다. "그가 미국 대통령으로 있는 한 오픈 챔피언십 개최권은 절대 얻지 못할 겁니다. 확신하건대, 그의 이름이 골프장에 박혀 있는 한 분명 그럴 거예요."
허건은 트럼프와 꼿꼿한 R&A 운영자들은 좋지 않은 조합이라고
말했다. "오, 아주 좋은 일이네요. 차 한 잔 더 드릴까요?'라는 식
으로 예의를 중시하는 R&A에 외향적인 허풍쟁이가 끼어드는 꼴
이잖아요. 말도 안 돼요. 그들은 절대 그렇게 안 할 거예요."

트럼프가 그들에게 트로피를 바친다면, 그때는 이야기가 좀
달라질까?

13

★★★★★

우~~~~~웩

그들이 무엇을 쓰건,

당신이 젊고 아름다운 엉덩이만 갖고 있다면 상관없다.

─도널드 J.트럼프

2004년에 열린 트럼프 베드민스터 개장식에 초대된 사람 중에는 원래 그 땅의 소유주였던 존 드로리언(당시 79세)도 있었다. 트럼프가 골프 기자 무리에 서 있을 때 드로리언이 자신의 여자 친구와 함께 골프 카트를 몰고 다가왔다.

칼럼니스트이자 골프 채널의 토론자인 에이먼 린치Eamon Lynch는 그날을 이렇게 기억한다. "트럼프는 그들을 우리에게 소개했어요. 그러고는 드로리언과 잠시 따로 이야기를 나누었죠. 그가 떠난 뒤 트럼프는 다시 우리에게 다가와 말했습니다. '불쌍한 사람이야. 매우 늙었고 후줄근한 모습이군. 그는 가진 돈을 모두 잃었답니다. 무엇보다 최악인 것은, 그의 여자 친구가 후하게 쳐도 4점밖에 안 된다는 사실이죠.'"

트럼프는 그가 골프 트로피를 바라보는 것과 같은 방식으로 여성들을 바라봤다. 수집하기를 즐겼으며, 그들을 얻기 위해서는 속임수를 쓰는 것도 마다하지 않았다. 그가 처음으로 멜라니아를 나에게 소개하던 때의 일이다. 그는 말했다. "그녀를 봐요."

"무슨 말씀이시죠?"

"그녀를 보라고요!"

"방금 봤는데요."

"아니, 훑어보라고요! 위아래로. 괜찮다니까요."

"도널드, 나는 그런 식으로 그녀를 보지 않을 거예요."

"보라니까요! 그녀도 좋아해요!"

그래서 나는 빨개진 얼굴로 재빨리 그녀의 구두를 내려다보고는 10분의 1초 만에 뒤로 돌아섰다. 그는 웃고 있었다.

"다 진짜예요."

트럼프 로스앤젤레스의 여성 고용인들이 알아낸 사실이 한 가지 있다. 트럼프가 그들의 SAT 점수에 특별한 관심이 없다는 것이었다. 그는 언제나 그런 식이었다. 군사학교에서조차 "레이디스 맨ladies' man"이라고 호칭했다. 여성이 지능과 목표와 신념을 가진 개개의 인간이라는 사실은 트럼프 지휘 아래에서는 크게 받아들여지지 않았다. 〈스코츠맨The Scotsman〉에 따르면 트럼프 턴베리에서 남성은 여성이 받는 보너스의 두 배 이상을 받는다.

트럼프 아내로서 가장 중요한 덕목은 그녀가 골프를 치지 않고, 사업에 많이 관여하지 않으며, 너무 주의 깊게 지켜보지 않아야 한다는 것이다. 베드민스터 개장일에 트럼프가 기자들 무리에서 재미있는 이야기를 하고 있을 때, 양복을 입은 남자가 그에게 다가가 뉴스를 전했다. "와, 트럼프 가족이 '올해의 골프 가족'으로 선정되었어요!"

린치는 그 남자에게 감사를 표했던 트럼프가, 그가 돌아가자마자 기자들에게 했던 말을 기억한다. "흠, 저 말은 내년에는 따로 애인을 만들면 안 된다는 뜻이네요."

쉽지 않은 일이다. 트럼프에게 여성들은 감자튀김과 비슷하다. 그는 자신이 그(것)들을 멀리해야 한다는 사실을 알지만, 차마 손을 뗄 수가 없다. 이는 그만큼 유명한 사람에게는 여러 문제를 야기한다. 트럼프와 함께 시간을 보냈던 어느 TV 프로듀서는 프로그램을 촬영할 때마다 그들의 뒤에 서 있던 악명 높은 경호원, 키스 실러를 기억한다. "그는 말했죠. '빨강 머리는 찍지 말아요' 라거나 '금발에서 떨어져요'라고 말이에요. 그래서 괴상한 방법으로 여성들이 카메라 앵글에 나오지 않도록 노력했다니까요. 이게 무슨 미친 짓입니까."

훗날 스미소니언 박물관은 2006년 레이크 타호의 아메리칸 센추리 셀러브리티 챌린지에서 주말을 보낸 트럼프에 관한 전시회를 열어야 하는지도 모르겠다. 아마 그 옆에 손 세정제도 한 통 놓아두어야 하겠지만 말이다.[1]

당시 결혼한 상태였던 트럼프는 그가 막 예순 살이 되었음에

1　2006년에 터진 트럼프의 섹스 스캔들과 관련된 내용이다. 손 세정제는 이를 들은 미국의 배우 겸 코미디언 세스 마이어스가 "손 세정제를 마셔서 [이야기가 기록된] 뇌를 소독하고 싶다"라고 말한 대목을 빗댄 표현이다.

도 3일 내내 골프를 즐겼을 뿐만 아니라, 포르노 스타와 침대에 기어들어 갔으며 또 다른 포르노 스타 그리고 그녀와 함께 있던 두 여성의 몸을 더듬었다. 여기에서 체력 이야기는 하지 말자.

에지우드 타호 리조트에서 열린 NBC 골프 이벤트는 골퍼와 팬들 그리고 대부분 A급 프로 선수인 유명인들이 술 파티를 한 뒤에 벌이는 경기였다. 그해 7월에는 미식축구 선수들인 아론 로저스, 드류 브리스 그리고 벤 로슬리스버거가 경기에 참가했다. 또한 배우 안소니 앤더슨과 방송인 알 마이클즈, 코미디언 레이 로마노 등을 포함해서 운동선수가 아닌 유명인들도 많이 있었다. 그리고 트럼프. 그는 당시 NBC의 유명 리얼리티 TV 쇼 〈어프렌티스The Apprentice〉 시즌 2가 방영되면서 이곳저곳에서 섭외 0순위를 자랑하고 있었다.

유명인들의 존재는 공식 토너먼트 호텔, 하라 카지노에 수많은 매력적인 여성들이 화끈한 밤을 위해 몰려드는 계기가 되었다. 성인 영화 스튜디오인 위키드 픽처스는 신작을 홍보하기 위해 선물 가게에 부스를 만들기까지 했다. 꽃으로 장식된 부스 안에는 "스토미 대니얼스"로 불리던 스테파니 클리포드와 제시카 드레이크를 포함해 포르노 스타들이 가득했다. 가슴이 파인 드레스에 짙은 립스틱을 바른 포르노 스타들은 남성 유명인들을 한껏 유혹했다. 그들 중에는 그날 일찌감치 골프코스에서 대니얼스를 본 욕정 가득한 빨간 모자의 도널드 J. 트럼프라 불리는 부동산 업자도 있었다. 그는 부스로 왔고 그녀와 함께—11년 후에 많은 후회를 남긴 아주 유명한—사진을 찍었다.

하지만 사진에서만 끝나지 않았다. 그들은 이야기를 나누었고, 시시덕거렸으며, 저녁을 먹었고 그리고 마침내 대니얼스에 따르면 그날 밤 트럼프의 스위트룸에서 성관계를 가졌다.

정력적인 면에서 보자면, 예순 살 먹은 남자가 유명 포르노 스타와 잠을 자는 일은 일종의 업적 같은 것일 수도 있다. 하지만 트럼프는 더 나아갔다. 그는 명백히 두 번째 단계로 나아갔다. 제시카 드레이크에 따르면, 트럼프는 다음 날 위키드 부스에 다시 갔고, 이번에는 드레이크 또한 유혹하기 시작했다. 그는 그날 라운드에서 함께 걷기를 제안했고 그녀는 그렇게 했다. 드레이크의 전화번호를 알게 된 트럼프는 그날 밤 그녀를 스위트룸에 초대했다. 그녀는 조금 혼란스러웠다. 드레이크는 대니얼스에게서 트럼프가 "딱 달라붙는 속옷 차림으로" 계속해서 그녀를 따라다니며 꼬드겼다는 이야기를 들은 터였다. 그래서 그녀는 만일에 대비해 두 명의 친구들을 데리고 갔다.

드레이크는 기자회견에서 그날 일을 이야기하면서 다음과 같이 밝혔다. "그 방에 들어갔을 때 그는 우리를 꽉 껴안으면서 허락 없이 모두에게 키스를 했어요. 파자마를 입은 채였죠." 트럼프는 그들에게 포르노 스타로서의 삶에 관해 이것저것 물었고, 그들은 "30~45분 후에" 방을 나갔다. 드레이크는 트럼프가 이후 그녀에게 전화를 걸어서 관계를 갖는 대가로 10만 달러를 제시했다고 말했다. 그녀는 유혹에 넘어가지 않았다. "그 누가 되었건 정말 용납할 수 없는 행동이었어요. 하물며 대통령 후보라니요." 드레이크는 그에게 "성폭력 옹호자"라는 꼬리표를 붙였다.

두 명의 포르노 스타로도 부족했던 것일까. 이벤트가 열리는 도중이었던 어느 때에, 트럼프는 그의 정부인 플레이보이 모델 카렌 맥두걸과 침대에서 뒹굴고 있었다. 그가 가진 무례함의 깊이는 어디까지일까. 아내가 있는데 정부를 만들고, 또 그 정부를 두고 다시 바람을 피울 때 당신은 불륜의 또 다른 세계로 들어서게 된다. 마치 왜곡된 세계를 보여주는 영화 〈인셉션〉처럼 말이다.

매트리스 올림픽이 열리는 동안, 6개월 전에 결혼한 그의 새 신부 멜라니아는 어디에 있었을까? 태어난 지 4개월 된 아들 배런을 데리고 뉴욕으로 돌아가 있었다.

이것은 트럼프가 골프 토너먼트에서 저지른 첫 번째 간통이 아니었다. 〈샌프란시스코 크로니클San Francisco Chronicle〉의 칼럼니스트인 팻 스테거에 따르면, 그는 1993년 AT&T 페블비치 프로암 대회에서 곧 아내가 될 여자 친구였던 말라 메이플스를 상대로 부정행위를 저질렀다. 스테거의 칼럼을 보자.

도널드 트럼프는 페블비치에서 굉장한 시간을 가졌다. 대회 중간에 말라 메이플스가 합류하기 전까지는 말이다. 메이플스의 등장은 그와 함께 대회에 온 프레드릭스 오브 할리우드의 란제리 모델이기도 했던 매혹적인 금발 여성이 LA로 돌아가야만 한다는 의미였기 때문이다.

더 희한한 사실은 메이플스가 토요일 오후에 트럼프와 결혼할 것을 예상하고, 그녀의 여행 가방에 웨딩드레스를 챙겨왔다는 점이다. 하지만 스테거는 트럼프가 마지막 순간까지도 결심이 서지 않은 상태였다고 썼다. 아니나 다를까, 메이플스는 당시 딸 티파니를 임신하고 있었다.

이제 샤워를 위해 잠깐 휴식시간을 갖자.

*

역설적인 점은 트럼프가 LPGA 투어의 가장 친한 친구 중 한 명이라는 것이다. 그는 선수들을 잘 알고, 대회를 잘 알고, LPGA에 관여하기를 좋아한다. 우연의 일치일지 모르겠지만 그가 가장 좋아하는 LPGA 스타는 사진을 잘 받는 선수 중 한 명인 아주 아름다운 금발의 나탈리 걸비스Natalie Gulbis다.

투어 대회에서 네 차례 우승한 걸비스는 플로리다 웨스트팜비치의 트럼프 인터내셔널에서 열린 LPGA 시즌 마지막 대회인 ADT 챔피언십에서 처음 트럼프와 만났다. ADT 챔피언십은 투어 성적 상위 30위권 선수만 참가하는 환상적인 클라이맥스 대회였다. 트럼프는 선수들과 대회 조직위원회의 최고 운영자들이 마러라고에 머물도록 허락했다. 트럼프는 그의 제안대로 서른 명의 톱 여성 선수만 대회에 참가했다는 사실에 아주 즐거워했다. 대회 기간 내내 아침마다 내려와 오믈렛을 만들어줄 정도였으니까 말이다.

2005년에 열린 대회의 어느 날 아침, 트럼프는 소리쳤다. "나탈리! 첫 번째 투어 챔피언십에서 우승한 것을 축하해요. 올해 투어 버디 순위에서 1위를 달리고 있다고 들었어요. 대회 코스가 어떻다고 생각하나요?"

걸비스는 놀랐다. "어떻게 그 사실까지 알고 있었을까요?" 그녀는 트럼프가 자신에게 많은 것을 물어보고, 자신의 연애에 대해 궁금해하고, 에이전트에 대해 조언을 해주며, 후원사와 협력하며 경력을 만들어가는 일에 대해 신경 써주는 점을 좋아했다.

걸비스는 기자들에게 말했다. "내가 대회 출전이나 계약에서 PGA 투어 선수보다 돈을 덜 받는 것은 분명히 잘못된 생각이라는 점을 그는 믿어주었어요." 트럼프는 심지어 걸비스의 연애 문제도 도와주려고 노력했다. 당시 걸비스는 195.5센티미터의 피츠버그 스틸러스 쿼터백인 로슬리스버거와 사귀고 있었다. 하지만 그는 서서히 그녀와 멀어졌고 걸비스에게 공개적으로 상처를 남긴 채 헤어졌다. 골프 기자인 케빈 쿡에 따르면, 트럼프는 적어도 한 명 이상의 지인들에게 걸비스가 "성적 매력이 없어서" 로슬리스버거가 그녀와 헤어졌다고 말하고 다녔다. 연애 상담을 하며 걸비스에게 건넸던 트럼프의 조언은 무엇이었을까? 거짓말이다. 그는 걸비스를 설득했다. "지금부터는 당신이 그를 찼다고 생각하세요."

트럼프는 ADT 챔피언십에 아낌없이 관대했고 선수들도 좋아했다. 하지만 이는 오래가지 못했다. 그들이 트럼프의 비열한 속임수를 경험했기 때문이다. 사실 2001년에 열린 첫 대회 때부터 말썽이었다. 선수들은 1라운드에서 낮은 스코어(언더파)를 기록했다. 트럼프는 인정할 수 없었다. 트럼프 코스는 누구나 환영하는 '웰컴 매트'가 아니기 때문이다. 선수들에 따르면 그는 밤에 직원들을 시켜 호수 언저리 잔디를 깎고 그린을 뷰익(차)의 후드보다 더 빠르게 만들고 러프 잔디를 깎지 말도록 했다. 그 결과 1라운드보다 2라운드 때 선수들의 스코어가 더 나빠졌다. 이는 프로 골프계에서는 날씨가 갑자기 나빠지지 않는 한 극히 전례가 없는 일이었다. 우승자는 명예의 전당에 오른 캐리 웹Karrie Webb이 었는데, 둘째 날 스코어가 6타 더 많았다. 안팎으로 존경받는 아니카 소렌스탐이 2위에 올랐고, 그녀 또한 첫날보다 6타를 더 쳤다. 메이저 대회에서 우승한 적이 있는 그레이스 박(박지은)은 9타를 더 기록했다.

트럼프는 기뻤다. 그는 터보 카트를 타고 다니면서 선수들에게 물었다. "코스는 어떤가요? 어렵죠? 이렇게 어려운 코스에서 가장 마지막으로 쳐본 게 언제인가요?"

"제가 아홉 살 때요." 한 선수가 답했다.

LPGA 명예의 전당에 오르고 지금은 NBC 현장 인터뷰 리포터인 도티 페퍼의 말이다. "그는 확실히 골프코스를 바꾸도록 직원들에게 지시했어요. 어떻게 목요일에 코스 적응을 마치고서, 금요일에는 완전히 다른 코스에서 경기할 수 있죠? 선수들은 혼란스러웠습니다. 하지만 우리가 할 수 있는 일은 아무것도 없었죠. LPGA 협회는 그에게 맞설 수 없었고요. 그들은 그저 이렇게 말하는 게 전부였습니다. '그는 도널드 트럼프잖아요. 그를 지원해줄 수 있으니 우리는 행운이죠.'"

하지만 정말로 행운이었을까? 도널드 트럼프를 여성 골프 대회의 주관자로 두는 것은 팝 스타, 저스틴 비버에게 아기를 맡기는 것과 같다. 반드시 말썽이 뒤따르기 때문이다. 예를 하나 들면,

트럼프는 727기를 코스에 두고 프로암을 시작했는데, 이 일은 팜비치에 혼란을 일으켰다. 웨스트팜비치 공항 관제탑은 아마 비행기가 추락한 줄 알고 사람들을 향해 경고등을 켰을지도 모른다. 한 공항 관계자는 말했다. "사람들은 기겁했죠. '오, 우리가 폭격을 당한 건가요?'라고요."

"그가 지금 대통령으로서 나라에 하는 모든 일은 이미 골프칠 때 우리에게 했던 짓이죠." 꽤 고위직에 자리한 LPGA 인사의 말로, 그녀는 세계에서 가장 힘 있는 남자가 자신의 신분을 알게 되기를 원치 않았다. "이를테면 그는 미디어 접대를 위한 천문학적인 액수의 비용을 우리에게 떠넘겼어요. 우리가 다룰 수 있는 것보다 더 많은 미디어를 상대하게 했죠. 처음에는 얼마 없던 미디어가 점점 늘어났어요. 그리고 자신의 프로 숍에 두기를 원치 않았던 상품들을 우리에게 보냈죠. 한번은 나의 가장 친한 친구 중 한 명이 대회를 보기 위해 사람들을 데리고 온 적이 있었어요. 그래서 마러라고에 가서 저녁을 먹자고 했죠. 우리는 다른 이들에게 잘 보이지 않는 큰 문 뒤에 앉았어요. 그래야 트럼프가 우리를 방해하지 않을 테니까요. 그런데 이런, 잠시 후 트럼프가 우리에게 다가왔죠. 그는 양해를 구하지도 않고 의자를 당겨 앉아 재킷을 벗으며 말했습니다. '흠, 오프라 윈프리가 왜 그렇게 뚱뚱한 게으름뱅이인지 이제 알겠네요.' 내 친구는 오프라와 같은 미시시피 출신이에요. 그녀는 매우 예의가 바른 친구였는데, 나는 그녀가 포크를 집어삼킬 수도 있겠다 생각했죠. 트럼프는 왜 갑자기 오프라 이야기를 꺼냈을까요? 우리는 그 이야기를 하고 있지도 않았는데 말이에요. 트럼프는 오프라가 지난 주말에 여기에 왔고, 키위 타르트를 얼굴에서 떼지 않은 채 실컷 먹었다고 말했어요. 우리는 다만 조용히 그곳에 앉아 있을 뿐이었죠."

이런 이야기가 거북하다면 당신은 3번 홀이 내려다보이는 9층 건물인 팜비치 카운티 감옥에서 무슨 일이 있었는지 듣지 못한 게 분명하다.

다음은 페퍼의 회상이다. "재소자들이 휴식을 취하는 구역이 건물 위쪽에 있었어요. 그런데 어떤 재소자는 그물망 끝까지 올라가서 마치 스파이더맨처럼 매달려 있더라고요. 그는 대회 내내 선수들에게 악담을 퍼붓고, 휘파람을 불고, 온갖 역겨운 짓은 다 했습니다. 나중에 감옥 측은 그들의 운동 시간을 바꾸었어요." 트럼프는 이런 일이 절대 일어나지 않았다고 말했다. 그러고서 감옥의 시선을 차단하기 위해 아주 비싼 나무들을 심었다.

전현직 LPGA 커미셔너는 트럼프에 대해 이야기하지 않으려고 했다. 하지만 트럼프가 존 매케인 상원의원의 장례식이 있던 날에 분노의 트윗을 하자,[2] 전 LPGA 커미셔너(2005~2009년)인 캐

---

2   오바마와 부시 등 주요 정치인이 대거 참석했지만, 생전에 악연이었던 트럼프는 매케인의 장례식장에 초대받지 못했다. 트럼프는 장례식이 진행되는 시간에 북미자유무역협정 협상과 관련해 캐나다에 엄포를 놓거나, 언론에 적대감을 드러내는 등 트위터에 몇몇 글을 올렸다. 이후 골프장으로 향한 후에는 "미국을 다시 위대하게 만들자!"라는 글을 올렸는데, 이는 매케인의 딸 메건이 아버지를 추모하는 연설에서 트럼프의 '미국을 더 위대하게'라는 슬로건을 겨냥해, "존 매케인의 미국은 다시 위대하게 만들 필요가 없는 미국이다. 원래 위대했기 때문이다"라고 말한 데 대한 응답으로 보인다.

롤린 비벤스는 트윗을 날렸다.

트럼프에게 악행의 깊이란 끝이 없다. 무지하고 계급을 초월하지.

결국 모든 좋은 일에는 반드시 끝이 뒤따른다. 5년 뒤 ADT 대회는 개최 장소를 바꾼다고 발표했다. 트럼프는 그들에게 행운을 빌어주었다. "한번 생각해보자고요. 다음 해 이 시기에 당신들은 휴스턴 밖에 있는 질 낮은 여관에 있을 거예요."

서른세 차례 투어 우승자인 에이미 알콧Amy Alcott이 트럼프를 처음 만났을 때, 그녀는 이제는 없어진 뉴저지의 마리나 카지노 호텔 엘리베이터 안에 있었다. 그녀는 그날 있던 LPGA 이벤트에서 성적이 꽤 좋았고, 얼굴에는 희색이 만연했다. 엘리베이터에 올라탄 트럼프는 그녀를 알아봤다.

"당신은 골퍼인가요?" 그가 물었다.

"네, 저는 에이미 알콧이에요."

"물론 그렇겠지요! 나는 당신의 엄청난 팬이에요."

"고맙습니다! 사실 오늘 '홀인원'을 기록했답니다."

"와, 그것참 환상적이네요. 당신에게 샴페인 한 병을 보내도록 할게요."

"정말요? 고맙습니다!"

"숙박비를 내고 있나요?"

"그럼요, 물론이죠."

"그렇다면 내실 필요 없어요. 우리가 처리할 테니까요."

우쭐해진 알콧은 감사함마저 느꼈다. 하지만 그 어떤 샴페인도 그녀의 방에 전달되지 않았다. 그녀가 숙박비를 지불할 때도 아무런 일이 일어나지 않았다. 알콧은 이렇게 말했다. "하지만 저는 그가 헬리콥터로 떠나는 모습을 지켜봤어요."

랜초 펠로스 버디스의 트럼프 로스앤젤레스에서 열린 LPGA 대회에서 그들은 다시 만났다. 알콧은 회상한다. "그는 저를 카트에 밀어 넣었어요. 트럼프 카트는 다른 카트보다 두 배는 빨랐죠. 우리는 경기가 열리는 와중에도 페어웨이 한가운데로 내달렸어요. 한번은 그가 '오! 저기 로레나 오초아가 지나가네요'라고 말하면서 페어웨이 가운데로 내려가 그린까지 올라갔죠. 오초아는 막 버디 퍼트를 할 참이었는데도 그는 '이봐요, 오초아! 경기 잘하고 있나요?' 하고 손을 흔들면서 다가갔어요."

오랜 기간 LPGA 투어에서 활약한 크리스 체터는 알콧보다 더 좋지 않은 기억을 가지고 있었다. 그녀는 트럼프와 함께 뉴저지의 숍라이트 클래식에서 수요일 프로암 대회에 출전했다. 체터는 말했다. "프로 투어 25년간 겪은 일 중에 최악의 경험이었죠."

트럼프는 그녀를 음흉하게 흘끗거렸고, 이상한 암시를 섞어 말했으며, 그 모든 일은 매우 역겨웠다. "그는 그냥 돼지 같았어요. 자꾸 저를 치는데, 좀 소름 끼치더라고요. 저는 정말 흥미가 없었거든요. 제가 결혼했다는 사실은 그에게 조금도 중요하지 않았던 듯해요. 나머지 라운딩 내내 저는 '우~~~~~웩' 하는 상태였어요."

그날 그룹에 있던 또 다른 한 명인 롭(그는 성을 밝히기를 원하지 않았다)은 상황이 그보다 더 나빴다고 말한다. "그가 크리스한

테 치근덕거릴 때, 옆에는 크리스의 남편이 캐디로 있었어요. 트럼프는 나를 구석으로 데려가 크리스와 그녀의 남편에 대해 아는 것이 있는지 물었죠. 저는 대꾸했습니다. '제가 어떻게 알겠어요? 그 사람은 바로 저기에 있는데.'"

그래도 대회였으니까 그는 규칙에 따라 경기를 했겠지?

체터의 말이다. "아니요. 그는 계속해서 엑스트라샷을 쳤어요. 프로암에서는 절대 있을 수 없는 일이죠. 한때는 우리가 팀으로 5점을 만들었는데, 그는 '4점'이라고 쓰게 하더군요. '프로암에서는 모든 사람이 부정행위를 한다'는 게 그 이유였어요. 그는 절대 멈추지 않았습니다. '안 된다'라고 말할 방법이 없었죠."

롭은 어떻게 말했을까? "저는 계속 그에게 말했어요. '왜 부정행위를 하세요? 우승하시려고요?' 제가 그의 말에 따르려고 하지 않자, 결국 그는 스코어 카드를 뺏어갔습니다."

하지만 여기, 그날에 대한 놀라운 반전이 있다. 모든 천박한 행위 끝에 트럼프는 자신의 헬리콥터를 그들에게 보내 뉴욕 투어를 시켜준 다음, 그의 빌딩 중 한 곳의 옥상에 내렸다. 헬리콥터는 그들이 밑에서 저녁을 먹는 동안 기다렸다가 뉴저지로 다시 돌아왔다. 모두 트럼프의 지시였다. 그는 거기에 있지도 않았다.

이것은 돈에 대한 문제가 아니다. 이기는 것에 대한 문제다.

*

LPGA 투어가 트럼프와 절교했다고 해서 트럼프가 여성 대회와의 인연을 끝맺은 것은 아니었다. 트럼프는 베드민스터에 2017 US 여자 오픈을 유치하기 위해 많은 로비를 했다. 계약은 그가 대통령 선거에 뛰어들기 전에 성사되었다. 그가 처음으로 멕시코 이민자를 성폭력범으로 비하하며 비난을 시작했을 때였다. 그 후에는 NBC의 연예프로그램인 〈액세스 할리우드Access Hollywood〉의 진행자, 빌리 부시와 나눈 음담패설이 공개되었다. 이어서 당시 폭스의 앵커인 메긴 켈리가 여성들을 '게으름뱅이slobs', '개dogs', '뚱뚱한 돼지fat pigs' 등에 빗대어 표현한 트럼프의 과거 발언을 공개하며 직격탄을 날렸다.

LPGA와 USGA 관계자들은 속이 타들어 갔다. 어떻게 해야 여성들이 '포키스 6'³에서 왔다고 생각하는 남자가 주관하는 이 대회를 열 수 있을까? 마치 호랑이 등에 올라탄 것과 같았다. 그들은 그대로 머문다면 산 채로 먹힐 수밖에 없었다. 하지만 등에서 내려온다고 해도 마찬가지였다. 따라서 그들은 대회를 열기로 결심했고, 그저 최선의 결과가 나오기를 고대했다.

여성 단체들은 즉시 반발했다. 대회가 열리기 전, '울트라바이올렛'이라는 단체는 경비행기를 빌려 US 남자 오픈이 열리는 하늘 위로 플래카드를 띄웠다. 플래카드에는 이렇게 적혀 있다. "USGA/LPGA: 멀리건을 택하고, 트럼프를 버려라."⁴

---

3 미국 섹스 코미디 영화에 등장하는 나이트클럽 이름이다.
4 멀리건은 최초 샷이 잘못되었을 때 벌타 없이 주어지는 두 번째 샷을 말하는 만큼, 여기에서는 트럼프 골프장 대신 다른 곳을 찾으라는 의미로 풀이할 수 있다.

여자 프로 골프 투어는 마침내 언론의 주목을 받기 시작했다. 잘못된 방향이라는 게 문제였지만. 보통은 한가한 LPGA 대회 기자실이 기자들로 꽉 들어찼다. 기자들은 선수들에게 온통 "도널드 트럼프 골프장에서 경기를 치른 느낌이 어떤지"에 대해서만 물었다.

브리타니 린시컴Brittany Lincicome은 어깨를 한 번 들썩인 뒤 말했다. "바라건대, 그가 대회장에 나타나지 않으면 좋겠네요."

이는 아마도 근사한 슬로건이 될 듯한데, 그렇지 않은가?

2017 US 여자 오픈: 바라건대, 트럼프가 대회장에 나타나지 않으면 좋겠다.

하지만 그는 나타났다. 그는 입구 바깥쪽에 있는 시위자 수백 명을 뚫고 US 여자 오픈에 참석한 최초의 미국 대통령이 되었다. 그는 방탄유리 뒤 18번 홀 그린 천막에 앉아 여러 차례 손을 흔들었다. 우승자는 한국의 박성현이었다. 미친 듯이 몰아치던 '트럼프 토네이도' 속에서 이를 기억하는 사람이 있을까 싶지만.

대회가 끝났을 때, 그는 트윗을 남겼다.

어제 US 여자 오픈에서 시위자들보다 수적으로 아주 우세했던 모든 지지자에게 감사드립니다. 아주 멋졌어요!

마지막 한마디: 대통령 임무를 수행한 첫 22개월 동안 그가 여성과 골프를 쳤다는 기록은 지금껏 단 한 줄도 없다.

14

★ ★ ★ ★ ★

누가
너의 캐디니?

만약 캐디의 도움이 필요하다면,

당신은 골프를 칠 줄 모르는 것이다.

– 댄 젠키스Dan Jenkins

트럼프의 가장 충성스러운 직원은 백악관이나 혹은 그의 선거 캠페인 사무실, 혹은 법률팀에서 일하지 않는다. 대통령의 삶에서 가장 헌신적인 이 남자는 트럼프 워싱턴에 있는 그의 캐디로, 예순 살 안팎의 해병대 출신인 A.J.다.

A.J.(그는 우리가 자신의 성을 부르지 않기를 바란다)는 너무 충직한 사람이라, 만약 당신이 트럼프를 비판한다면 곧바로 매섭게 달려들지도 모른다. 아니, 실제로 그런 적이 있다. 2017 시니어 PGA 챔피언십이 트럼프 워싱턴에서 열리던 날, 그는 트럼프를 욕한 투어 프로 캐디 중 한 명인 브라이언 설리번과 다투었다.

"그 사람은 입을 아무렇게나 놀렸습니다, 선생님." 모든 이들의 호칭에 '선생님'을 붙이는 A.J.가 말했다. "트럼프 대통령에 대해, 자신이 어떻게 생각하건 이러쿵저러쿵하지 말라고 그러더군요. 그러고는 대통령을 후레자식이라고 불렀습니다."

A.J.는 뒤쪽으로 다가가 그를 잡고 소리 지르며 군대식 초크를 가했다. "너나 내 얘기를 들어, 이 나쁜 놈아! 앞으로는 트럼프 대통령의 골프장에서, 트럼프 대통령의 음식을 먹으면서 나의 대통령을 향해 '싫다'라는 단어를 쓸 수 없을 거야. 내가 그렇게 안 놔둘 거니까. 알겠어?"

이는 시니어 투어 선수 조 듀란트Joe Durant의 캐디였던 설리번이 전한 이야기와는 달랐다. 그의 기억은 약간 흐릿하다. "제가 숙취에 시달렸을 가능성이 있어요. 어쨌든 저는 도널드 트럼프를 좋아하지 않고, 확실히 트럼프 코스에는 있고 싶지 않았습니다. 그때 몇몇 사람들이 트럼프에 대해 이야기하기 시작했죠. 그래서 저도 그 개자식은 도저히 참을 수가 없다고 말했습니다. 이 세상에서 제일가는 멍청이라고 했죠. 그 말을 들은 A.J.는 몹시 흥분해서 말했습니다. '그 사람이 내 집세를 낸다고! 내 식탁에 음식을 올려주는 것도 그 사람이고!'라고요. 그래서 저는 호랑말코 같은 놈한테서 돈을 받아야 한다면 다른 사람을 찾는 게 좋을 거라고 대꾸했습니다. 그는 그저 투덜대기만 했어요. 운 좋게도 우리는 처음 이틀간 같이 짝을 이루면서 일련의 일을 묻어버렸습니다."

시니어 선수들에게는 큰 대회였고, 트럼프 이름도 붙어 있었기 때문에 골프장 안에는 긴장감이 감돌았다. 입구에는 매일 시위대가 자리했고, A.J.는 언제나 그들을 지나치면서 차를 몰고 왔다. "멍청한 푯말을 든 여성들이 골프장 앞에 있었습니다, 선생님.

그래서 저는 그들 옆으로 천천히 지나가면서 창문 버튼을—지이이이이이잉—누르고 열어서 '엿 먹어라' 하고 외쳤습니다. 그들은 저에게 소리쳤고, 다시—지이이이이이잉—창문을 올리며 웃었습니다. 선생님."

A.J.는 그에게 어떤 희생이 따르더라도 트럼프와 함께했다. "저는 이곳에서 많은 숙녀분의 캐디로 있었습니다, 선생님. 하지만 트럼프 대통령이 당선된 뒤로는 이제 맡지 않습니다. 지금은 거의 안 합니다, 선생님. 저는 그들이 트럼프 대통령을 좋아하지 않는다고 생각합니다. 저는 대통령의 캐디고, 그들은 저에게 이에 관해 물어보지 않습니다, 선생님. 그냥 그렇게 된 거죠."

하루는 드라이버샷이 빗나간 뒤 트럼프는 골퍼들이 대개 그러하듯이, 드라이버로 골프백을 거칠게 쳤다. 자신이 무슨 짓을 했는지 미처 알아채지 못했을 때 드라이버가 튕겨 나와 그의 머리를 때렸다. 트럼프는 잔뜩 화가 나서 말했다. "A.J.? 방금 내 드라이버로 내 머리를 때렸나요?"

A.J.는 답했다. "트럼프 대통령 선생님, 제가 왜 그러겠어요? 당신은 나의 대통령인데요!"

트럼프의 뒤통수를 때리고 싶은 사람은 트럼프 워싱턴에 많이 있다. 발레파킹 담당 직원은 내게 말했다. "그가 당선된 후로 여러 명이 그만두었어요." 안티 트럼프 회원들 대부분은 남았지만, 그들은 소소한 방식으로 저항했다. A.J.를 볼 때마다 매번 이렇게 말하는 식이었다. "오늘이 그날이에요, A.J.? 오늘이 그날인 거냐고요?"

"오늘이 무슨 날이오, 선생님?"

"당신이 나를 위해 그를 데리고 나가주는 날이 맞냐고요?"

A.J.는 이런 이야기도 들려주었다. "하루는 늘 그렇듯 경기를 하고 있었고 경호원들은 우리를 위해 오랜 시간 사람들을 통제했습니다, 선생님. 그런데 조너선 월레스라는 이름의 젊은 청년이 즐거운 시간을 낭비하고 있었습니다. 그저 고의로 느긋느긋 우리를 따라다니더군요. 그러면서 트럼프 대통령 바로 옆에서 이런 행동을 했습니다(A.J.는 가운뎃손가락을 올렸다). 선생님, 저는 그 모습을 보자 참을 수 없었습니다. 트럼프 대통령은 그저 그가 누구냐고만 물었습니다. 그러고는 '인사하러 갑시다'라고 말했습니다. 선생님, 저였다면 다른 방식으로 했을 겁니다. 하지만 트럼프 대통령은 그에게 다가가 이야기를 나누었습니다. 월레스 그놈은 바로 굴복했습니다, 선생님. 그는 굴복했지요." (나는 조너선 월레스의 입장을 듣기 위해 연락을 취했으나 답변을 듣지 못했다.)

이것들 중 어느 것도 A.J.의 인생이 아니었다. 그가 트럼프와 함께 한 날은 프로 운동선수나 사업가들로 모든 시간이 꽉꽉 채워져 있었다. 지금은 의원들과 폭스 앵커들로 바뀌었다. 요즘 그가 가장 좋아하는 이는 사우스캐롤라이나주의 공화당 의원 린지 그레이엄Lindsey Graham이다. "저는 그의 억양을 좋아합니다, 선생님. 트럼프 대통령은 그와 자주 골프를 쳤습니다. 하루는 그가 트럼프 대통령에게 '호건Hogan'이라는 게임을 알려줬습니다. 호건 게임은 당신이 페어웨이로 쳐서 그린 위에 올리고 퍼트를 두 번 하면 점수 1점을 얻게 됩니다. 우리는 경기를 했고 트럼프 대통령은 첫 번째 홀부터 1점을 따냈습니다. 그는 그렇게 계속했습니다. 트럼프 대통령은 11점을 얻었습니다, 선생님! 그날 73타를 쳤습니다. 농담이 아닙니다, 선생님. 그는 4.5~6미터 거리의 퍼트도 성공시키면서 73타를 만들어냈습니다. 지금까지 최저 타수입니다."

일흔두 살의 비만인 남자가 그레이엄이 묘사한 것처럼 "그린이 축축하고 바람 부는 날"에 73타, 1오버파를 쳤다고? 그 말을 도저히 믿을 수가 없다. 왜 못 믿겠냐고? 흠, 시니어 PGA 챔피언십에서 톰 왓슨은 같은 코스, 같은 블루티blue tee[1]임에도 74타보다 더 괜찮게 쳐본 일이 없다. 톰 카이트는 75타와 80타를 기록했다. 코리 패빈Corey Pavin은 82타였다. 이들 셋은 모두 합해 메이저 대회에서 아홉 차례나 우승했다.

73타를 쳤을 때 얼마나 많은 'OK'가 있었는지 기자들이 묻자, 그레이엄은 그들이 자주 퍼팅을 끝내지 않았으며 대통령은 'OK'를 주기보다는 더 많이 받았다고 인정했다. 다른 말로 하면, 73타에는 버터핑거팬케이크 패밀리 세트보다 더 많은 설탕이 뿌려졌다는 뜻이다. 그레이엄은 어째서 트럼프가 스코어를 유지하는 기술에 관해 진실을 말한 것일까? 아마도 '독설가' 트럼프가 2016 대선 캠페인 동안 그에 대해 "형편없고", "다루기 쉽고", "명예가 없는" 남자라고 트윗을 올렸기 때문일지도 모르겠다.

그래도 트럼프의 골프 파트너 1순위는 여전히 그레이엄이다. 그레이엄은 전설의 공화당 상원의원 존 매케인이 왜 트럼프 같은

---

1   남자 아마추어 로핸디 또는 장타자들이 사용하는 티를 말한다.

자와 계속해서 골프를 치느냐고 물었던 것을 기억한다. "저는 그에게 말했죠. '당신이 이해해주기를 바라요. 그와 이야기를 나눌 수 있는 최적의 장소는 바로 그의 골프장이니까요.'"

A.J.는 트럼프가 테네시주의 공화당 상원의원인 밥 코커Bob Corker와 미식축구 쿼터백인 페이튼 매닝 등과 함께 그의 골프장에서 경기한 날, 그의 곁에 있었다. 하지만 기름칠이 부족했던 탓인지, 코커는 의회에서 트럼프의 편을 들지 않았고 얼마 지나지 않아 트럼프에게는 '성인 탁아소'가 필요하다고 말했다.

A.J.는 그가 '진정한 추치chooch'²라고 칭한 다른 공화당 상원의원인 켄터키주의 랜드 폴Rand Paul과는 그다지 만날 시간이 없었다.

추치?

"네. 그것을 어떻게 번역해야 할지 모르겠습니다, 선생님. 그는 저를 심부름꾼처럼 취급했습니다. 볼 마크를 고치려고도 하지 않았고 저를 먼지처럼 취급했습니다, 선생님. 그는 모든 사람 위에 군림한다고 생각하는 부자였습니다. 그러니까 진정한 추치죠, 선생님." (폴은 전화를 받지 않았다.)

폴 또한 트럼프, A.J.와 함께 즐거운 시간을 보낸 것 같지는 않다. 누가 골프 매치에서 우승했냐고 물었을 때 폴은 답했다. "대통령은 절대 진 적이 없어요. 몰랐나요?"

사실, 이미 언급된 바 있다.

나와 함께 18홀을 도는 동안, A.J.는 트럼프에 대해 단 하나의 부

---

2   이탈리아어로, '멍청한 사람'을 뜻한다.

정적인 이야기도 하지 않았다. 그는 심지어 중립적인 의견도 말하지 않았다. A.J.에게 들은 평가는 이것뿐이었다. "그는 아인슈타인의 두뇌와 링컨의 위트 그리고 나이팅게일의 마음을 가졌습니다, 선생님." A.J.는 그런 쪽으로 참 영리하다. 충직한 캐디는 도널드 트럼프와 함께 아주 먼 길을 갈 수 있을 것이다.

이제 댄 스카비노Dan Scavino를 보자.

1990년은 열여섯 살의 스카비노가 여름 캐디를 했을 때다. 그는 지금은 트럼프 웨스트체스터가 된 브라이어홀 골프 앤 컨트리클럽에서 트럼프의 가방을 멨다. 다음은 스카비노가 〈웨스트체스터 매거진Westchester Magazine〉과 인터뷰한 내용이다. "저는 그의 리무진이 처음 들어오던 그날을 결코 잊지 못할 겁니다. 그에게 홀딱 반했죠. 그가 주었던 첫 번째 팁도 기억합니다. 지폐 두 장—200달러—이었어요. 저는 이 돈은 절대 쓰지 못할 거라고 생각했고, 아직도 갖고 있습니다."

둘은 서로에게 끌렸다. 트럼프는 그에게 "당신은 언젠가 나와 함께 일하게 될 것"이라고 말했다. 스카비노는 1998년 뉴욕 주립대(피츠버그)를 졸업했고, 코카콜라에 입사했다. 하지만 트럼프는 그를 웨스트체스터 트럼프의 보조 매니저로 데려왔다. 곧 그는 총괄 부사장까지 올랐다. 트럼프가 대통령 선거에 뛰어들기로 결심했을 때, 스카비노는 자신도 그의 대선 캠프에 참여할 수 있는지 물었다. 트럼프는 그를 캠프의 소셜 미디어 국장으로 임명했다.

억만장자와 캐디는 오로지 골프를 통해서나 맺어질 법한 우정이다. 천하의 임금님이 일개 구두 수선공 말에 쩔쩔매듯, 아이언 여섯 개로 평생의 충성을 다짐한다. 환상의 짝꿍이었다. 스카비노는 트럼프의 '미니 미Mini Me'다. 둘은 골프에 대해 잘 안다. 둘은 진보주의자를 자극하는 것을 좋아한다. 그들은 세밀함과 이해력은 부족하지만, [록 밴드] 아토믹 파일 드라이버Atomic Pile Drivers처럼 요란하고 대면적으로 공격한다. 전 대선 캠프 고문인 배리 버넷은 말했다. "둘은 '좋아요'를 공유했어요. 서로의 트윗을 완성했죠." 그들의 트윗은 특별히 잘 읽히거나 맞춤법이 완벽하지도 않았다. 하지만 상관없었다. 2인조 '트위터 팀'은 어쨌든 지붕 위에서 소리쳤다. '가짜 뉴스fake news', '민중의 적', 혹은 '부정직한 힐러리Crooked Hillary'라는 말을 찾아냈고 오랜 시간 이를 반복해서 사용했다. 그리고 사람들은 익숙해졌다.

스카비노가 피드를 다루기 시작하면서, 트럼프의 트위터는 더 과장되고 극단적인 성격을 띠게 되었고 종종 파5 라인을 넘어갔다. 전 백악관 공보국장인 호프 힉스Hope Hicks는 스카비노를 '트럼프 열차의 건설자'라고 불렀다. 하루는 열차가 트랙을 탈선했다. 트럼프는 힐러리 클린턴의 사진에 지폐 더미와 함께 유대인을 상징하는 다윗의 별을 넣고 '역대 최악의 부패한 후보자!'라는 트윗을 올렸다. 이는 인터넷에 있는 이미지를 엉성하게 잘라 붙인, 누군가에게 "너무 과하지 않나요?"라고 물어볼 생각이 없었던 스카비노의 특별 작품이었다.

몇 초 안에 트럼프는 반유대주의자로 비난을 받았다. 스카비노는 책임을 지고 성명서를 작성했다. 그의 트윗은 이러했다.

이번 주말에 이용한 소셜 미디어 그래픽은 대선 캠프에서 만든 것이 아니었다. 이는 반힐러리 트위터 사용자가 보내온 것이다. 마이크로소프트 툴로 쉽게 만들 수 있는 보안관 배지는 부패한 힐러리를 다루는 주제에 적합했고, 그래서 선택했다.

그것이 보안관 배지가 아니라 유대교의 별이었다는 사실만 제외하면 말이다. (아마도 스카비노가 아닌 다른 이의 실수였던 듯하다. 그의 아내는 유대인이기 때문이다.) 스카비노가 트럼프의 트윗을 더 많이 퍼 올릴수록, 그것은 다른 누군가―스카비노―의 트윗처럼 보였다. 예를 들어 2016년 3월 2일, 스카비노는 자신의 계정에 트윗을 올렸다.

밋 롬니, 당신은 트럼프 열차를 멈출 수 없을 겁니다. 완전히 패배자로 보여요. 아주 절망적인 시도라고 할 수 있겠네요. #실패

흠. 어쩐지 확실해 보인다. 선거 며칠 전에는 이런 트윗을 올렸다.

NBC 뉴스는 가짜 뉴스고, CNN보다도 정직하지 않다. 그들은 좋은 보도에 대한 수치다. 뉴스 시청률이 크게 떨어진 것도 당연하다.

몇 분 후 같은 메시지로, 단어까지 똑같이 그는 트럼프의 계정에 글을 올렸다. 스카비노는 빠르게 자신의 계정에 있던 글을

지웠지만, 캡처의 세계에서 이는 너무 늦었다.

〈뉴욕 타임스 매거진〉의 로버트 드레이퍼는 "트럼프의 트윗"에 대해 포괄적인 조사를 벌였고, 스카비노가 최소 '공모자'로서 3만 7,000개의 트윗 가운데 절반 가까이 책임이 있다고 보았다. 늦은 밤과 이른 아침의 트윗은 100퍼센트 트럼프가 작성했다. 하지만 낮에 올라오는 트윗은 스카비노의 몫이었다. 어느 쪽이건, 그들 중 어느 누구도 자신들이 무슨 짓을 하는지 알지 못했다. 스카비노는 트윗으로 후보를 지지하면서 해치법Hatch Act[3]을 위반했다. 또한 일부 팔로워를 차단하면서 트럼프를 연방지방법원에 서게 했는데, 이는 미국 대통령에게는 위헌으로 판명되었다.

아직도 그는 트럼프의 트윗을 일종의 스테로이드 요법처럼 질러댄다. 앵커 메긴 켈리는 자신에 대한 독설을 이유로 스카비노를 고소했다. 켈리가 워싱턴에서 시청자에게 한 말이다. "도널드 트럼프 지지자의 대다수는 이런 방법을 취하지 않아요. 불결함과 협박을 즐기는 인터넷의 구석진 곳에서 도널드 트럼프를 위해 일하는 한 남자가 있는데, 그의 업무는 사람들을 자극하는 것이죠. 이제 그만두어야만 합니다. 그의 이름은 댄 스카비노예요."

하지만 단순히 생각해보자. 트럼프의 트위터 피드는 세계에서 가장 힘 있는 연단이다. 그런데 그의 캐디가 매일 이를 주무르고 있다. 여기에는 '트럼프스러움'이 가득하고, 어쩌면 트럼프보다 더 '트럼프스럽다'. 트윗은 아무런 견제나 우려 없이 올라오며,

---

3　연방 예산으로 공무를 수행하는 공직자의 정치 활동을 제한하는 법.

부시(41대)가 말한 트럼프의 '무분별한 잔인함'으로 가득 차 있다. 이는 가끔 백악관 사무실 커튼에 불이 붙게 하는 화염방사기가 되기도 한다. 2012년 대선 캠프에서 밋 롬니는 총 스물두 명의 감수를 거친 후 트윗을 올렸다. 트럼프는 단지 둘뿐이다. 그와 그의 캐디. 그리고 밤이 되면, 단 한 사람. 이는 바뀌지 않을 것이다. CNN은 스카비노에게 트럼프의 말과 행동 때문에 그를 떠나고 싶었던 적이 있었는지 물었다. 그는 분명하게 "아니요"라고 답했다.

스카비노는 나의 인터뷰 요청을 거절했다. 하지만 우리는 그가 교황의 반지에 입맞춤한 적이 있는 가톨릭 신자라는 사실을 안다. 그는 트럼프가 당선되었을 때 약 마흔 살이었다. 스카비노의 아내, 제니퍼는 라임병[4]으로 투병 생활을 했다. 그들 부부는 병을 치료하기 위해 많은 돈을 썼고 결국 2015년에 파산했다. 몇몇 사람들은 그래서 이들이 18년을 이어온 결혼생활에 종지부를 찍었다고 말한다. 웨스트체스터에서 스카비노와 일했던 이안 길룰레는 이런 말을 전했다. "그래도 댄은 훌륭한 남편이었어요. 매우 사교적이고, 호탕했으며, 사람들을 기쁘게 하는 데 능했답니다. 그리고 매우 정치적인 사람이었죠." 또한 확실하게 자신의 억만장자 보스에게 돈을 빌릴 사람은 아니라고 덧붙였다.

어떤 면에서 A.J.와 스카비노는 같은 사람이다. A.J.는 트럼프의 바깥 캐디고 스카비노는 그의 방 안 캐디다. 그들은 둘 다 잘

---

4   진드기에 물려서 보렐리아균이 신체에 침범하여 여러 기관에 병을 일으키는 감염질환.

알려지지 않았지만, 트럼프의 모든 비밀을 알고 있다. 그들은 둘 다 같은 직업을 갖고 있다. 그들의 남자에게 샷하기에 알맞은 클럽을 건네준다. 그 둘은 또한 인간 화염방사기를 위해 일하면서 어떻게든 불에 타지 않았다. 장관, 변호사, 참모총장은 햄버거 가게의 드라이브 스루를 거치듯 그냥 지나쳐 갔지만, 두 사람은 여전히 고용된 상태로 머물러 있다. 그들의 비밀은 무엇일까? 어쩌면 캐디 행동강령일 수도 있다. 제때 나타나라, 재빨리 움직여라, 입은 꾹 다물어라. 한 번 잘못 읽은 라이나 한 번 잘못 잡은 클럽 때문에 캐디는 해고된다. 하지만 A.J.는 지금껏 수십 년 동안 트럼프의 사람으로 있어왔다. 스카비노는 트럼프의 기름칠 잘 된 단두대에서 살아남아 처음부터 끝까지 곁에 있는 몇 안 되는 사람 중 한 명이다. 아무도 믿지 않는 대통령도 스카비노만은 믿는다. 〈뉴욕 타임스〉는 고위 행정관의 말을 다음과 같이 인용했다. "댄이 그를 섬기는 일 외에는 다른 어떤 것에도 관심이 없다는 사실을 대통령은 전혀 신경 쓰지 않는다." 대통령의 트위터 계정 비밀번호를 알고 있는 유일한 사람이 당신이라면, 트럼프에게서 신뢰받고 있다는 증거다.

이 모든 것은 한 가지 사실을 증명한다. 제프 세션스Jeff Sessions는 캐디가 일하는 법을 배웠어야 했다.[5]

---

5   그는 트럼프 행정부의 첫 법무부 장관으로, 트럼프와 갈등을 빚다가 해임되었다. 트럼프는 해임 소식을 트위터를 통해 알렸다.

15

★★★★★

작은 공,
큰 공

나는 얼간이가 아니다.

설사 세상이 엉망이 되더라도 돈 한 푼 잃지 않을 것이다.

– 도널드. J. 트럼프

하루는 내 친구 레니 오코너와 골프를 치고 있었다. 그는 계속해서 그의 아이언을 "두껍게"(공을 치기 전에 잔디를 먼저 때리는 것) 쳤다. 괜찮게 맞은 아이언샷은 정반대로 날아갔다(클럽이 공을 땅에 박히게 하고 그것을 치솟게 한다는 것).

그는 자신에게 소리쳤다. "이 바보야! 작은 공이 먼저, 그다음이 큰 공이라고!"

이는 도널드 트럼프가 대통령으로서 가진 문제이기도 했다. 그의 뇌에서 큰 공[지구]이 작은 공[골프]의 길을 계속해서 방해했고, 그 반대도 마찬가지였다.

트럼프가 골프와 함께 대통령이 되면서 발생한 수많은 문제와 논란, 갈등이 있다. 이와 반대로, 그의 골프는 그가 크고 심각한 지구상의 문제를 다룰 때 그 결정을 뒤틀리게 했다.

푸에르토리코만 봐도 그렇다.

2017년 엄청난 위력의 허리케인이 푸에르토리코를 덮쳐서 3,000여 명이 사망했고, 8개월간 물과 전기가 공급되지 않았다. 그런데도 트럼프는 왜 국민들에게 등을 돌리고 방치하는 태도를 보였을까?

왜일까? 골프가 그 이유일 수 있다.

2008년 트럼프 그룹은 산후안San Juan[1]에서 약 30분 거리에 있는 코코 비치 골프&컨트리클럽이라 불리던 골프장을 운영하기로 합의했다. 골프장은 운영에 곤란을 겪고 있었고, 홍보를 위해 이름값이 있는 사람이 필요했다. 그래서 트럼프는 거액의 수수료를 받고 골프장을 운영하면서, 골프장 이름을 '트럼프 인터내셔널 푸에르토리코 골프클럽'으로 바꾸는 데 동의했다. 협상 과정에서 그는 골프장이 수익을 낼 것이라고 호언장담했다. 그것도 아주 많이. 푸에르토리코 사람들은 흥분했다.

하지만 트럼프는 적자 폭만 크게 늘려 놓았다. 트럼프가 오기전, 골프장은 연간 540만 달러의 적자를 냈다. 그러나 트럼프가 운영에 개입하면서 적자는 630만 달러로 늘었다. 630만 달러 안에는 트럼프가 해마다 받는 수수료인 60만 달러도 포함되어 있었다. 3년간 코코 비치 회사는 국채 2,600만 달러를 채무 불이행했고 정부로부터 3,300만 달러를 더 수혈받았는데, 이 또한 갚을 수

---

1   미국령인 푸에르토리코 연방의 수도이자 최대 도시.

없었다. 프로젝트가 끝나갈 무렵인 2015년, 트럼프는 파산을 선언했고 코코 그룹 또한 두 손을 들었다. 그들은 푸에르토리코 사람들에게 3,300만 달러의 빚더미를 남겼다.

85년 만에 가장 강력한 허리케인이 푸에르토리코를 휩쓸고 지나간 지 2년이 흘렀다. 이는 재난이었다. 하지만 미국 시민들이 푸에르토리코에서 물이나 의약품, 전기를 간절히 원할 때 그들의 대통령은 전혀 신경 쓰지 않는 듯 보였다. 그는 농담을 했다. "가만 보자, '대서양'이라고 불리는 아주 큰 지역이 있지." 그는 "푸에르토리코"의 발음법을 곰곰이 생각했다. 그리고 그들이 스스로를 탓할 수밖에 없다고 말하며, 다음과 같이 트윗을 올렸다.

텍사스와 플로리다는 아주 잘 해내고 있다. 하지만 이미 인플레이션과 막대한 부채에 시달리던 푸에르토리코는 큰 곤경에 처했다.

푸에르토리코의 마케팅 임원인 레이니 그린이 생각하기에, 이는 너무 나간 발언이었다. 그는 트럼프에게 폭풍 트윗을 날렸다.

당신과 당신 아들들이 골프장을 파산시키고 3,300만 달러의 국채를 갚지 않으면서 푸에르토리코에 남긴 것이 바로 그 막대한 부채예요.

당신도 기억하고 있을 테죠. 2015년 대통령 선거에 출마한 지 한 달 만에 파산 신청을 했으니까요.

그런데 3,300만 달러의 빚과 함께 푸에르토리코에 덧씌운 60만 달러 중에서는 얼마나 돌려줄 예정인가요?

그린의 말이다. "그가 이곳에 왔을 때 매우 불쾌했던 기억이 나요. 골프장에 6억 달러를 쏟아부을 거라고 했지만 헛소리였죠. 그들은 자기 돈은 한 푼도 쓰지 않았으니까요. 그와 그의 아들들은 7년간 여기에 있었고, 해마다 점점 더 많은 돈을 잃었어요. 코코 그룹 사장단은 푸에르토리코 관광청을 찾아가서 3,300만 달러의 국채를 요청했죠. 정부는 거부했어요. 하지만 트럼프의 아들들이 계속해서 말했어요. '도널드 트럼프는 언제든 이곳에 올 거예요! 그는 자신이 무슨 일을 하는지 잘 알고 있어요. 당신들은 우리를 믿어야 해요!' 그래서 정부는 돈을 빌려주었어요. 그러다 2015년이 되자 그들은 파산을 신청했고, 트럼프 가문은 가방만 든 채 떠나버렸답니다."

2017년 9월 말, 트럼프는 초토화된 푸에르토리코를 방문했다. 다만 그는 거의 피해가 없던, 부유한 섬 일부만 들러 그의 방문에 깜짝 놀란 푸에르토리코 사람들로 가득한 방에서 3점 슛을 하듯 종이 타월을 던지고는 떠나버렸다.[2]

그린은 그때를 돌아보며 눈물을 흘렸다. "정말 역겨웠어요. 이들은 인간이라고요. 미국 시민권자들이고요! 그가 책임져야만

---

2 트럼프가 이렇듯 이재민들을 향해 구호품을 던진 행동을 두고, 재난을 '스포츠 이벤트 정도로 여긴 것 아니냐' 하는 비난 여론이 일기도 했다.

할 사람들입니다! 그는 우리에게 그 어떤 공감도 없었는데, 어딘가 정신병적이고 잘못된 생각이 있어서 그런 것이겠죠. 그에게는 '나는 푸에르토리코를 사랑해요. 그들이 무너지는 것을 원치 않죠'라고 말할 기회가 수차례 있었어요. 그랬는데도 우리를 향해 주먹을 휘둘렀고, 그의 잘난 부자 친구들에게는 종이 타월을 던진 겁니다. 나는 트럼프 타워가 8개월은커녕 단지 여덟 시간 동안만이라도 정전이 된 모습을 보고 싶어요."

만약 트럼프와 마주할 기회가 있다면, 그녀는 어떤 말을 하고 싶을까?

"이렇게 말할 거예요. '당신 손자들을 전기도 물도 없는 깜깜한 곳에 두고 떠날 수 있나요? 도움을 청할 길이라고는 아무것도 없는 곳에? 그게 바로 당신이 우리에게 한 짓입니다.' 그는 사람들을 죽게 놔두었어요."

이민 문제를 살펴보자.

트럼프가 처음으로 이란, 이라크, 리비아, 소말리아, 수단, 시리아, 예멘 등 무슬림 일곱 개국 국민의 입국을 금지하려고 했을 때 몇몇 미국인들은 궁금했다. "왜 이 일곱 개국이 대상이지? UAE나 사우디아라비아는? UAE는 모금을 하면서 탈레반을 도왔고, 어쩌면 9.11 테러를 지원했을 수도 있다. 사우디아라비아는 수백여 명의 테러리스트를 육성했다. 굳이 오사마 빈 라덴까지 언급할 필요는 없겠지.

왜일까? 골프가 그 이유일 수 있다.

지금도 트럼프는 UAE, 특히 '두바이의 도널드'라고 불리는 UAE 거물인 후세인 사즈와니Hussain Sajwani와 골프로 깊숙이 연관되어 있다. 독실한 무슬림인 사즈와니는 심지어 마러라고에서 열린 대통령 당선 파티에 초대되기도 했다. 트럼프는 그를 이렇게 소개했다. "후세인과 그의 가족, 그러니까 아주 아름다운 사람들이 오늘 밤 두바이에서 이곳에 왔습니다!" 사즈와니는 트럼프의 이름이 붙은 '트럼프 인터내셔널 두바이 골프클럽'과 '트럼프 월드 두바이 골프클럽'을 소유하고 있다. 후자는 타이거 우즈가 설계를 맡은 곳이다. 트럼프는 여행 금지령으로 이를 망치고 싶지 않을 것이다. 만약 타이거 우즈가 그곳 건설업자와 만나야 한다면 어쩌지?

그리고 중국이 있다. 트럼프와 중국의 관계는 변덕스러운 편이지만, 2018년 6월 위기에 빠진 중국 최대의 통신기기 제조업체 ZTE에게 그는 구원의 손길을 뻗쳤다. 이를 두고 공화당과 민주당 모두 항의의 뜻을 내비쳤다. 공화당 상원의원 마르코 루비오Marco Rubio는 지적했다. "중국은 ZTE를 이용해서 우리를 도청하고 염탐하지 않는가." 왜 트럼프는 미국이 불타 사라지기를 원하는 그 회사가 원활하게 일을 진행할 수 있도록 도와주었을까?

왜일까? 골프가 그 이유일 수 있다.

트럼프 두바이에서 사즈와니는 골프장으로 이어지는 도로를 건설하기 위해 중국건축공정총사와 3,200만 달러의 인프라 건설 계약을 맺었다. 다시 말해 트럼프는 갑자기 중국과 뜻을 같이했다. 시진핑이 개인적으로 트럼프에게 ZTE를 도와달라고 했을 때,

그는 이렇게 생각했을지도 모른다. 'ZTE를 도와주면 시진핑과 쉽게 일을 할 수 있지 않을까? 그래, 맞아. 분명 그럴 거야.' 그래서 그는 거의 모든 사람의 충고에 반하는 행동을 했다.

그렇다면 왜 전 세계 어느 곳보다 더 많은 무슬림(2억 2,700만 명)이 살고 있고, 2018년 5월 3주 동안 인도네시아 무슬림과 연관된 ISIS의 연쇄 테러로 49명이 사망했던 인도네시아는 여행 금지국에 포함되지 않았을까?

왜일까? 골프가 그 이유일 수 있다.

트럼프는 인도네시아에 막 오픈 예정인 두 개의 골프장을 갖고 있다. 그중 필 미켈슨이 디자인한 골프장은 발리에 있고, 네 차례 메이저 대회 우승자인 어니 엘스가 디자인을 맡은 다른 하나는 자카르타에 있다. 트럼프의 변호사들이 이제 그가 대통령이 되었기 때문에 미완성 프로젝트를 모두 중단할 것이라고 발표했던 때를 기억하는가? 기억하는 이가 많지는 않을 것이다. 그는 인도네시아로 눈을 돌렸다. 2016년을 기준으로 이란보다 두 배나 많은 테러 행위가 일어났던 인도네시아 같은 나라에서 미국 대통령이 사업을 해야 할까? 대통령이 누구냐에 따라 다를 것이다. 인도네시아는 과연 트럼프의 이름이 붙은 골프장을 견딜 수 있을까?

트럼프는 선거 구호 중 하나인 "미국산을 사고, 미국인을 고용하라Buy American, Hire American"를 외치면서, 그와 동시에 미국에 오는 외국인 노동자의 '비농업 부문 단기 취업(H-2B)' 비자를 크게 늘리는 행정명령을 내리고 있었다. 하지만 H-2B 비자로 미국에 입국한 사람들은 불법으로 국경을 넘거나 여권을 위조한 사람들처럼 손쉽게 테러리스트 밑으로 들어갈 수 있는데, 트럼프는 왜 그런 일을 했을까?

왜일까? 골프가 그 이유일 수 있다.

트럼프는 자신의 골프장이나 호텔에서 일할 H-2B 비자를 가진 노동자가 필요하다. 그는 이 나라에 실업 문제가 없다는 사실을 안다. 대신 고용 문제는 있었다. 페어웨이 잔디를 깎거나, 호텔 방을 청소하거나, 금테 두른 수프 그릇을 닦는 등 대부분의 미국인은 하기 싫어하는 일을 할 만한 충분한 인력이 없다. 그래서 행정부가 H-2B 비자의 발급 한도를 연간 6만 6,000명에서 8만 1,000명으로 늘린 지 3일 만에, 트럼프 그룹이 신청을 서둘렀고 이들 중 추가로 76명을 그의 부동산에서 고용할 수 있도록 했다.

당신은 물을 수 있다. "트럼프는 그의 골프장에 불법 이민자를 고용하지는 않나요?"

나는 대답할 것이다. "엘리자베스 테일러가 웨딩드레스를 간직하는 것을 봤나요? 뻔하잖아요."

2018년 12월, 트럼프 베드민스터는 불법 청소부를 고용했다가 적발되었지만 아무도 놀라지 않았다. 한때 그곳의 회원이었던 조 샌틸리의 말이다. "그들은 도랄에서 일하던 온갖 불법 이민자를 데리고 있어요. 제가 그들과 말해봤기 때문에 잘 알죠. 저는 스페인어를 할 줄 알아요. 그들은 계약업체를 통해 고용되었기 때문에 만약 잡히더라도 그 일이 트럼프를 위태롭게 하지는 않습니다. 하지만 그곳에는 불법적으로 일하는 직원들이 아주 많죠."

어쩔 수 없는 일일 수도 있다. 내가 아는 많은 클럽이 불법 이민자를 고용한다. 웨스트체스터에서 트럼프와 함께 골프를 쳤을 때, 그는 카트 길을 정돈 중이던 종업원 세 명 앞에 멈춰서더니 그들에게 각각 100달러씩 팁을 주었다. 그러고는 카트로 돌아와 말했다. "이제 그들은 칠레의 도널드 트럼프예요!"

쿠바를 살펴보자.

트럼프는 백악관에 입성한 뒤, 미국인이 쿠바를 여행할 수 있게끔 한 오바마의 행정명령을 즉시 뒤집기 시작했다. 미국인에게 "나쁜 협정"이라는 게 그 이유였다. 그는 무슬림에 이어 쿠바도 여행금지국 목록에 포함시켰다. 몇몇 미국인들은 생각했다. "어째서지? 왜 두 나라가 이룬 모든 진전을 무시한 채 지금 쿠바에 대항하는 걸까?"

왜일까? 골프가 그 이유가 될 수 있다.

〈골프위크〉에 따르면, 트럼프는 1998년 비밀리에 쿠바에 호텔과 골프장을 짓는 일을 알아보았다. 미국인이 사업을 하는 것은 쿠바에서 금지되어 있었으나, 그는 자신의 사업 가능성을 타진하는 데 필요한 쿠바 여행을 위해 세븐 애로우즈 인베스트먼트라는 미국 컨설팅 기업에 돈을 지불했다. 세븐 애로우즈는 여행경비로 트럼프에게 6만 8,000달러를 요구했으며 불법성을 감추기 위해 자선 여행처럼 꾸몄다.

상황은 악화되었다. 〈블룸버그〉에 따르면, 트럼프 그룹 일부 사람들은 최근[2012~2013년]에도 쿠바로 건너가서 골프장과 호텔에 관한 사업 가능성을 알아보았다. 〈블룸버그〉가 에릭 트럼프에게 이에 대해 묻자, 그는 이메일로 답변을 보냈다. "쿠바가 우리에게 기회를 제공할 것인지 확실하지는 않지만, 우리 경쟁사들이 연구하는 시장의 역학을 이해하는 일은 중요합니다."

잠깐만, 부인하는 것인가?

이와 관련해—국세청에 따르면, 금수 조치를 반복적으로 위반했다고 한다—서류가 있지만, 공소 시효는 지났다. 그렇다면 왜 이것저것 캐묻는 미국 기자들이 그곳에서 새로운 사실을 파내도록 가만히 놔두고 있을까? 트럼프는 아마 이렇게 생각했을지도 모른다. '그냥 쿠바에서 모두 다 몰아내버리자.'

이제 벽에 대해 알아보자.

그 벽[3]이 아니라, 트럼프가 둔버그 아일랜드 골프장에 대서양을 막기 위해 건설하려는 벽 이야기다.

트럼프의 변호사는 아일랜드 남서부 해안에 자리한 작은 도시인 둔버그에서 정부에 제출할 신청서를 작성했다. "해수면이 점점 올라간다. 벽 없이는 트럼프의 자산이 영구히 손상될 수밖에 없다." 신청서에는 이렇게 적혀 있었다. 트럼프 그룹은 "기후변화"의 영향으로 트럼프 코스가 망가지고 있기에 큰 벽을 세우는 것을 허가해달라고 요청했다.

상상해보기를. 기후변화가 "거짓말"이고, "허구"고, "유언비어"일 뿐이라고 말하던 트럼프가 해수면 상승에 대응해 자산을

---

3   멕시코 장벽을 의미한다.

보호할 권리를 달라고 하는 모습을 말이다. 파리 기후변화 협정에서 미국을 탈퇴시킨 남자가, 이제는 기후변화가 자신의 자산을 망가뜨리고 있다고 믿는다.

이어지는 신청서 내용이다. "우리 관점에서 해수면 상승률이 현재보다 두 배가 될 것이라고 합리적으로 예상할 수 있다." 그의 변호사에 따르면 사실상 트럼프는 "두 개의 홍수 방지 장벽"을 원했다. 골프장 세 개를 보호하기 위해 두 장벽은 해안을 따라 약 900미터 거리로 세워질 수 있었다.

의회는 허가를 내렸다. 아일랜드의 환경론자들은 동요했다. 그들은 해수면 상승에는 동의했지만, 그 장벽이 생태학적인 문제를 품은 판도라의 상자를 열게 될 것이라고 했다. 우선 첫 번째로, 바닷물을 근처 농장으로 흘려보내 농작물을 망칠 수도 있다. 해변과 모래언덕 또한 파괴될 것이다. 서핑 단체도 장벽에 반대했다. 지금도(2019년 초 기준) 이 사안은 소송 중에 있다.

세계 지도자들을 위한 작은 조언 한 가지. 트럼프와 잘 지내고 싶다면 골프 레슨을 받으세요.

일본 총리 아베 신조는 골프를 친다. 그는 트럼프에게 3,755달러의 금도금을 한 드라이버를 선물했다. 그들은 자주 경기를 한다. 하지만 중국 주석 시진핑은 골프를 싫어한다. 그는 이미 중국 내 골프장 111곳을 문 닫게 했고 8,800만 공산당원들에게도 골프를 금지했다. 그는 골프가 물과 땅을 낭비한다고 생각한다. 트럼프가 ZTE를 놓고 그들의 관계를 좋게 만들기 위해 무슨 일을 했건, 골프에 대한 시진핑의 혐오감은 이를 상쇄시킨다. 트럼프가 복수하기 위해 느닷없이 무역 전쟁을 시작하지는 않을까?

당신이 국가를 이끌면서 골프를 치지 않는다면, 트럼프에게는 죽은 목숨이다. 독일 수상 앙겔라 메르켈은 언제나 바깥에 있는 듯 보인다. [골프장] 간이식당 유리창에 코를 가져다 대고 트럼프의 포섬 경기를 바라보기만 하는 듯하니까 말이다. 어느 독일인 공직자는 그녀가 골프 치는 법을 배워야 한다고 공식적으로 제안하기도 했다.

트럼프의 골프장 회원들도 많은 도움을 얻었다. 트럼프는 공화당 전 하원의장 뉴트 깅리치의 아내 칼리스타, 미국의 신임 바티칸 대사, 현재 주택도시개발부의 수석 고문인 아돌포 마르졸 등—이상 '트럼프 워싱턴' 회원—자신의 행정부에 최소 다섯 명의 골프장 회원을 선임했다.

트럼프의 변호사 루디 줄리아니의 아들 앤드루 줄리아니는 백악관의 공보 보좌관으로 지명되었다. 그는 72타 정도를 치는 스크래치 골퍼고, 트럼프 웨스트체스터 회원이다. 로빈 번스타인은 도미니카공화국 대사로는 이상한 선택처럼 보인다. 그는 단지 "기본적인 스페인어"만 할 줄 알기 때문이다. 하지만 그녀는 트럼프 선거 캠프의 기부자였고 트럼프에게 보험을 팔았으며 마러라고의 창립 회원이기도 하다. 도미니카공화국에 있을 때마다 그녀는 캡 카나Cap Cana[4]에서 트럼프가 중단하려다가 하지 않았던 것으

---

4   동부 해안에 위치한 관광지다.

로 추정되는, 또 다른 미완성 골프장 프로젝트를 살펴볼 수 있을 것이다.

모든 대통령이 그들의 친구에게 괜찮은 직업을 알선하지 않느냐고? 그렇다. 하지만 다른 대통령들과 달리, 트럼프는 대통령이 된 뒤 사업을 매각하지 않았다. 그가 미합중국 대통령으로 내린 모든 결정은 자신의 지갑에 영향을 미칠 수 있다. 클럽에 가입한 사람들로부터 최대 35만 달러를 받는 것으로 회원권을 더 매력적으로 만들 수 있다.

스웨덴 대사가 되고 싶으세요? 회원권 사는 데 서명하세요!

경계선이 흐릿해지고 있다. 2018년 트럼프는 수백만 달러어치의 레이더와 전자기기를 미군에 판매하는 열정적인 골퍼인 로버트 메멜의 공장을 방문했는데, 메멜은 우연찮게도 트럼프 베드민스터의 회원이었다.

정부 활동과 공공 이슈를 전문적으로 다루는 케이블 TV인 C-SPAN은 공항 로비스트인 케빈 버크가 백악관에서 트럼프에게 "나는 당신 골프장의 회원이에요"라고 언급하는 장면을 포착했다. 트럼프는 이렇게 대꾸했다. "아주 좋아요, 아주 좋아요."

이제 명명백백해졌다. 당신이 로비스트나, 특별한 이익을 추구하는 딜러나, 트럼프의 귀가 필요한 외국 중개인이라면 입회비를 내고 그의 클럽 중 하나에 가입하면 된다. 이 얼마나 환상적인 접근법인가. 그럴 능력이 안 된다고? 그렇다면 그곳에서 결혼식을 올려라. 한동안 트럼프 베드민스터가 내건 광고에는 당신이 그곳에서 결혼식을 올리면 어떤 추가 요금도 없이(안내용 책자에는

"우리는 당신과 당신의 손님들에게 그의 시간과 사생활을 존중해달라고 요청합니다"라고만 명시되어 있다) 트럼프가 자리해서 "안녕"이라고 말하고 사진을 찍어줄지도 모른다고 적혀 있었다. 많은 이들이 트럼프가 정확히 그렇게 하는 모습을 영상으로 찍어 올렸다. 2018년 7월 2일 트럼프는 결혼식에 깜짝 등장해 사진을 찍었고 신부에게 키스까지 했다. 그 뒤 그는 박수갈채와 함께 "우리는 당신을 사랑해요!"라는 외침을 받으면서 식장에서 걸어 나갔다.

어디선가, 앙겔라 메르켈의 뺨에 작은 눈물방울이 흘러내리고 있겠지.[5]

*

대부분의 사람들에게 그것은 염소다.

트럼프가 불법과 비도덕의 경계를 따라, 어떻게 골프 카트를 끊임없이 움직이는지 설명하려고 할 때 나는 언제나 염소를 들먹인다.

"트럼프의 베드민스터 골프장에 여덟 마리 작은 염소 떼가 있는 거 알아요?"

염소라고요?

나는 답한다. "네, 염소요. 농지세로 세금을 감면받기 위해 그

---

5   2017년 3월 17일, 미국과 독일이 가진 첫 정상회담 때 트럼프는 메르켈의 악수를 거부했다.

는 언제나 골프코스에 여덟 마리 염소 떼를 풀어놓고 있답니다. 그러면 1년에 8만 달러의 세금을 감면받죠. 그는 뉴욕의 트럼프 콜츠 넥에서는 작은 건초 제조 사업을 하고 있는데요. 그렇게 되면 또 농지세 감면 혜택을 받을 수 있어요."

잠깐만. 우리의 대통령이 세금 회피를 위해 골프장에서 염소를 키운다고?

"그렇다니까요. 염소요! 8만 달러의 세금 회피를 위해서! 그 남자는 매번 플로리다에 있는 자신의 골프장에 가면서 미국인들에게 대략 400만 달러를 물게 하고 있는데, 자신은 세금 8만 달러를 절약할 방법을 찾아낸 겁니다."

그것참… 천재적인데!

아직 멀었다. 대통령직을 수행하면서도 트럼프와 그의 가족은 그들이 원하는 것을 얻기 위해 약삭빠른 사적 거래와 정치 그리고 골프를 편법적이고도 악취 나는 방법으로 섞어왔다.

트럼프가 그의 겨울 피난처인 마러라고에서 사용하는 헬리콥터 이착륙대를 보자. 트럼프는 웨스트팜비치의 공무원들을 괴롭히면서 헬리콥터를 자신의 소유지에 착륙시킬 수 있도록 압박했지만, 언제나 거부당했다. 웨스트팜비치에서는 웨이터들까지 헬리콥터를 갖고 있다. 하지만 대통령이 되자, 그는 국가 안보를 위해 마린 원을 착륙시킬 이착륙대가 있어야 한다고 다시 한번 주장했다. 마을은 승낙했다. 한 가지 조건이 붙었다. 그가 대통령으로 있는 한, 오직 마린 원을 위해서만 사용할 것. 좋았어! 트럼프는 헬리콥터 이착륙대를 만들었다. 일주일 뒤, 옆에 **트럼프**라고 큼지막하게 새겨진 그의 개인 헬리콥터가 이착륙대에 안착했다.

백악관에 들어가기 전, 린든 B. 존슨은 그의 라디오와 TV 방송국을 백지 위임했다. 지미 카터는 땅콩 농장을 팔았다. 클린턴과 부시(43대)는 회사를 백지 위임했다. 오바마는 모든 주식을 팔아 재무부 채권에 넣었다. 트럼프는 아니었다. 그는 "돈과 에릭, 이방카가 사업을 운영할 것"이라고 말한 것 이외에는 어떤 변화도 주지 않았다. 그 결과, 트럼프는 웨스트팜, 베드민스터, 혹은 워싱턴에서 골프를 칠 때마다 상당한 홍보 효과를 누린 것과 동시에 자신의 호주머니로 돈을 가져갔다. 그를 따라다닌 보좌관, 경호 인력 등 스태프들의 숙박료와 식대는 말할 것도 없고. (스태프들은 프로 숍에서 할인도 받는다.)

만약 트럼프가 골프코스에서 원하는 것을 얻기 위해 설마 대통령 사무실을 이용하지는 않으리라고 생각한다면, 당신은 그를 모르는 것이다. 이는 대통령 선거 며칠 뒤에 곧바로 증명되었다. 트럼프가 트럼프 타워에서 영국인 네 명과 당선 축하 모임을 가질 때였다. 두 명은 브렉시트를 지지했던 재벌이었고, 한 명은 극우 인터넷 매체인 〈브레이트바트〉 소속의 언론인, 또 다른 한 명은 친브렉시트 운동가 나이젤 패라지였다. 그들 중 한 명인 앤디 위그모어는 며칠 후 런던으로 돌아가서 트럼프가 그의 애버딘 골프장 옆 바닷가에 스코틀랜드가 세운 풍차들에 대해 계속해서 불만을 터뜨렸다고 BBC에 밝혔다. (당신이 이미 읽었듯이 트럼프는 그 풍차들을 진심으로 싫어한다.)

위그모어는 트럼프가 여러 번 반복해서 "그들이 나를 화나게 했다"고 말했다는 사실을 전했다. 이어서 영국으로 돌아가면 "그 풍차들을 제거하는 것에 대해" 어떤 일이든 해달라고 부탁했다고 말했다.

상황은 점점 꼬였다. BBC의 인터뷰가 방송되자 〈브레이트바트〉의 언론인 라힘 카삼이 즉시 위그모어에게 이메일을 보내 화를 냈다. CNN에 따르면 다음과 같다.

왜 그런 말들을 했나요? 개인적인 만남이었고, 우리는 지금 **망할 공동 운명체**라고요.

카삼은 위그모어에게 그런 대화는 "절대" 없었다고 말하라고 했다. 언론인의 요구치고는 수상했다. 백악관 대변인 호프 힉스는 트럼프가 풍차 이야기를 절대 꺼내지 않았다고 말했다. 그때 CNN이 그녀에게 이메일을 보여주었다. 아이쿠.

그들이 그랬던 것처럼, 트럼프가 국가 이익으로부터 골프 사업의 이익을 분리하도록 설득할 수 있는 사람은 아무도 없었다. 사실 트럼프는 언제나 이것들을 섞어왔다. 그는 지금까지 대통령 재임 기간의 3분의 1가량을 그의 골프장에 머무르면서 미국 납세자들은 챙기지도 않은 채 주머니에 돈만 채워 넣었다. 게다가 그의 골프장을 무료로 홍보하는 데도 아무런 문제를 겪지 않았다. 트럼프는 한국 국회에서 가졌던 연설에서는 자신의 베드민스터 골프장이 얼마나 좋은지에 대해 말했다. 미국 해안 경비대에서 행한 연설에서는 트럼프 인터내셔널이 "전 세계 위대한 골프장 중 하나"라고 언급했다. 5,500만 명 팔로워를 보유한 그의 트위터 피드에서도 이 코스가 얼마나 "놀라운"지, 아니면 저 코스가 얼마나 "환상적"인지, 또는 세 번째 코스가 얼마나 "경이로운"지에 대해 극찬을 쏟아냈다. 버지니아주 윈체스터에 거주하는 다니 보스틱이라는 여성은 이를 주목했다. 2017년 7월 15일, 그녀는 트위터를 통해 그를 불러냈다.

베드민스터를 사진 캡션에 몰래 넣은 것은 잘한 일이다. 당신의 거대한 소셜 미디어 계정에 무료 광고가 있는 것만큼 좋은 일은 없으니까 말이다.

트럼프는 이를 인정하지 않았다. 그녀는 그의 계정에서 차단되었다.

트럼프는 아무도 [로비를 위해] 그를 찾아오지 않은 척하며 대통령직을 이용해 돈을 벌 방법을 찾았다. 예를 들자면, 그저 골프를 치는 것이었다.

- 트럼프의 취임식이 거행되고 몇 주 후, 마러라고가 입회비를 10만 달러에서 20만 달러로 두 배 인상한 것이 심상치 않아 보이는가? 반대로, 그가 그렇게 하지 않을 이유는 무엇인가? 갑작스럽게도 야심 찬 기업가나 로비스트에게는 마러라고, 베드민스터 그리고 트럼프 워싱턴 같은 장소를 어슬렁거리는 것이 전 세계에서 가장 힘 있는 남자에게 접근하기에 기막

히게 좋은 방법이 되었다. 〈USA투데이〉가 GHIN 핸디캡 시스템과 회원 명부를 이용해 알아낸 바에 따르면, 연방정부와 계약이 있는 회사의 임원 50명 이상과 로비스트 21명, 무역그룹 관계자 21명이 트럼프가 자주 방문하는 플로리아, 버지니아 그리고 뉴저지 골프장의 회원이라는 사실이 밝혀졌다. 그들 중 3분의 2는 대통령이 그곳에 있던 58일 중 어느 한 날에 골프장을 찾았다.

- "나의 사업과는 아무런 이해관계가 없을 것"이라고 약속했던 남자가 계속해서 그의 사업에 관여하는 게 이상해 보이지 않는가? 전 하키 스타 마이크 에루지온은 트럼프 주피터 회원이고, 이에 대해 잘 안다. "저는 골프장 프로(데이비드 트라우트)와 많은 대화를 나누죠. [그의 말에 따르면] 트럼프는 아주 전문가입니다. 어떻게 지내고 있는지 전화를 걸어 확인하고, 특정 그린에 대해 묻고, 페어웨이가 어떻게 되고, 이런저런 것들을 어디로 옮겨야 하는지 묻는다고 해요. 심지어 그는 지금 대통령인데 말입니다. 아주 실무적인 사람이죠."

이런. 5분만 더 떠들면 되겠다.

- 그가 윈저궁에서 잉글랜드 여왕을 만난 당일, 곧바로 스코틀랜드의 트럼프 턴베리 골프장으로 날아가면서 부끄러운 줄도 모르고 트위터에 글을 남긴 게 재미있어 보이는가? 그는

이렇게 적었다. "이곳은 굉장해요!" 그는 헬싱키에서 블라디 미르 푸틴 대통령과 역사적인 만남을 준비하는 데 단 이틀의 시간만 남겨놓고 있었다. 왜 그는 그곳에 가서 벼락치기 공부라도 하지 않았을까? 아마도 헬싱키에는 마케팅을 할 만한 트럼프 골프장이 없어서였을 수도 있다.

2007년 경기 대침체가 한창일 때, 트럼프가 골프 세계에 한 일에 대해서는 인정을 해야만 한다. 그때 골프는 방사능과도 같 았다. 사람들은 무리 지어 게임에서 떠났다. 은행은 골프장을 사 는 것보다 요트를 사는 것에 대출을 해주려 했다. 하지만 트럼프 는 밖으로 나가 곳곳에서 현금으로 골프장을 사들이기 시작했다. 미국 동부 해안가에 다섯 개, 스코틀랜드와 아일랜드에 세 개. 그 런데 네 차례 파산했던 남자가 그만큼의 돈을 어디에서 구했을 까? 왜 자칭 '부채왕'이 현금을 지불했을까?
몇몇 사람들은 러시아와 관련이 있을 것이라고 짐작했다. 아 마 그의 아들, 에릭에게서 나온 생각이었던 듯하다. 에릭은 2014 년 골프 기자인 제임스 도슨에게 이렇게 말했다. "우리는 미국 은 행에 의존하지 않아요. 러시아가 우리에게 필요한 자금을 대주고 있죠. 우리는 정말로 골프를 사랑하는 사람들을 알고 있고, 바로 그들이 우리의 프로그램에 열심히 투자하고 있어요. 우리는 언제 나 그곳에 가죠."
의회는 그 발언을 추적했지만, 결국 아무것도 내놓을 수 없었 다. 트럼프가 세금 신고서를 공개하지 않을 테니까 알 수 없는 일이었다. 그럼 어디에서?

내가 한 가지 추측을 해보겠다.

어떤 한 사람이 소유한 개인 골프클럽에 가입할 때, 당신은 5만 달러에서 50만 달러까지의 가입비를 턱 하고 지불해야만 한다. 트럼프 웨스트체스터는 20만 달러고, 트럼프 베드민스터는 35만 달러다. 만약 자리를 채워줄 새로운 누군가가 있고 그가 입회비를 낸다면, 당신은 탈퇴할 때 그 돈을 돌려받을 수 있다. (여기에서 나보다 앞질러 가지는 말기를.)

예를 들어―그냥 수학 이야기다―트럼프 코브피피covfefe[6]는 500명의 회원을 보유하고 있는데, 그들이 각각 7만 5,000달러를 가입비로 냈다고 치자. 그렇다면 은행에는 현금 3,750만 달러가 들어 있다. 대부분의 골프장 소유주는 이 돈을 만일에 있을 사태, 즉 기물을 파손하는 모터 크로스 반달족이 페어웨이에서 즉석 야간 행사를 열거나 당신이 손 쓸 수 없는 대규모 홍수가 일어날 때를 대비해서 저축하고는 한다. 하지만 트럼프는 아니다. 그는 두

---

6 '코브피피'는 트럼프가 2017년 5월에 올린 트윗에 적혀 있던 단어다. 이는 영어사전에 등재되지 않은 단어로, 언론의 보도를 뜻하는 '커버리지coverage'의 오타로 추정된다. 트럼프는 몇 시간 후 해당 트윗을 삭제했고, 백악관 대변인은 실수가 아니라 일종의 암호라는 옹호에 나섰다. 이후 '코브피피'의 발음법을 두고 투표가 진행되는 등 인터넷에서는 각종 해석과 패러디가 쏟아져나왔다. 정치권에서도 조롱과 풍자는 이어졌는데, 대통령의 개인 트위터 계정을 포함한 소셜 미디어 활동 전반을 기록물로 보관해야 한다는 '코브피피 법안'이 발의되기도 했다(의회에서 통과되지는 않았다). 코브피피는 트럼프를 상징하는 한 단어로 지금도 회자되고 있다.

둑한 가입비를 챙긴다. 트럼프가 회원들의 사인을 받은 계약서를 보면 이런 문구가 있다. "회원 가입비 및 기타 모든 클럽 수익은 클럽 소유주의 재산이며 단독 재량으로 어떤 목적으로도 사용될 수 있다."

이는 트럼프가 합법적으로 3,750만 달러를 가질 수 있고, 그가 원하는 어떤 일이든 할 수 있다는 것을 의미한다. 그는 머리 염색약을 살 수 있다. 케첩 시장을 장악할 수 있다. 혹은 골프장을 살 수 있다. 아주 많은 골프장을.

〈워싱턴 포스트〉에 따르면 트럼프는 2006년부터 2015년까지 골프장, 양조장, 호텔에 4억 달러를 썼다. 골프코스 소유자협회National Golf Course Owners Association 회장인 제이 카렌은 말했다. "비윤리적인 것은 아니에요. 계약이니까. 하지만 저라면 그것은 모험과 같죠. 만약 무슨 일이 생기면 골프장에 자금이 필요한데, 이미 돈은 없을 테니까요."

미안해요, 여러분. 작고 귀여운 볼리비아 웜뱃이 코스의 잔디를 다 먹어치웠지만, 당신의 모든 돈이 내 아일랜드의 환상적인 골프장에 묶여 있거든요. 얼마나 환상적인지, 꼭 와서 보세요!

혹은 경제 상황이 바닥까지 곤두박질치고 트럼프가 5,000만 달러에 트럼프 코브피피를 팔고 싶어 한다고 가정해보자. 하지만 사려는 사람은 없을 것이다. 이번에는 그가 500만 달러만 받을 수 있다고 치자. 새로운 주인은 그 골프장과 더불어 입회비까지 사게 되는 셈이다. 그래서 입회비는 그대로 두고 건들지 않는 게 낫다.

트럼프가 트럼프 주피터 회원들에게 그들의 입회비가 갑자기 환불되지 않는다고 알렸을 때를 기억하는가? 그가 이미 다른 코스를 사기 위해 그들의 환불금을 사용했기에, 그 돈이 없었을 가능성이 있지 않을까?

트럼프가 그와 러시아의 관계를 조사하던 로버트 뮬러Robert Mueller 특별 검사를 두고 "끔찍한 이해 충돌 문제"로 물러나야 한다고 이의를 제기했을 때, 그가 주장한 것도 이러한 책략이었을까? 2011년 당시 FBI 국장이었던 뮬러는 트럼프가 트럼프 DC를 사들인 지 2년 만에 클럽을 탈퇴했다. 뮬러의 대변인은 "아무런 악감정이 없었다"라고 했다. 하지만 〈워싱턴 포스트〉는 뮬러가 클럽을 나온 뒤, "정상적인 클럽 관행에 따라 회비 환불을 요청하는 편지를 보냈으나 답변을 전혀 듣지 못했다"라고 보도했다. 트럼프는 이것이 "이해 충돌"이라고 했고, 이로 인해 조사의 신뢰도는 추락했다고 말했다. 회비는 그리 큰돈이 아니었다. 사람들 대부분은 멤버십을 위해 4만 달러를 지불했다. 트럼프 DC 회원인 네드 슈어러는 말했다. "뮬러는 아마 돈을 돌려받지 못했을 겁니다. 트럼프가 골프장을 산 이후, 회비를 환불받았다는 사람을 여태 보지 못했거든요."

이는 모두 합법적이다. 하지만 마치 폰지 사기ponzi scheme[7] 같은 골프 사업 방식이다. 떠나려는 X가 들어오려는 Y로부터 그의 보증금을 돌려받으면 되니까 오래 사용해도 문제는 되지 않아 보

---

[7]   신규 투자자의 돈으로 기존 투자자에게 이자나 배당금을 지급하는 방식의 금융사기를 말한다.

인다. 트럼프는 자기 호주머니의 돈을 꺼내지 않아도 된다. 모든 게 잘 돌아갈 것이다. 곤충 유충이 침입해 모든 그린이 망가졌는데, 당신이 곤충 유충 보험에 들지 않았다는 식의 정말로 나쁜 일만 벌어지지 않는다면 말이다.

트럼프를 싫어하지만, 트럼프 골프장의 회원으로 있는 사람들과 이야기를 나눌 때마다 그들은 언제나 똑같이 말한다. "그저 골프를 치러 온 겁니다. 트럼프와는 아무런 상관이 없죠. 저는 그 사람을 지지할 일이 절대로 없거든요."

그들을 위한 한마디: 당신이 20만 달러를 지불할 때, 그 돈은 곧바로 그의 호주머니로 들어간다.

대통령 트럼프는 정치인들에게는 당혹스럽겠지만, 우리 골퍼들에게는 익숙한 골프 언어로 이야기하는 사람이다. 때때로 그는 끔찍할 정도로 잘못된 타이밍에 골프 언어를 쓴다.

예를 들어 플로리다의 스톤맨 더글러스 고등학교에서 총격 사건이 발생해 학생 열일곱 명이 피살되었을 때, 트럼프는 교사들이 교실에서 총을 소지하기 시작하기를 원했다. 그러나 모든 교사에게 그런 것은 아니었다. "저는 타고난 재능을 가진 고도로 훈련된 사람들을 원합니다. 골프공을 치거나… 퍼팅하는 것처럼… 왜 어떤 사람들은 4피트(1.21미터) 퍼팅을 언제나 성공시키는 반면, 어떤 사람들은 압박을 받고서는 클럽을 뒤로 뺄 수조차 없는 걸까요!"

직원: 대통령님, 학교에서 또 다른 대량 살상이 일어났어요!

트럼프: 내게 좋은 퍼터를 구해줘!

트럼프는 러시아와의 스캔들에 대해 이렇게 이야기한 적이 있다. "이 러시아 사람들은 지저분하게 사업을 합니다. 3피트(91센티미터)짜리 퍼트를 성공시키려는 것보다 훨씬 더 고약하니까요."

대통령 트럼프는 다른 전 세계 사람들에게 윤리적으로 소름 끼치는 구경거리지만, 그의 골프 동료들에게는 아주 골때리는 사람일 뿐이다. 내 친구 중 한 명은 트럼프와 친하다. 그들은 내내 친구였고, 일주일에 한 번은 이야기를 나눈다. 그는 공식적인 말을 아꼈지만, 이렇게 요약은 해줬다. "이봐, 도널드는 도널드라고. 그는 아주 재미있어. 그리고 제정신이 아니라니까. 완전 개똥 같다고. 아마 역대 최악의 대통령이 될 테지만, 그래도 언제나 나의 친구일 거야."

트럼프의 친구인 건축가 톰 파지오도 말했다. 세계가 트럼프를 너무 심각하게 받아들인다고 말이다. "저는 트럼프가 어떤 말을 해도 좋아요. 그러니까 어떤 말이라도! 그는 그저 성급하게 반응할 뿐인데, 가끔 미친 말이 터져 나오죠. 늘 그런 식이에요. 하지만 언론은 그를 심각하게 생각하니까요. 그는 대체로 전혀 진지하지 않죠."

하지만, 하지만, 하지만 우리는 핵, 기후변화, 이민자, 총기, 러시아, 중국, 전쟁, 국가의 미래, 그러니까 이 큰 공 위에 놓인 인류의 미래에 대해 이야기해야만 한다. 어쩌면 그도 이제 조금은 심각해져야 할 시기가 아닐까?

트럼프나 트럼프 그룹의 어느 누구도 이 책을 위한 나의 질문에 답을 주지 않았다. 그러나 아마도 트럼프 대통령의 모든 문제는 골프 그 자체인지도 모른다. 골프는 혼자 하는 게임이다. 골프에서는 당신과 그 큰 골프장만이 위험과 덫을 기다린다. 하지만 세계를 이끌기 위해서는 동료들이 필요하다. 트럼프는 동료들을 싫어한다. 바로 이것이 그가 골프를 너무 사랑하는 이유다. 그는 언제나 혼자서 카트를 탄다. 발로 차고, 던지고, 실수하기 좋게끔 그와 그의 캐디는 다른 이들보다 100야드(91미터)나 앞서간다. 하지만 대통령으로 걷는 길에서는 발로 차고, 던지고, 실수할 수 없다. 속임수를 쓸 수도 없고, 얼버무릴 수도 없으며, 거짓을 꾸며낼 수도 없다.

당신은 그 골프장 주인이 아니기 때문이다.

16

★★★★★

얼룩

기억해, 리키.

골프는 신사의 스포츠야.

– 잭 라일리Jack Reilly

2차 세계대전에서 일본이 항복했을 때, 육군 중위였던 나의 아버지는 도쿄에 주둔했다. 그는 일왕 히로히토가 골프를 친다고 들었다. 그래서 왕궁으로 가 경비 초소의 문을 두드렸다. 그들이 무엇을 원하는지 물었을 때 아버지는 말했다. "글쎄요, 저는 일왕이 오늘 오후에 저와 함께 골프를 칠 수 있는지 궁금해서요."

우리 가족은 늘 이러했다. 골프가 모든 것을 해결했다. 우리의 뼈는 발라타balata[1]로 만들어져 있다. 조카, 삼촌, 숙모, 거의 모두가 골프를 친다. 내가 여섯 살 때 나의 어머니와 아버지 그리고 형이 스포츠 기사에 실린 적이 있는데, 그 이유는 모두 같은 토너

---

1   최고 수준의 골프공 외피에 쓰이는 천연 또는 인공 소재를 말한다.

먼트에서 경기를 펼쳤기 때문이었다. 나의 숙모는 비행기를 타고 가는 원정경기에서도 우승하는데, 그녀의 나이는 아흔한 살이다. 우리는 해마다 '9홀 가족 토너먼트'를 갖는데—일명 '라일리 라운드 업'—그때는 모두들 아버지가 땅에 묻힐 때 입었던 노랑 셔츠를 꺼내 든다.

그래서 도널드 트럼프 대통령과 같은 사람이 내가 사랑하는 게임에 오물을 튕기고 거짓말을 하고 속임수를 쓰고 타이어 자국이 남게끔 운전을 하면서 내 영혼에 디보트 divot[2]를 새기면, 나는 당장이라도 백악관에 있는 집무실로 쳐들어가 그의 빨간 넥타이를 부여잡고 "그만!"이라고 소리치고 싶어진다.

당신은 트럼프가 미국을 다시 위대하게 만들었다고 생각할 수 있다. 당신은 트럼프가 미국을 다시 미워하게 만들었다고도 생각할 수 있다. 하지만 내가 아는 한 가지 사실이 있다. 그는 골프를 다시 끔찍하게 만들었다.

우리는 골프가 유색인들이 잔디를 깎는 앞에서 울타리를 치고 노는 뚱뚱하고 허풍 떠는 부유한 백인들의 게임이라는 고정관념을 이제 막 깨뜨리고 있었다. 그때 트럼프가 나타났다.

우리는 사람들이 바보 같은 카트에서 내려서, 골프에 가장 좋은 방식인 두 다리로 걷는 일을 사랑할 수 있게끔 돕고 있었다. 그때 트럼프가 나타났다. 그는 운동은 죽음으로 이어진다고 믿는 사람이며, 보행 전용 규칙이 있는 턴베리와 애버딘에서조차 절대

---

2   골프채에 뜯긴 잔디 조각을 일컫는다.

걷지 않는 사람이다.

우리는 타이거 우즈나 조던 스피스Jordan Spieth, 렉시 톰슨Lexi Thompson 같은 세련된 운동선수의 등장과 함께 골프가 밀레니얼 세대에게 다시금 멋진 경기로 다가갈 수 있게끔 만들고 있었다. 그때 트럼프가 나타났다. 금방이라도 솔기가 터질 듯한 청바지를 입은 그는 동료들과 함께 [폭포 때문에] 물이 흥건하고 [입구에는] 금박이 입혀진 손잡이가 장식된 그의 골프장에서 경기를 하면서 골프가 딱 요실금 팬티만큼만 멋있어 보이게 만들었다. 그는 우리가 결코 헤어 나올 수 없는 경기에 커다란 오렌지 얼룩을 남기고 있다.

트럼프는 골프를 부자가 된 데 따른 보상 정도로 취급한다. 사실 그는 정확히 그렇게 생각한다. 그는 한 차례 이상 이렇게 말했다. "골프가 동경의 대상인 게임이 되는 모습을 보고 싶네요. 언젠가는 클럽에 가입하고 싶고, 경기하고 싶고, 나가고 싶은 염원이 있는, 그래서 결국에는 성공하게 되는 그런 이야기 말이에요. 그게 바로 내가 골프를 느끼는 방식이죠."

가난한 사람들은 볼링을 즐기세요! 그것참 안됐지만요.

그가 〈골프 다이제스트〉 기자에게 했던 말이다. 크게 놀란 기자는 되물었다. "그래서 당신은 골프가 엘리트 운동이 되기를 원하는 건가요?"

"언제나 그랬는걸요. 우리는 성공을 통해 그곳에 다다르죠."

아니다. 절대 그런 식이 아니었다. 골프를 만든 사람들은 스코틀랜드의 양치기들이었다. 스코틀랜드에서는 아직도 많은 사람들이 평범하게 골프를 즐긴다. 으리으리한 저택에 사는 명문가 사람들부터 저택의 벽돌을 쌓는 노동자들까지 모든 이가 부담 없이 즐길 수 있는 운동 말이다. 스코틀랜드의 골프장에서 당신은 라운드를 끝내고, 캐디에게 팁을 준 다음, 그와 함께 바에서 술을 마신다. 그 역시 그 골프장의 회원이다.

미국의 골프 또한 조금도 트럼프 같지 않다. 전미골프연맹에 따르면 미국에서 네 시간 동안 신선한 공기를 마시며 골프를 즐기는 데 드는 평균 가격은 35달러다. 어느 특정인에게만 한정시키기에는 너무 근사한 게임이다. 골퍼 중 90퍼센트는 대개 퍼블릭 코스에서 친다. 골프는 나이, 인종, 혹은 은행 잔고에 상관없이 모든 이를 위한 것이다. 그래서 무슨 문제가 있는가? 그렇다. 그들은 절대 흰색 롤스로이스나 순금 망원경을 가질 수는 없을 것이다. 하지만 왜 그들이 골프를 가질 수 없겠는가?

벤 크렌쇼는 내게 이런 말을 한 적이 있다. "어떤 골프, 어떤 장소, 어떤 시간은 영혼을 맑게 합니다. 이는 가진 자들을 위한 것이 아니죠. 골프는 모두를 위해 존재합니다. 골프는 사람들의 생활을 다르게 만들어주죠. 당신이 어떤 사람이건, 몇 살이건, 돈이 얼마나 있건 상관없습니다. 골프는 남은 인생을 함께할 수 있는 게임이에요. 이런 게임이 많지는 않을 겁니다."

골프는 동경의 대상이 되어야만 할까? 아놀드 파머는 그렇게 생각하지 않았다. 클럽 프로의 아들인 파머는 배관공들과 타자수들에게 골프를 보급했다.

골프는 돈을 버는 보상일까? 타이거 우즈는 그렇게 생각하지 않았다. 베트남 참전 용사의 아들이자 마스터스 첫 흑인 우승자인 그는 수억 명의 사람들에게 골프라는 게임을 개방했다.

골프는 성공에 따른 보상일까? 더 퍼스트 티The First Tee[3]는 그렇게 생각하지 않았다. 이들은 저소득층 아이들이 무료로 골프 기술, 예의, 우정을 배울 수 있는 기회를 제공한다. 톰 왓슨에게 물어봐라. 당신이 그의 집을 찾아가면 알 수 있겠지만, 그의 트로피 진열대는 대부분 비어 있다. 더 퍼스트 티에 임대했으니까.

골프가 오직 부유한 컨트리클럽 아이들만을 위한 것이었다면, 전 세계는 절대로 샘 스니드, 벤 호건, 바이런 넬슨Byron Nelson, 아놀드 파머, 세베 바예스테로스, 타이거 우즈, 미셸 위(위성미) 그리고 다른 백여 명의 위대한 선수들을 알지 못했을 것이다.

하지만 바로 이것이 트럼프가 나의 게임을 죽이는 지점이다. 미국인의 오직 8.5퍼센트만이 골프를 친다. 이는 91.5퍼센트는 골프라는 종목에 대해 잘 알지 못한다는 사실을 의미한다. 그들은 불과 몇 초 전에는 잔디 위에 그저 **놓여** 있던 작은 공이 300야드(273미터) 떨어진 곳을 향해 밝고 푸른 하늘을 로켓처럼 날아가는 모습을 바라보는 기쁨을 누리지 못한다. 그들은 가방을 들고 18홀을 걷는 일이 아주 즐겁게 운동할 수 있는 한 가지 방법이라는 사실을 이해하지 못한다. 그들은 친구 세 명과 오후 내내 웃어서 응급실로 실려 갈지도 모를 것 같은 그 기분을 알지 못한다. 그 91.5퍼센트의 사람 중 얼마나 많은 이들이 트럼프 때문에 골프를

---

3   세계골프협회에서 1997년에 만든 주니어 골프 재단.

시작조차 하지 않았을까? 얼마나 더 많은 이들이 그의 허풍 섞인 골프 무용담을 듣고, 부끄러운 부정행위를 듣고, 침대 빈대처럼 골프를 피했을까?

사람들은 대부분 이 게임의 외양을 넓히고 싶어 한다. 하지만 트럼프는 좁히고 싶어 한다. "골프는 사회의 모든 계층을 위한 게임이 되어서는 안 됩니다. 동경의 대상이어야만 하지요. 우리는 이 사실에서 멀어지면서 골프를 망가뜨리고 있습니다."

아니다. 골프를 망가뜨리는 이는 트럼프다.

당신은 아마 이렇게 생각할지도 모른다. "대통령이 되는 것과 골프에 도대체 무슨 상관이 있는가? 그가 골프장에서 부정행위를 하는 게 무슨 상관이란 말인가? 나라를 이끄는 것과는 또 무슨 상관이 있고?"

모든 것에 상관이 있다.

만약 당신이 골프에서 이기려고 부정행위를 한다면, 더 나아가서는 선거에서 이기기 위해 부정행위를 하지 않을까? 의회의 표결을 뒤집기 위해서는? 수사를 중단하게 하기 위해서는?

만약 당신이 골프의 모든 면에 대해 거짓말을 한다면, 더 나아가서는 당신의 세금이나, 러시아인들과의 관계에서나, 여성을 더듬는 것에서나 거짓말을 하지 않을까?

만약 당신이 가난한 사람들은 골프를 칠 자격이 없다고 생각한다면, 더 나아가서는 그들이 의료 혜택이나, 깨끗한 공기나, 안전한 학교를 가질 자격도 없다고 생각하지 않을까?

나는 돌아가신 아버지가 트럼프와 같은 사기꾼 사령관을 안 봐도 돼 기쁘다. 트럼프는 그를 돌아눕게 만들었을 것이다. 필라델피아 골프클럽에서 공을 치고 뉴저지 골프클럽 챔피언십에서 우승했다고 주장하는 누군가는 신사가 아니다. 그를 위해 일하는 캐디들이 팁을 벌고자 부정행위를 하게끔 만드는 누군가는 신사가 아니다. 전 세계가 그렇지 않다고 생각하는데, 그의 코스가 세계에서 최고라고 주장하며 괴롭히고 조작하고 소리치는 누군가는 신사가 아니다.

나는 도널드 트럼프가 측은하다. 돌고 도는 거짓말을 곡예하듯 해야 하는 사람, 끝없는 불화와 싸워야 하는 사람, 끊임없이 수정에 수정을 거듭하며 위태로운 1등 자리를 지키기 위해 속임수를 쓰고 거짓말을 하고 그 많은 좋은 사람들을 모욕해야만 하는 사람이 측은하다. 도대체 얼마나 힘이 들겠는가?

사실 '도널드 트럼프의 골프 세계'에서 그가 가장 많이 속이는 사람은 바로 그 자신이다. 그는 골프가 가져다주는 즐거움과 끝없는 도전 앞에서 스스로를 속이고 있다. 게임을 좋아하는 모든 골퍼는 자신의 내면에 있는 전투—오늘은 내가 원하는 만큼 잘 칠 수 있을까?—를 사랑한다. 삶에서 우리는 자신이 극복해내는 장애물에 따라 정의된다. 그리고 그것은 우리의 내면에 깊이 각인된다. 하지만 이런 장애물을 피하고자 속임수를 쓴다면, 당신은 실제로 극복해내는 과정에서 얻는 짜릿한 전율을 절대 알지 못할 것이다.

이는 마치 전당포에서 트로피를 사는 것과 같다. 당신은 트로피를 반짝반짝 윤이 나게 닦을 수 있고, 사람들에게 보여주며 으스댈 수 있고, 직접 땀 흘려 얻은 것처럼 꾸밀 수 있다. 하지만 가까이 다가서면, 그곳에 비치는 것은 오직 패배자의 얼굴일 뿐이다.

감사의 말

처음부터 이 책을 믿으며, 아무런 실수 없이 작업의 93퍼센트를 완수한 마우로 디프레타Mauro DiPreta에게 깊은 감사를 표한다. 당신 같은 보물은 없다.

또한 훌륭한 조사원이자 기대고 싶은 작은 어깨의 마리안 무어Marianne Moore에게도 감사의 말을 전한다. 그는 한번에 처리해야 할 어떤 어렵고 힘겨운 일이 생기더라도 기꺼이 해결해주었다. 당신은 내가 만난 사람 중 가장 강하다.

골프계의 몇몇 훌륭한 친구들과 기자들, 특히 존 허건, 제프 바비뉴, 마이클 뱀버거, 제이미 디아즈, 앨런 쉬프너크, 스테파니 웨이Stephanie Wei, 제프 섀클포드Geoff Shackleford, 에이먼 린치 등에게 큰 감사의 빚을 졌다. 당신들이 일을 멈추고 술집으로 온다면 나는 아무런 망설임 없이 차가운 맥주를 살 것이다.

내가 끊임없이 전화를 했는데도 친절하게 받아준 트럼프의 전기 작가, 그웬다 블레어Gwenda Blair에게 특별히 감사의 말을 전한다. 만약 당신이 이를 갈고 있었더라도 나는 그 소리를 전혀 듣지 못했다.

나의 멋지고 다혈질인 에이전트이자 오랜 친구인 자넷 포슨Janet Pawson에게도 아주 감사하다. (우리 모두에게 행운을!) 그리고 이 모든 것을 마감이라는 결승선으로 밀고 온 훌륭하고 똑똑한 사람들에게도 감사의 마음을 전한다. 사라 폴터Sarah Falter, 데이비드 램David Lamb(망할 노트북 때문에 미안해요), 마이클 바Michael Barrs 그리고 오데뜨 플레밍Odette Fleming.

또한 나의 사랑스러운 신시아Cynthia에게 나의 모든 사랑과 감사를 보낸다. 그녀는 격렬한 들불처럼 나를 소모하게 만든 이 책을 위해 잘 참아주었다. 나에게 커피와 직접 만든 피자를 계속 갖다 주면서 끊임없이 불을 지펴줬다. 당신은 '더블 이글' 아내였다.

마지막으로 언론계에 종사했던 지난 40년 동안 봐온 거짓말, 모욕, 헌법 파괴라는 최악의 허리케인 속에서 무엇보다 먼저 진실을 추구한 모든 기자에게 감사를 표한다. 당신들은 나에게 영감을 불어넣는다.

보편적인 기만의 시대에 진실을 말하는 것은 혁명적인 행위다.
 – 무명

커맨더 인 치트

골프, 사기꾼 트럼프의 적나라한 민낯을 드러내다

1판 1쇄 펴냄 | 2020년 3월 30일

지은이 | 릭 라일리
옮긴이 | 김양희
발행인 | 김병준
편 집 | 정혜지
마케팅 | 정현우
발행처 | 생각의힘

등록 | 2011. 10. 27. 제406-2011-000127호
주소 | 서울시 마포구 양화로7안길 10, 2층
전화 | 02-6925-4183(편집), 02-6925-4188(영업)
팩스 | 02-6925-4182
전자우편 | tpbook1@tpbook.co.kr
홈페이지 | www.tpbook.co.kr

ISBN 979-11-85585-85-7 03300

이 도서의 국립중앙도서관 출판예정도서목록(CIP)은
서지정보유통지원시스템 홈페이지(http://seoji.nl.go.kr)와
국가자료종합목록시스템(http://kolis-net.nl.go.kr)에서
이용하실 수 있습니다.(CIP제어번호: 2020009665)